教育部高职高专公共事业类专业教学指导委员会推荐教材

社会保障概论

Introduction to Social Security

主　编　周绿林
副主编　高连云

内 容 简 介

本教材是在教育部高职高专公共事业类专业教学指导委员会领导下，为适应我国社会保障事业的发展和社会保障专业教育的需要，组织相关高校教师和社会保障部门的专家共同编写而成。

主要内容有：社会保障概述、社会保障模式、社会保障管理、社会保障基金、养老保险、医疗保险、失业保险、工伤保险、生育保险、社会救助、社会福利、社会优抚、补充保障等。书中附录了许多带有启发性的案例以及相关政策要点，增进了理论与实践的结合。

本书适合作为高职高专社会保障、社会工作等相关专业的学生用教材，也可作为实际工作部门各类人员的学习参考书或培训用教材。

图书在版编目（CIP）数据

社会保障概论／周绿林主编．—天津：天津大学出版社，2008.8（2018.8重印）
ISBN 978-7-5618-2742-0

Ⅰ．社… Ⅱ．周… Ⅲ．社会保障－概论 Ⅳ．C913.7

中国版本图书馆CIP数据核字（2008）第120737号

出版发行 天津大学出版社
出 版 人 杨欢
地　　址 天津市卫津路92号天津大学内（邮编：300072）
电　　话 发行部：022-27403647
网　　址 publish.tju.edu.cn
印　　刷 天津市蓟县宏图印务有限公司
经　　销 全国各地新华书店
开　　本 169mm×239mm
印　　张 16
字　　数 341千
版　　次 2008年8月第1版
印　　次 2018年8月第5次
印　　数 11001-12000
定　　价 49.00元

教育部高职高专公共事业类专业教学指导委员会推荐教材

编审委员会

总序

高等职业教育是我国高等教育体系的重要组成部分，也是职业教育体系的重要组成部分。近几年，高等职业教育呈现出前所未有的发展势头，高等职业院校数量、在校生和毕业生人数持续增长。1996 年，我国高等教育的毛入学率仅为 6%，2002 年达到高等教育大众化阶段的 15%，到 2007 年上升至 22%，这其中，高职高专教育的快速发展起到了不可或缺的作用。

20 世纪 80 年代以来，世界许多国家和地区都把职业教育确立为教育发展战略重点。伴随着经济一体化的要求，把发展职业教育作为提高国家竞争力的战略措施，成为世界各国教育政策调整的普遍做法。

我国从上世纪 80 年代初期建立职业大学至今，高职教育走过 20 多年的发展历程。随着我国社会经济体制的转型以及高等教育大众化的发展，高等职业教育得到快速发展，其中一个重要原因是国家政策的促进。1996 年，全国人大通过并颁布了《中华人民共和国职业教育法》，从法律上确定了高职教育在我国教育体系中的地位，由此我国的高职教育发展驶入了快车道；1999 年全国教育会议召开，中央提出"大力发展高等职业教育"的工作要求，我国高职教育进入了蓬勃发展的历史新阶段。2005 年，国务院印发《关于大力发展职业教育的决定》，召开全国职业教育工作会议，明确提出，推进我国走新型工业化道路，解决"三农"问题，促进就业再就业，必须大力发展职业教育。2005 年成为我国职业教育史上具有里程碑意义的一年。与此同时，各地纷纷出台新举措，加强对职业教育的统筹领导，加大财政投入，鼓励和支持民间资本举办职业教育，完善职业教育的管理体制和保障机制。

从目前我国高等教育发展的总体情况看，存在着由于各层次高等教育不谐调所造成的人才类型结构失衡现象。面对这一问题，中国人民大学校长纪宝成曾在 2005 年高等教育国际论坛上呼吁："（高等教育）结构调整的关键是发展高等职业技术教育。”[①]当前存在的社会需求与学校教育的供求矛盾,对高职高专院校而言无疑是一次发展的机遇。

截至2005年底,高职高专教育取得了规模性增长,基本形成了每个市(地)至少设置一所高职高专院校的格局。全国共设有高职高专院校1091所,占普通高等学校总数的60.9%。从招生情况看,2005年全国高职高专招生人数达到268.1万人,占全国本专科招生总数的53.1%。从在校生规模看,2005年全国高职高专在校生人数为713万,占本专科在校生总数的45.7%。根据国家对职业教育发展的规划,到2010年,高职高专招生规模将占高等教育招生规模的一半以上[②]。高职高专已经占据了高等教育的半壁江山。

2004年10月26日,教育部首次颁发了《普通高等学校高职高专教育指导性专业目录(试行)》(教高[2004]3号)(简称《目录》)、《普通高等学校高职高专教育专业设置管理办法(试行)》(教高[2004]4号),并印发《普通高等学校高职高专教育专业简介》,从2005年开始实施。这是我国第一次在专科层次颁布全面系统的专业目录,填补了我国缺少高职高专教育专业目录的空白。《目录》按职业门类分设包括公共事业大类在内的19大类,下设二级子类77个,专业556个。公共事业大类下设公共事业类、公共管理类、公共服务类3个二级子类,共设有24个专业。2005年12月,教育部发布《教育部关于成立2006—2010年教育部高等学校有关科类教学指导委员会的通知》(教高函[2005]25号),2006年,全国高职高专各专业类教学指导委员会相继成立。教育部高职高专公共事业类专业教学指导委员会于2006年6月在南开大学召开成立大会暨第一次工作会议,会议讨论并通过了《教育部高职高专公共事业类专业教学指导委员会工作章程》《教育部高职高专公共事业类专业教学指导委员会2006—2010年工作规划》以及2006年的工作计划,明确了该教学指导委员会2006年及其今后四年的总体工作目标与任务。

教材建设是专业建设的重要组成部分。高职高专公共事业类专业教学指导委员会成立以来,就把教材建设作为一项重要的工程来抓。为此,我们制定了针对高职高专公共事业类专业特点的人才培养目标,按教育部确定的必修课和专业课课程设置,动员和组织全国相关院校的专业教

① 沈祖芸,计琳:《一个统率高教发展的重要命题》,载《中国教育报》,2005-11-25(5)。

② 教育部发展规划司:《2005年高等教育事业统计主要结果与分析》,见《教育统计报告》,第一期。

师和研究人员,编写一套高水平的教材的计划。

我们组织编写这套教材的总体构想是:严格按照教育部高职高专公共事业类专业建设的基本要求,根据专业教学内容、教学发展要求、人才培养方案以及学生的基本素质情况,以职业岗位核心技能培养为目标,紧密结合学生未来工作实际,充分体现职业岗位核心技能要求和工学结合特点。同时,积极探索"专业标准"建设,并尝试建设"标准化"教材,力争对全国高职高专院校公共事业类专业的教材建设起到示范、引领和辐射的作用,鼓励高职高专双师型专业教师参与编写并积极推广使用,从而提高公共事业类专业的教学质量,面向行业,培养出更多高质量的应用型高级专业人才,为我国的社会主义建设服务。

我们期望这套教材应具有以下特点:

1. 教材以职业岗位核心能力需求为主线,按照职业岗位核心技能的要求制定教材编写大纲,设计教材体例和内容。教材中的知识点与职业岗位核心技能紧密对应,使理论知识学习、实践能力培养和可持续能力发展紧密结合起来,形成教材内容的三位一体,强化教材体系的职业性。

2. 教材内容突出对学生职业岗位能力的培养,把专业和职业结合起来,将核心技能的培养贯穿于教材全部内容。

3. 教材内容体现"基础理论适应、突出应用重点、强化实训内容,形式立体多元"的思想原则,教材内容设计以岗位技能需求为导向,以素质教育、创新教育为基础,以学生能力培养、技能训练为本位,使其真正成为为高职高专学生"量身定做"的教材。

4. 教材融入职业资格标准,体现职业素质培养。将双证书教育融入教材内容,使职业资格认证内容和教材教学内容有机衔接起来,让学生学习相关课程教材后可直接参加职业资格证书考试。

5. 将行业或国家的技术标准融入教材内容中,让学生在校期间接受"标准"教育,增强"标准"意识。

6. 将人才培养方案、专业标准、实训条件等放入教材内容中,在强化教材职业针对性的同时,体现教材实用性、创新性和前瞻性的特点。

7. 扩大教材的使用范围,使教材的功能多元化。既可以作为高职高专院校学生的教材,也可以作为一般本科院校相关专业的教学参考用书及行业的培训参考读物,还可以作为相关人员普及提高相关知识的应用性图书。

8. 教材的形式力争立体化,除纸质的主教材外,另辅以电子教案、教学计划、CAI 课件、IP 课件(流媒体课件)、电子习题库、电子试卷库、影音资料等辅助教学资源,最终为学校专业建设、教师教学备课、学生自主学习提供完整的教学解决方案,最大限度地做好全方位的资源供给服务,从而提高教材选用的竞争力。

在确定教材编写目标和要求的基础上,我们教学指导委员会与天津大学出版社合作,按教育部规定的高职高专公共事业类专业的课程目标,选定一批主干课及专业必修课程,采取在全国范围内公开招标的方式,在编著者自愿申报的前提下,由本教学指导委员会成员组成的教材编审委员会从中遴选最优秀的教师担任既定教材的主编,并鼓励高职高专公共事业类专业有经验的一线教师与研究型大学的相关教师合作,由我们牵线搭桥,优化组合成一部教材的编写团队,共同完成一部教材的编写工作,以求达到理论与教学实践的有机结合。

然而,编写高水平的专业教材谈何容易。虽然参与编写这套课程教材的都是既有丰富教学经验,也有较高研究水平的教育工作者,但毕竟我国公共事业类专业开办的时间尚短,所以,这套教材肯定会有一些不尽如人意之处,敬请大家提出批评、改进的建议,使这套教材臻于完善,为我国公共事业类专业的发展做出应有的贡献。

教育部高等教育司高职高专处、教育部高职高专教学指导委员会协联办、天津大学出版社对出版这套教材给予了大力支持。在研讨设计和组织审定这套教材的过程中,天津大学出版社给予了部分经费支持,并对这套教材的编写方针提出了参考意见,为本教材的出版做出了大量推动和建设性工作。在此表示衷心的感谢。

教育部高职高专公共事业类
专业教学指导委员会主任 王处辉

2008 年 6 月于南开大学

《社会保障概论》编委会

主　编　周绿林

副主编　高连云

编　委（以姓氏笔画为序）

刘同芗　潍坊医学院

吉　莹　江苏大学

张晨寒　河南师范大学

范　灵　镇江高等专科学校

官　波　镇江市劳动与社会保障局

罗晓蓉　秦皇岛职业技术学院

周绿林　江苏大学

赵　春　重庆城市管理职业学院

高连云　北京青年政治学院

黄　欢　江苏大学

潘　威　山东劳动职业技术学院

前言

社会保障是一个既古老又新鲜的话题，其产生是同一定的经济社会发展相适应的。它从传统的社会救济到当代作为一种保障国民生活和社会安定的重要制度安排，其发展本身就是人类文明进步的重要标志。

社会保障制度萌芽于17世纪的英国，产生于19世纪中后期以德国为代表的西方发达国家。我国现代意义上的社会保障制度是从建国初期才开始形成的，历经50余年的发展，在促进国家社会经济建设和改善民生方面发挥着愈来愈重要的作用。党的"十七大"提出了到2020年实现全面建成小康社会的奋斗目标。在社会保障方面的要求是，"覆盖城乡居民的社会保障体系基本建立，人人享有基本生活保障。"我国社会保障事业任重而道远。

为适应我国公共事业发展和公共事业类专业教育的需要，教育部高职高专公共事业类专业教学指导委员会（以下简称教指委）按照教育部高职高专公共事业类专业建设的基本要求，组织编写相关专业系列教材。本教材即是在教指委领导下为适应我国社会保障事业发展和社会保障专业教育的需要，组织九所高校教师和社会保障部门的专家共同编写而成。

本书有以下几个特点：①根据社会保障专业的教学内容、教学发展要求、人才培养方案以及学生的基本素质情况，以职业岗位核心技能培养为目标，以课程体系要求为依据，紧密结合学生未来工作实际，体现职业岗位核心技能要求；②书中吸收了大量近年来国际国内社会保障改革的最新研究成果；③教材注重高职高专"实务性"取向，在内容上强调科学性、系统性、创新性的同时，注重实用性和可操作性。书中附录了许多带有启发性的案例以及相关政策要点，增进了理论与实践的结合。

本书适合作为高职高专社会保障、社会工作等相关专业的学生用教材，也可作为实际工作部门各类人员的学习参考书或培训用教材。

本书由周绿林、高连云提出编写方案，2007年10月在江苏大学进行了讨论和编写分工，最后由周绿林统稿。参加本书编写的人员有：周绿林、吉莹、黄欢（江苏大学）、高连云（北京青年政治学院）、刘同芗（潍坊医学院）、张晨寒（河南师范大学）、范灵（镇江高等专科学校）、官波（镇江市劳动与社会保障局）、罗晓蓉（秦皇岛职业技术学院）、赵春（重庆城市管理职业学院）、潘威（山东劳动职业技术学院）等。

本书编写过程中参阅了国内外大量名家专著及最新研究成果，江苏大学领导给予了积极支持，天津大学出版社赵宏志主任编辑给予了热情指导和帮助。在此，对被引用的有关参考书籍和资料的作者们以及帮助过本书出版的老师和朋友们致以诚挚的谢意。

限于时间和水平，书中不当和错谬之处在所难免，恳请读者、学者和同人批评指正。

周绿林　高连云

2008 年 5 月 18 日

目　录

1

社会保障概述

学习目标

通过本章学习,要求了解社会保障的产生、发展历程;掌握社会保障的概念、特点、功能及原则;熟悉我国社会保障的基本体系,并能运用相关理论解决我国社会保障发展中的现实问题。

1.1 社会保障的概念和特点

社会保障是一个既古老又新鲜的话题,它作为一种保障国民生活和社会安定的重要制度安排,是人类文明的重要标志。

1.1.1 社会保障的概念

社会保障一词来源于英文"Social Security",最早出现在美国1935年颁布的《社会保障法》中。此后,社会保障一词即被各国广为使用。

当代社会中,由于各国具体国情与历史文化的差异,对社会保障的界定也存在很大不同。就其共同点而言,可以将社会保障概括为:它是国家或社会依法建立的、具有经济福利性的、社会化的国民生活保障系统。

我国目前对社会保障的界定主要是广义上的。在中国,社会保障是指各种社会保险、社会救助、社会福利、军人福利、医疗保障、福利服务以及各种政府或企业补助、社会互助等社会措施的总称。它包括如下要点。

(1)社会保障的责任主体是国家或政府。国家是社会保障的最终责任承担者,具体表现为:国家通过立法建立国民保障体系;国家通过预算等形式提供财政支持;

国家通过组织、领导、管理,确保制度的良性运行。

(2)社会保障的对象是全体国民。社会保障制度的出现是以社会生活存在风险为前提。特别是近代大机器生产,使劳动分工越来越社会化,传统的家庭难以抵御各种风险,只有通过国家和社会力量才能得到解决。虽然,在社会保障制度建立之初,保障的对象是一些因年老、伤残、疾病等原因生活困难的人,但随着社会经济的发展,全民性的保障必将代替选择性的保障,全体国民都将享有获得国家社会帮助保护的权利。

(3)社会保障的目标是保障社会成员的基本生活。社会保障实质上是一种国民收入再分配,它通过经济手段和服务手段,给予弱势群体及生活困难的家庭一定的物质帮助,目的是保障社会成员的基本生活需求,避免因收入差距过大而引起社会动荡,维护社会和谐。

(4)社会保障制度需依法建立。社会保障作为一种重要的社会再分配制度,必须有国家的强制力保证其实施。各国社会保障的成功经验表明,只有用法律的形式明确相关各方的权利和义务,才能使保障制度顺利进行,才能实现社会公平公正。

1.1.2 社会保障的特点

1. 强制性

社会保障的强制性是其区别于其他民间救助制度的重要特征,是社会保障制度能够正常运行的重要条件之一,主要表现在以下两个方面:一是强制参加,社会成员依据法律规定加入到特定的保险中,既不能任意选择,也不能随意退出;二是强制缴费,即指社会保障基金依法征缴,任何单位、个人都必须按照要求,及时足额交纳,否则将受到法律的制裁。

2. 社会性

社会保障的社会性是指,社会保障是国家在全社会范围内对全社会成员普遍实施的一种社会制度。主要表现在以下两个方面:一是保障对象具有社会性,社会保障的对象不是社会中的少数人,而是全体社会成员,每个公民都有从国家和社会获得帮助的权利;二是保障问题具有社会性,社会保障所应对的是带有普遍性的社会问题,如年老、疾病、失业等,它不是个别人所遇到的特殊问题,也不是仅仅由个人原因造成,因此不可能单纯依靠个人力量解决,而是需要国家和社会的共同努力。

3. 共济性

社会保障的横向共济具体是指,在社会成员发生风险时,由社会保障基金给予一定的物质帮助。由于社会保障基金是社会全体成员依法强制缴纳,而只有在社会成员发生风险时才能享受相应的待遇,因此,是大多数人对少数人在生活发生困难时的帮助,其实质是社会财富的再分配。

4. 福利性

社会保障是国家面向全体社会成员实施的一项带有福利性的社会政策。体现在,社会成员在履行了一定的缴费义务之后,当个人发生风险时,享有无偿或低价获得社会帮助和物质补偿的权利，而这种补偿一定是大于个人花费的。

5. 福利刚性

社会保障作为一种国家福利政策，同其他福利制度一样具有不可逆性。当人们习惯于较高的福利保障水平时，缩减福利开支或缩小覆盖范围都会引起受益群体的不满，因此社会保障水平应同社会经济发展水平相适应，不能超越社会经济发展阶段。

1.2 社会保障的功能和原则

社会保障的功能是指社会保障在实施过程中所发挥出来的实际效能和作用。而在实际操作中，它又必须遵循各种原则，以保证社会保障制度的良性运行。

1.2.1 社会保障的功能

1. 经济功能

(1) 保障劳动力再生产，维持经济持续稳定发展功能。众所周知，社会生产是劳动力生产和物质财富生产的统一。劳动力资源作为社会发展的根本因素之一，一直是现代社会保障制度的重要保护对象，国家许多政策和措施都是围绕劳动力展开的。社会保障对于劳动力再生产的保障具体有两个方面：其一是对因年老、疾病、失业等原因失去生活来源或生活困难的人员，通过保障制度提供一定的帮助，使劳动力能够得到必要的补偿，繁衍后代；其二是保证劳动力获得相应的文化科学技术，不断提高劳动者的能力，为社会提供高素质的劳动者。社会保障的此项功能，确保了劳动力再生产进程的延续，实现了劳动力再生产的不断扩大，对维持经济持续稳定发展具有重大意义。

(2) 活跃资本市场，参与宏观调控功能。社会保障通过保险费的征缴和财政支持积累了大量的资金，其中一部分用于日常支付和风险储备，另一部分则作为社会保障基金的保值增值之用，用于社会投资，大大活跃了金融资本市场。同时，由于社会保障基金的筹集、运作和分配直接关系着国民储蓄与投资，也调节着相关产业的发展，还可在经济膨胀或停滞、倒退时期，影响社会需求，从而达到平衡社会总供给和总需求的目的，因此社会保障成为国家宏观调控的重要手段之一。

(3) 国民收入再分配功能。社会保障的再分配功能指的是社会保障可以改变固有的国民收入分配格局，从而达到维护公平、促进经济发展的目的。社会保障的这项功能主要包括以下两方面：一是社会成员之间的水平调节，即横向再分配，主要是将高收入者的一部分收入转移给低收入者和无收入者，缩小社会贫富差距，以弥补市场经济的不足；二是社会成员个人的纵向调节，即纵向再分配，是指通过社会保障机制例如养老保险、医疗保险、失业保险等，将劳动者生命周期内的收入合理地分配，使劳动者在发生风险丧失生活来源时依然能够维持原有生活水平不下降。

2. 社会功能

(1)维持社会稳定功能。社会保障素有“社会安全网”、“社会减震器”之称,这主要指的就是它的稳定功能。造成社会动荡的原因有很多,其中重要的一项就是部分社会成员的生活得不到保证,他们为了生存,不得不铤而走险,从而造成社会的不安定。为了使人们能够获得最基本的生存照顾,减小社会差距,缓和社会矛盾,各国政府纷纷采取措施,以法律手段保障人们的生存权利。因此,当代的社会保障制度一直将对弱势群体的保护视为一项重要内容。

(2)保证社会公平功能。如果说市场经济制度讲求的是效率,那么社会保障制度作为市场经济的重要补充,所追求的就是公平的目标。社会保障通过资金的筹集和待遇的给付,将收入较高人群的部分收入,通过各种法定形式,转移到低收入者手中,改变了原有的国民收入分配格局,促进了社会公平。在市场经济体制下,竞争机制使效率得到优化,优胜劣汰的结果必然造成收入差距被进一步拉大。为了使社会财富能够较公平地分配,社会进步的结果能够惠及每一个社会成员,需要国家采取措施,参与社会再分配,弥补市场经济的缺陷,保障在竞争中失利的社会贫弱者的生活,体现社会公平。

(3)促进精神文明建设功能。社会保障为社会成员提供了安全保障,有利于减轻社会成员对突发风险的恐惧感,使其能够安心地生活和工作。社会保障实质上是一种分散风险、责任共担的机制,充分体现了“一方有难,八方支援”的互帮互助精神,有利于增强民族凝聚力和向心力,促进社会文明进步。另一方面,社会保障还有利于集体精神的培养,家庭保障、单位集体保障、区域政府保障、国家保障,在这样一个大集体中,个人主义被集体精神所代替,个人利益也同集体利益紧密联系在一起。

1.2.2 社会保障的原则

1. 公平与效率原则

公平原则是社会保障的首要原则。这是指通过社会保障待遇的给付,减小社会成员的收入差距,实现社会公平这一最终目的;而效率作为实现这一目的的基础,是社会保障的另一重要原则。在社会保障制度建立初期,许多国家并没有意识到效率的重要性,而是一味地强调公平,但由于社会保障是无偿或低偿的,相对于人们无限的需求,各国的投入也愈来愈大,一些国家因此背上了沉重的财政负担。鉴于上述弊端,20 世纪 70 年代之后,各国纷纷把效率作为实施社会保障的另一重要原则。此处的效率既指社会保障带来的社会效率,也包括其制度自身的效率:社会效率是指因社会保障的实施,使得人们风险损失减少,生活得到保证,劳动力再生产得以延续等;自身效率则是指,社会保障基金的收缴、运营是否完善,覆盖率、待遇给付是否合理,是否达到公平的目标等等。

总之,公平与效率原则是统一不可分割的.片面强调任一方面都可能导致社会的无序和动荡,只有将二者结合起来,在公平的社会环境下提高效率,才能实现社会的进步和发展。

2. 同社会经济发展相协调原则

社会保障作为一种社会制度，属于上层建筑，根据上层建筑必须与经济基础相符合的原理，任何一个国家的社会保障制度都必须同社会经济发展相协调。社会保障水平过高或过低，都不利于社会的发展。过高时，会给国家财政带来沉重负担，使得一个国家用于经济建设的资金相对减少，不利于经济社会长远发展，同时也会使一部分人产生懒惰思想；过低时，由于不能很好地保障社会成员的生活需要，有可能引发社会不安定，失去社会保障的功能。因此，在社会保障制度建立和待遇确定上，应充分考虑一个国家现阶段的基本国情，在适度条件下，保障居民的生活，同时维持社会保障制度的良性运行。

3. 普遍性原则

所谓"普遍性"即全民性，就是指社会保障制度应覆盖全体国民，使人们的生活都能够得到保障。虽然鉴于一定的社会经济条件，在许多国家目前所采取的还是选择性保障，但"全民保障"的趋势不可逆转，不少发达国家已经建成覆盖全体国民的社会保障体系，而我国在养老、医疗保险以及社会救助等方面的覆盖范围也在逐年扩大，社会保障正向全民化发展。

4. 权利与义务对等原则

社会保障是国家赋予人们的一种权利，保障人们获得一定的待遇，与此同时，个人也必须承担相应的义务，这集中体现在社会保障的核心——社会保险中。社会保险以立法形式，确保人们在丧失生活来源或生活发生困难时，得到一定的补偿和帮助，以维持基本生活。而这项权利的享有是以个人及其所在单位，按时足额交纳保费为前提的，只有履行了相应的义务，才能享有规定的权利。

1.3 社会保障体系

所谓社会保障体系，是指由社会保障各个组成部分所构成的整体，包括各个社会保障项目的结构及其运行机制等。

1.3.1 国外社会保障体系

根据国际劳工组织1952年第35届国际劳工大会通过的《社会保障最低标准公约》（以下简称《公约》）的规定，现代社会保障主要包括9项内容：医疗、疾病津贴、失业津贴、老龄津贴、工伤津贴、家庭津贴、生育津贴、残废津贴和遗属津贴。《公约》规定，一个国家只要实行了三种津贴（其中至少包括一种最主要的津贴）就被认为建立起了社会保障体系。

虽然不同国家的社会保障体系因具体国情的差异而各有侧重，但一般都包括社会保险、社会福利、社会救助三个方面。下面重点介绍英国和美国的社会保障体系。

1. 英国社会保障体系

从1601年颁布伊莉莎白《济贫法》，到1942年贝弗里奇发表题为《社会保险及有关福利问题的报告》,即著名的"贝弗里奇报告",历经了400多年,英国建立起世界上第一个福利国家。

英国的社会保障体系包括三大方面:

(1)国民保险,也就是一定意义上的社会保险,包括养老金、失业待遇、工伤待遇、疾病待遇、残疾待遇、生育津贴、儿童津贴、丧葬津贴等;

(2)社会救助,是指相关待遇人不需缴费,由财政提供资金,所实行的一种社会补助,主要包括未成年人待遇、补助性津贴、养老金补助、丧失生活来源补助、贫困家庭住房待遇、残疾人社会照顾津贴、伤残军人抚恤金及军人遗属抚恤金等;

(3)社会福利,主要是实物方面的福利,包括覆盖全民的医疗服务、住房福利、教育和生活照顾服务等。

2. 美国社会保障体系

美国的社会保障体系始于1935年颁布的《社会保障法》,保障内容可以分为:

(1)社会保险,这是社会保障体系的主体,包括老年保险、公共医疗保险、私人健康保险、残疾保险、工伤保险、失业保险等;

(2)社会救助,是指对生活低于规定标准的人群给予一定的补偿,包括失业救济、贫困生教育、家庭补助、公共医疗补助、残疾保障和食品券等;

(3)社会福利,它涵盖了妇女、幼儿福利保障,老年人福利保障,残疾人福利保障,住房和教育福利保障以及其他公共福利等;

(4)其他,主要是军人的相关福利和社会环境保障,后者又包括公共卫生、公共交通与自然环境保护。

1.3.2 我国社会保障体系

我国社会保障体系的基本框架包括五个方面的内容(如图1-1)。

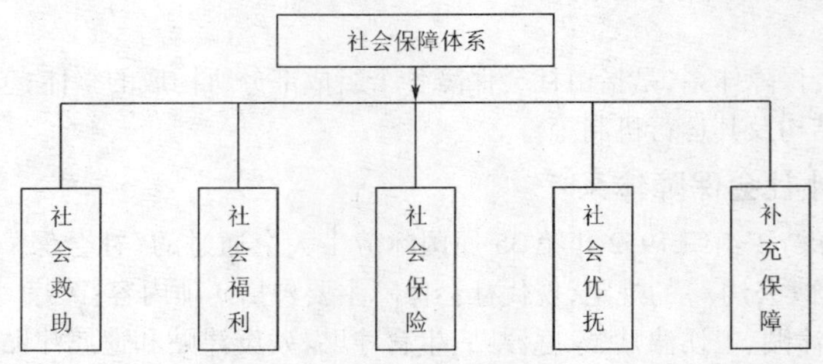

图1-1 我国社会保障体系

1. 社会保险

社会保险是以国家为主体,对有工资收入的劳动者在暂时或永久丧失劳动能力,或虽有劳动能力而无工作,亦即丧失生活来源的情况下,通过立法手段,运用社会力量,给这些劳动者以一定程度的补偿,使其能继续享有基本生活水平,从而保证劳动力再生产和扩大再生产的正常运行,保证社会安定的一种制度。

社会保险的覆盖面最广、参保人数最多且保障人群是广大的劳动者,因此成为社会保障体系的核心内容。我国的社会保险主要包括:养老保险、医疗保险、工伤保险、失业保险及生育保险等。

2. 社会福利

我国的社会福利是狭义上的概念,是社会保障体系的重要组成部分。它是指国家为了改善部分社会成员的生活水平而采取的一系列带有福利性的措施和服务。其与社会保险的最大区别在于,福利待遇的享受不以成员履行一定的义务为前提,成员不需缴费,只要符合相关条件即可无偿获得补贴和服务。

3. 社会救助

社会救助的保障对象主要是生活水平达不到规定标准的困难人群,是社会安全的"最后一道防线",其资金来源主要是政府财政拨款和各类慈善捐助,受助个人无须缴费。但其保障的只是受助群体的基本生活,保障水平有限。我国的社会救助制度包括:城镇居民最低生活保障制度、农村"五保"救助制度以及灾害救济等。

4. 社会优抚

社会优抚是国家对军人及其家属的一种褒奖式的照顾制度,是具有特殊性质的社会保障内容。其保障对象包括现役军人及其家属,退伍、复员、转业军人,伤残、牺牲军人等,他们为社会稳定、巩固国防做出了重大贡献,理应得到不低于社会平均生活水平的待遇。

5. 补充保障

除基本的以国家为主体的社会保障项目外,一些民间的、自发的互助保障也逐渐成为社会保障的重要组成部分。补充社会保障制度是指,以非政府的企业或民间组织为主体,在政府的支持和引导下,对特定人群实施的保障,是国家基本保障制度的有益补充。

我国目前的补充保障形式主要有:各类商业保险、企业为职工建立的补充保险以及群众自发组成的互助组织等。

1.4 社会保障制度的历史演进

社会保障作为一种社会制度,其产生是同一定的经济社会发展相适应的。从传统的社会救济到当代比较完善的社会保障体系,它的发展本身就是人类文明进步的重要标志。

1.4.1 社会保障制度产生的条件

1. 经济条件

社会保障制度并不是从一开始就存在的,它是生产力发展到一定水平的必然产物,只有物质财富存在剩余,物质援助才有可能实现。目前的学者一般认为,现代社会保障制度是伴随着市场经济和机器大生产而诞生的。

(1)市场经济的优胜劣汰加剧了社会不公平。市场经济是典型的竞争经济,竞争的结果无可避免地实现优胜劣汰,导致贫者越贫,富者越富,社会不公平被进一步拉大,两极分化严重,造成社会的不安定。

市场经济运用竞争手段对资源进行配置,从而提高资源的利用效率。这使市场内人与人之间、企业与企业之间的竞争越加残酷。加之市场经济固有的周期性,使得在经济膨胀时期,生产规模扩大,吸纳劳动力的能力增强;在经济衰退或停滞时期,大量经营不善的企业倒闭破产,工人失业,生活无着。为了生存他们不得不铤而走险,造成社会安定的隐患。为了保障这一部分人的基本生活,同时也使这部分劳动力能够储存起来,以应对下一次经济膨胀时对劳动力的需求,国家或政府有义务采取一系列措施,对这部分劳动者给予一定的物质帮助,满足他们的基本生活需求。

(2)社会大生产使社会分工进一步细化,家庭生产单位遭到瓦解。生产的社会化促使自然经济向商品经济过渡,传统的以家庭为主的生产单位向社会化生产过渡。原本承担众多如养老、教育等功能的家庭,逐渐演变成为单纯依靠工资收入而形成的消费单位,其保障成员生活、化解风险的功能被大大弱化了。这时劳动者再遇到疾病、年老等问题,就不能单单依靠家庭保障,更多的应该是由社会提供保障。劳动者的这种需要使得各个国家或政府认识到社会保障对于社会安定和经济发展的重要意义,纷纷建立起由政府负责,立法强制的一系列制度,给参与社会劳动的人以生活上的保障。

2. 社会条件

社会保障制度的产生不仅需要特定的经济条件,同时也需要一定的社会条件。

(1)社会矛盾日益尖锐,促使政府不得不采取新的政策。资本主义社会生产力高度发达,财富积累迅速,但与之相对应的社会制度还不够完善。在资本家无偿占有大量剩余价值的同时,广大无产阶级却不得不忍受恶劣的劳动条件和日趋不安定的就业环境,社会矛盾日益尖锐,各种工人运动此起彼伏。为了维护自身统治,缓和社会矛盾,资产阶级积极采取措施,改善工人的境遇,由国家出面为其风险买单,这些都为现代社会保障制度的产生准备了条件。

(2)各种福利思想的形成和发展。机器大工业提高了劳动生产率,也造成了资本主义社会一系列的社会问题和矛盾。这使得一些有责任心的学者开始关注国家与个人之间的关系,由此产生对资本主义社会中工人待遇、劳动保护、公平与效率等一系列问题的思考,形成了许多有代表性的福利思想,其中影响较大的有:德国新历史学派、费边社会主义思想、庇古的福利经济学、凯恩斯主义、贝弗里奇报告的福利思想等。他们从不同方面阐述了建立国家保障的必要性,强调了政府在其中的主导作用,为社会保障制度的建立奠定了理论基础。

1.4.2 社会保障制度在西方的发展

社会保障作为一种互助活动,最早可以追溯到人类社会初期,但就现代社会保障制度而言，其发展史大体上可划分为五个阶段。

1.萌芽阶段

社会保障制度萌芽于英国。16世纪英国进入原始工业化时期，开始大规模的圈地运动，成千上万的农民失去了他们赖以生存的土地，开始涌向城市，城市出现了许多失业、流浪、贫困人员。为了解决由此产生的一系列社会问题，英国政府于1601年颁布了著名的伊莉莎白《济贫法》。按照该法的规定，失去劳动能力的人可以从政府获得帮助；而对于有劳动能力的人员则安排学习技术，为其提供劳动机会。

随着产业革命的进一步发展和西方人道主义思想的高涨，原来的《济贫法》已经无法满足人们的需求，于是英国国会在1834年通过了对旧法的修正案，即新《济贫法》。新《济贫法》最大的贡献在于，它将保障公民的生存权利视为国家的责任，是一种积极的福利救助思想，为现代社会保障制度的建立奠定了基础。

2.产生阶段

德国是第一个实行社会保险制度的国家。19世纪中后期，德国工人运动迅速发展，阶级斗争日益尖锐，劳资矛盾成为当时最严重的社会经济问题。为了缓和社会矛盾，俾斯麦政府决定采取"新历史学派"的改良主张，着手建立国民保障系统。

19世纪80年代德国议会通过了三项社会保障法案，分别是1883年的《疾病保险法》、1884年的《工伤事故保险法》和1889年的《老年与伤残强制保险法》，以此为标志，社会保障制度正式产生。德国政府出台的这三项法案都是以劳动者为保障对象，由雇主和雇员共同缴纳保险费，政府负责监督，使得社会保障由传统的救济转变为与工业化相适应的社会保险，以社会保险为核心的社会保障体系开始形成。

3.形成与发展阶段

继德国之后，瑞典、匈牙利、奥地利、丹麦、挪威等国纷纷建立起各种社会保险单项法规，到20世纪初，社会保障制度在欧洲大陆已基本确立。

20世纪30年代起，美国也开始了社会保障制度的立法。1935年，罗斯福颁布了历史上第一部《社会保障法》，该法包括五项内容，即失业社会保险、老年社会保险、老人救济、未成年人救济以及盲人救济，标志着现代社会保障制度的形成。他的进步之处在于：首次提出了"社会保障"这一概念；建立了比较完整的包括社会保险、社会救济、社会福利在内的社会保障体系；以"普遍福利"为核心，消除人们对风险的恐惧；强调社会保障中的个人责任。

《社会保障法》的颁布奠定了美国当代社会保障体系的结构和框架，对其他国家社会保障制度的建立也产生了积极影响。

4.成熟阶段

第二次世界大战后，社会保障制度进入黄金发展阶段，各国的社会保障体系进一步完善。1942年，牛津大学经济学院院长贝弗里奇受英国政府委托，对战后英国的社会保障制度的改革进行研究，发表了著名的《贝弗里奇报告》，提出了"从摇篮到坟墓"的一揽子社会福利制度。

该报告指出,应建立以社会保险为主,包括社会救济和自愿保险三部分的社会保障体系。社会保险对所有家庭实行统一的缴费和补贴标准,以保障国民的基本生活;对于无力支付的家庭则纳入社会救济范畴;而自愿保险则是以满足人们更高层次的需求为目的。

在该报告的基础上,英国政府先后颁布了一系列的社会保障法案。到1984年,英国正式宣布建成世界上第一个"福利国家"。受此影响,欧洲各国纷纷建立起以"福利国家"为特征的社会保障制度,瑞典更是被誉为"福利国家的橱窗",至此社会保障制度走向成熟。

5. 改革阶段

20世纪70年代后期,资本主义经济危机爆发,社会保障制度陷入困境,福利国家的弊端也日渐显现,主要表现在:政府财政负担过重,劳动力积极性下降,企业成本增加导致市场竞争力下降等等。

在这种形势下,新一轮的社会保障制度改革全面展开。这次改革以强调个人责任,削减政府开支,要求社会保障水平应适应社会经济的发展水平为主要内容,是社会保障制度又一次大规模的自我完善。

1.4.3 社会保障制度在中国的形成与发展

我国现代意义上的社会保障制度是从建国初期开始形成的,大致经历了以下几个阶段。

1. 初创阶段(1949—1957)

新中国成立前后,中央政府颁布了一系列政策来保障人民的生活。比较重要的有1949年颁布的《关于生产救灾的指示》、1950年颁布的《关于救济失业工人的指示》和《救济失业工人暂行办法》等救助政策,1952年颁布的《关于各级人民政府、党派、团体及所属事业单位的国家工作人员实行公费医疗预防措施的指示》和《各级人民政府工作人员在患病期间待遇暂行办法》,1955年的《国家机关工作人员退休处理暂行办法》等国家工作人员的保障制度,还包括1951年颁布的《中华人民共和国劳动保险条例》。

《中华人民共和国劳动保险条例》适用于国营、私营以及公私合营的企业,规定在职工年老、疾病、工伤、生育、死亡时可以获得必要的物质帮助,是我国第一部综合性的社会保障立法,之后的城镇职工保障制度都是在此基础上建立发展起来的。

2. 调整阶段(1957—1965)

社会保障制度在这一阶段的调整主要强调的是完善和补充。

1958年《国务院关于工人、职员退休处理的暂行规定》颁布,劳动者的退休条件和待遇得到统一,促进了劳动力的流动。

1965年,国家卫生部和财政部联合下发了《关于改进公费医疗管理问题的通知》,提出看病要挂号收费,营养品除特批外一律自费;第二年,劳动部和全国总工会又推出了《关于改进企业职工劳保医疗制度几个问题的通知》,对职工患病和负伤的医疗及相关费用做出了明确的规定。

同期,政府还颁布了一系列加强城市福利事业的政策法规,扶持福利事业的发展;明确农村救济的对象,完善了我国的救济制度。

3. 停滞、倒退阶段(1966—1976)

“文化大革命”的10年动乱,使刚刚建立起来的社会保障体系遭到严重破坏。

社会保险管理机构瘫痪,社会保险转变为企业自保,许多企业因此背上了沉重的经济负担,同时也造成了不同企业、不同行业职工待遇相差悬殊的结果。

在社会福利和社会救济方面,因缺乏政府机构的支持和统一的组织领导,已经初见起色的各项工作重新陷入停滞状态,人民的生活再次面临困境。

4. 重建阶段(1976—1985)

“文化大革命”结束后,各项工作陆续恢复,社会保障制度的重建也紧锣密鼓地展开了。

(1)恢复了文化大革命前的各项政策法规,并对部分规定做出了调整。例如1978年的《关于安置老弱病残干部的暂行办法》和《关于工人退休、退职的暂行办法》,正式确立了国家、企业、个人三方负担的养老保险筹资机制,适当提高了退休待遇,较好地解决了劳动者的退休养老问题;1980年的《关于整顿与加强劳动保险工作的通知》,使在“文化大革命”期间一度中断的劳动者社会保险制度得以恢复。

(2)重新设立民政部主管社会福利和社会救济事业。社会福利事业由国家办向社会办转变;社会救济的对象进一步扩大,开始实行有偿救济同无偿救济相结合的方式,把救济同扶贫联系起来。

总的说来,这一阶段工作的性质主要是承上启下,对社会保障的各项法规进行恢复和重建,并为下一阶段的改革奠定基础。

5. 改革发展阶段(1985年至今)

建立社会主义市场经济体制后,我国的社会保障制度也迎来了新的发展。

1986年通过的《国营企业实行劳动合同制暂行规定》和1991年发布的《关于企业职工养老保险制度改革的决定》,明确了养老保险费实行社会统筹,企业职工的养老问题真正成为了社会养老。1997年国务院又颁布了《关于建立统一的企业职工基本养老保险制度的决定》,至此各地不同的社会统筹与个人账户相结合的制度模式走向统一。进入21世纪,面对人口老龄化的冲击,原劳动与社会保障部于2003年颁布了《企业年金试行办法》,倡导建立多层次的养老保障体系。

医疗保险方面,从1988年《关于公费医疗管理办法的通知》到1994年“两江”试点工作的全面展开,再到1998年底《关于建立城镇职工基本医疗保险制度的决定》,我国医疗保障事业成功地实现了从公费医疗到保险医疗的过渡。在此基础上,为了深化医疗保险改革,使“人人享有医保”,国家各部委又陆续出台了一系列的措施,如2003年的新型农村合作医疗制度以及2007年启动的城镇居民基本医疗保险等。

失业保险方面,1986年国务院颁布了《国营企业职工待业保险暂行规定》,这里的"待业"指的就是"失业",它与1993年颁布的《国有企业职工待业保险暂行规定》一起,为我国失业保险的建立进行了有益的探索;而1999年颁布的《失业保险条例》则为我国的失业保险事业提供了法律保障,失业保险由此进入一个新的发展阶段。

工伤及生育保险方面,从1986年颁布的《国营企业实行劳动合同制暂行规定》、1987年的《职业病范围和职业病患者处理办法》、1988年的《女职工劳动保护条例》三个文件到1994年的《企业职工生育保险试行办法》、1996年的《企业职工工伤保险试行办法》以及2003年的《工伤保险条例》,我国的工伤及生育保险制度进一步完善。

福利救济方面,1990年出台的《中华人民共和国残疾人保障法》、1996年的《中华人民共和国老年人权益保障法》、1997年国务院颁布的《关于在全国建立城市居民最低生活保障制度的通知》以及后来的《城市居民最低生活保障条例》和2006年的《农村五保供养工作条例》都成为我国社会保障体系的重要组成部分,并沿用至今。

党的"十七大"提出了到2020年实现全面建成小康社会的奋斗目标。在社会保障方面的要求是,"覆盖城乡居民的社会保障体系基本建立,人人享有基本生活保障。"我国社会保障事业任重而道远。

本章小结

社会保障是国家或社会依法建立的、具有经济福利性的、社会化的国民生活保障系统。在中国,社会保障则是各种社会保险、社会救助、社会福利、军人福利、医疗保障、福利服务以及各种政府或企业补助、社会互助等社会措施的总称。

社会保障具有强制性、社会性、共济性、福利性、福利刚性五个特征以及一定的经济与社会功能。

社会保障必须遵循公平与效率原则、同社会经济发展相协调原则、普遍性原则和权利与义务对等原则。

所谓社会保障体系,就是指由社会保障各个有机组成部分所构成的整体,包括各个社会保障项目的结构及其运行机制等。我国的社会保障体系包括:社会保险、社会福利、社会救助、社会优抚和补充保障五部分。

社会保障制度的产生与发展是建立在一定的经济社会基础上的。在西方大体上经历了萌芽阶段、产生阶段、形成与发展阶段、成熟阶段以及改革阶段等五个阶段。我国现代意义上的社会保障制度则是从建国初期开始逐步形成的。

思考题

1. 简述社会保障的概念及特征。
2. 社会保障具有哪些功能？必须遵循哪些原则？
3. 简要阐述我国的社会保障体系。
4. 怎样理解社会保障与经济社会发展的关系？
5. 谈谈你对我国现阶段社会保障发展的意见或建议。

案例 中国收入分配差距仍呈扩大之势 有五大"症候"

新一期《瞭望》新闻周刊指出，中国收入差距日渐扩大的痼疾，虽被紧锣密鼓出台的民生政策不断校正，但转型期急剧变动的社会结构及尚存欠缺的调节机制，使中国收入分配差距仍呈"全范围、多层次"扩大之势。

文章将目前中国收入差距不合理表现主要归纳为以下五方面。

(1)"四过大"和"一低一慢"问题。"四过大"指城乡之间、地区之间、行业之间及不同群体之间的收入差距过大。在这"四过大"中，行业间收入差距与不同群体间收入差距过大情况呈加速化倾向。"一低一慢"，是指普通职工，特别是劳动密集型企业以及私营企业的职工和农民工的劳动报酬不仅过低，而且增长慢，过大的收入差距，甚至使"平均工资"指标难以反映普通职工真实的收入增长状况。更值得关注的是，收入差距扩大在20世纪90年代中期后加速，至今仍呈逐年扩大之势。中国改革基金会国民经济研究所副所长王小鲁指出，目前的城乡差距已超过了新中国成立初期的城乡差距。

(2)资本分配太多、劳动分配太少，导致国民收入分配格局的偏移。据国家发改委经济研究所社会发展研究室主任李爽介绍，2003年中国劳动分配率(劳动报酬占GDP比重)为57.6%，2005年则降为41.4%，两年之内下降16个百分点。与此对应的则是资本分配的比重提高，达到了1/3以上，远高于发达国家。居民收入在国民收入中的比重也呈下降趋势。2004—2006年的统计显示，职工工资占GDP比重分别为10.6%、10.8%和11.1%。

(3)国家和企业储蓄增速明显快于城乡居民储蓄增速。中国社科院金融所所长李扬主持的课题组最近做出的中国储蓄结构的研究报告指出，近年来企业的储蓄率在稳步上升，政府的储蓄率也呈急剧上升趋势，而居民储蓄率则在下降。

(4)中国城乡居民财产分布的差距已远远超过居民收入分配差距。目前收入最高的10%家庭财产总额占城镇居民全部财产比重已经接近50%，收入最低的10%家庭财产总额所占城镇居民全部财产比重约为1%。中国经济体制改革研究会会长高尚全介绍说，近年来，全国人均财产性收入增长速度已经是劳动收入（城镇工薪收入和农村经营性收入）增长速度的一倍。尽管财产分布差距是收入差距逐年累积形成的，但目前的情况是多数人还不具备依靠财产改善收入的条件。高收入阶层在股市、房市等方面的加速扩张，将进一步加剧收入差距不合理状况。

（5）尽管改革使大多数人收入有了显著提高，但受益最大的和受益最小的群体相对固定。对于中、低收入居民来讲，由于医疗教育改革偏差，使中、低收入者医疗教育负担过重，加上住房以卖代租和房价暴涨，使他们受益较小。而极少数的部分群体受益较大。王小鲁从家用汽车拥有量、出境旅游、住宅、银行存款分布差距等与收入水平的关系等指标测算，中国高收入阶层的实际收入持续增长超常，国民收入分配呈向高收入阶层倾斜态势。

[案例来源：中国新闻网 2008-01-15]

分析

社会保障制度是通过国家强制力保障社会公平正义的机制。它通过调节公民收入再分配，缩小贫富差距，缓和社会矛盾，平衡效率与公平之间的关系，从而达到保持社会稳定发展的目的，被誉为社会的"安全网"和"减震器"。

市场经济强调效率优先，因此不可避免地会产生公民收入的差距。社会贫富差距一旦超过了一定的上限（国际通用标准是将基尼系数0.4作为收入分配差距的"警戒线"），将有可能对社会的稳定和持续发展造成威胁。针对这一问题，各国普遍的做法是，通过不断完善社会保障制度，对公民收入进行二次分配，将收入差距控制在一个合理的范围内。

相关政策

（1）社会建设与人民幸福安康息息相关。必须在经济发展的基础上，更加注重社会建设，着力保障和改善民生，推进社会体制改革，扩大公共服务，完善社会管理，促进社会公平正义，努力使全体人民学有所教、劳有所得、病有所医、老有所养、住有所居，推动建设和谐社会。

——《党的十七大报告》

（2）加快建立覆盖城乡居民的社会保障体系，保障人民基本生活。社会保障是社会安定的重要保证。要以社会保险、社会救助、社会福利为基础，以基本养老、基本医疗、最低生活保障制度为重点，以慈善事业、商业保险为补充，加快完善社会保障体系。促进企业、机关、事业单位基本养老保险制度改革，探索建立农村养老保险制度。全面推进城镇职工基本医疗保险、城镇居民基本医疗保险、新型农村合作医疗制度建设。完善城乡居民最低生活保障制度，逐步提高保障水平。完善失业、工伤、生育保险制度。提高统筹层次，制定全国统一的社会保险关系转续办法。采取多种方式充实社会保障基金，加强基金监管，实现保值增值。健全社会救助体系。做好优抚安置工作。发扬人道主义精神，发展残疾人事业。加强老龄工作。强化防灾减灾工作。健全廉租住房制度，加快解决城市低收入家庭住房困难。

——《党的十七大报告》

2

社会保障模式

学习目标

通过本章的学习,要求了解社会保障模式的含义、形成过程及其主要分类。掌握四种不同社会保障模式的特色和实践效果以及不同模式中典型国家的社会保障实践与改革状况。运用社会保障模式的相关知识与理论,分析我国社会保障制度改革的方向,解决我国社会保障改革中关于模式的选择问题。

2.1 社会保障模式概述

2.1.1 社会保障模式的形成

社会保障模式(Social Security Types),是对不同社会保障制度的内在基本规定性及主要运行原则的理论概括和总结,它反映了一个国家在某一历史时期社会保障制度的战略方向。

现代社会保障制度自产生以来,在100多年的发展历程中,已经由单一的项目制度发展成为包含众多子系统的社会安全体系。然而,由于各国的政治制度、经济发展水平、历史文化传统的差异,所建立的社会保障制度也不尽相同,从而形成了不同类型的社会保障模式。按照社会保障目标、覆盖范围和保障水平等主要指标进行区分,大致可以分为四种类型:社会保险型、福利国家型、强制储蓄型、国家保险型。

1. 社会保险型模式

社会保险型模式又称为传统型、自保公助型、投保资助型社会保障模式,是最早产生的社会保障模式,也是真正意义上的现代社会保障制度产生的标志。伴随着工业革命后生产的社会化和市场经济的建立，在1883—1889年的德国，执政的俾斯麦政府相继颁布和实施了《疾病社会保险法》、《工伤事故保险法》、《老年和残障社会保险法》等法案。上述系列法令的颁布，标志着世界上第一个完整的社会保险体系的建立，也为社会保险模式的形成奠定了基础。

继德国建立社会保险制度之后，欧洲许多国家如奥地利、瑞典、匈牙利、丹麦、挪威、法国、罗马尼亚等也先后实施了单项或者几个项目的社会保险制度。1911年英国颁布《国民保险法》，社会保险制度普遍在欧洲国家实施，并成为许多国家社会保障体系中的主体内容。1935年美国通过了历史上第一部《社会保障法》，不仅继承了德国的社会保险理论，而且确立了雇主与个人投保、权利与义务结合的社会保险基本原则。第二次世界大战后，社会保险制度被越来越多的国家所效仿，进而发展成为比较完善的社会保险型社会保障制度模式。

2. 福利国家型模式

福利国家型模式是一种提供综合性生活需要的社会保障模式，也是保障范围最广、水平最高、项目最为齐全的制度安排，在社会保障领域是全民福利的象征。“福利国家”一词出自英国经济学家贝弗里奇于1942年完成的社会保障研究报告——《关于社会保险和有关福利事业的报告》。福利国家的出现表明现代社会保障制度从扶危济困、扶贫助弱的低层次保障，发展到强调公平正义、促进社会发展的高层次保障。

英国是福利国家模式的最早提倡者和实践者，一般认为，1910年《人民预算案》获得国会通过，表明英国开始朝着福利国家的方向发展。贝弗里奇报告提出英国在战后将建立一套完整的社会福利制度，引起强烈的社会反响，并得到工党和保守党认可，成为英国构建福利国家的蓝图。报告主张建立社会保险、社会救济和自愿保险三大保障体系，保障每个社会成员的基本生活需求，提供“从摇篮到坟墓”的一系列社会保障措施。

福利国家既是一种经济政策，也是一种政治策略。“福利国家”一词被贝弗里奇报告引用之后广为流传，并为其他欧洲国家所接受。二战后，英国政府在贝弗里奇报告基础上，先后颁布了一系列社会保障法案，逐步实践着福利国家的政策和措施，构建了“一揽子”预防性的社会保障体系，国家作为最后责任人承担主体责任。1948年，首相艾德礼自豪地宣布英国在世界上第一个建成了福利国家。

在英国贝弗里奇报告的直接影响下，瑞典社会政策有了重大突破，开始朝着福利国家的方向发展。按照“公民权利、普遍性和统一性”福利国家原则，构建了全面性保险和优厚的补贴制度，使瑞典获得了“福利国家橱窗”的美誉。20世纪60年代，福利国家成为经济社会发展与文明进步的象征，许多发达国家都以福利国家自称。

3. 国家保险型模式

国家保险型模式又称为政府统包型社会保障，与就业相关联，是由社会主义国家创立并实施的社会保障模式类型。这种制度始于前苏联，并为东欧和中国等其他社会主义国家所效仿。目前,主要在亚洲的朝鲜和美洲的古巴等社会主义国家实行。

1917年俄国十月革命取得政权后,建立了第一个社会主义国家,宣布建立面向工人及城乡贫民的全面社会保险体系。二战后建立的东欧社会主义国家,在社会保障领域也基本上按照前苏联的模式建立了自己的保障体系。新中国建立后,也仿照前苏联模式建立国家保险型的社会保障制度。

国家保险型模式以公有制为基础,与高度集中的计划经济相适应,由政府统一包揽并面向全体国民,是社会主义制度优越性的重要体现。它使劳动者特别是老弱病残者得到了社会救助,从制度层面显示了公有制的巨大力量。但因为这种模式存在严重的保障对象不公平性和效率低下,而且超越了社会自身承受力,给社会主义国家带来一定程度的负面影响。经过半个多世纪的实践,这种模式逐渐随着前苏联的解体和东欧的剧变而日渐衰落。我国在改革开放后,特别是社会主义市场经济体系建立,社会化的社会保障体系逐步取代国家保险型模式。

4. 强制储蓄型模式

强制储蓄型又称为自我保障型,是一种与传统的社会保险型、福利国家型有巨大差别的社会保障模式,也是目前存在争议最大的模式。强制储蓄源于新加坡的公积金制度,实质上是一种强制的自我积累。

20世纪50年代立国的新加坡,在建立自己的社会保障体系时,放弃了简单模仿传统社会保障模式的做法,创设了公积金制度。这种制度从单一的养老保障用途扩展到今天的医疗、住房、教育等多项目,实际上已经构成新加坡社会保障制度的主体内容。强制储蓄不是以政府为直接责任主体,较好地避免了传统社会保障模式的某些缺陷,因此也受到世界各国与国际组织的广泛关注。在新加坡之后,曾经被东南亚和拉美的一些国家及地区仿效,出现了智利模式和香港模式,但是该模式的最大缺陷是缺乏互济性,不能体现社会保障实现和维护社会公平的基本原则。因此,国际劳工组织并不认同这一模式,多数国家对此也持审慎态度。

实际上,对社会保障模式可以从不同的角度进行分类。按照实施方式的不同,可以分为强制型保障与自愿型保障;按照保障对象的不同,可以分为全民保障与特定群体保障;按照资金来源的不同,可以分为国家财政型、企业缴费型、个人缴费型;按照保障的核心类别,可以分为保险型、救助型、福利型、储蓄型、国家型等。世界各国的社会保障制度形式多样、千差万别,几乎找不到完全相同的两种社会保障制度。对各国的社会保障进行分类,仅仅是以社会保障主体内容为依据进行简单的、大致划分,许多国家所选择或者正在改革完善中的社会保障制度,往往是福利保障、保险保障和储蓄保障的并存。事实证明,世界各国社会保障制度的改革与完善,其实就是相互取长补短的过程。因此,多种制度并存的混合保障模式已经越来越为大家所接受。

2.1.2 社会保障模式与国别特色

尽管现代社会保障制度自产生以来已经广泛地为国际组织和多数国家所接受,人们对社会保障的认知也达成了基本共识,但由于社会保障要受到政治、经济、社会、历史文化传统等多种因素的共同影响,各国的国情不同使得各国在社会保障实践中出现了巨大差异,不同国家即便选择了同一类型的社会保障模式,在制度安排、覆盖范围、保障水平、功能作用等许多问题上也具有鲜明的差异性。

社会保险型社会保障模式是以社会保险为主体,是工业化和市场化的产物,它的实施是在市场经济比较发达,工业化取得一定成就,并拥有比较雄厚的经济基础,企业和个人具有一定的经济承受能力的前提下实施的。它以劳动者的保障为核心目标,费用由雇主和雇员共同承担,按照权利与义务有机结合的原则,为受保者提供基本生活保障。德国制定并实施了有关社会保险法规后,迅速被其他国家所效仿,进而社会保险成为许多国家社会保障体系中的主体内容。迄今为止,先后有法国、美国、日本等发达的资本主义国家都采用这种模式。但是,即便同为选择社会保险型模式的国家,在社会保障的制度安排与具体内容上也存在着差异性。如德国的社会保障制度与美国的社会保障制度虽然都体现了社会保险型模式的一些共同特征,但也存在明显不同。德国建立社会保障制度的目的是为了实现社会安全,是作为社会工具使用。而美国建立社会保障却是为了应对经济危机的挑战,是作为经济手段实施。而法国的社会保障模式则带有福利国家色彩。

福利国家型社会保障模式虽然起源于英国,但在以瑞典为代表的北欧五国更为典型。福利国家的社会保障制度面向全体社会成员,福利水平高,管理体制统一,为公民提供"一揽子"预防性保障完整的社会安全网络,国家作为最后的责任主体承担最后责任。福利国家型社会保障模式以公民权利为核心,以福利普遍性和保障全面性为原则,以充分就业、收入均等、消灭贫困为目标。福利国家作为经济社会发展水平达到很高层次和社会文明进步的象征,曾经风靡一时,在英国宣布建立福利国家后,西欧、北欧一些国家纷纷宣布建立福利国家,加拿大、澳大利亚等国家也趋向福利国家,甚至美国、日本也在20世纪70年代自称为福利国家。但是,具体某一个福利国家依然存在较为明显的差异性。同为福利国家的英国与瑞典有着明显的不同,英国的社会保障制度更倾向于济贫,而瑞典的福利政策更注重公平和平等,至于日、美等国虽然也宣布成为福利国家,但与英国、北欧的福利制度还存在一定差距。

国家保险型社会保障是以公有制为基础,与高度集中的计划经济相适应,是社会主义制度的重要组成部分。国家保险型模式起源于前苏联,曾为东欧、中国、朝鲜、越南、古巴等社会主义国家所效仿,并伴随着前苏联解体、东欧剧变以及社会主义国家的变革而逐步走向衰落。实施国家保险型模式的社会主义国家,具体制度安排上也有着不同,如前苏联的工会组织发挥着重要的作用,而我国改革开放前的保险制度更倾向于单位保险。至于目前实施该模式的朝鲜与古巴,仔细比较也有着较大差异,朝鲜的社会保障呈现典型的同一性,古巴的制度则注重分类。

强制储蓄型社会保障起源于新加坡的中央公积金,曾一度流行于马来西亚、印度尼西亚等东南亚诸国。强制储蓄型的社会保障往往在市场化程度较高的国家实现,强制立法推行是制度建立和实施的基本保障。但具体到实施该模式的国家与地区,其制度设置与目标功能也不尽相同。如继新加坡之后出现的的智利模式和香港模式主要局限于养老保险,不像新加坡公积金那样是综合的保障体系。而且,具体到养老保险制度,智利模式是私有私营,新加坡模式则是私有公营。

总之,社会保障产生后,在深度与广度上都取得了重大发展,目前已经有160多个国家与地区建立了社会保障制度。然而,受各国基本国情的影响,不但社会保障模式具有较为明显的分类,可以划分为上述四大类型模式,即便是同一类型的社会保障模式,在不同国家实施也存在鲜明的国别特色。因此,在学习和掌握社会保障知识理论,借鉴其他国家社会保障实践经验教训的过程中,要时刻关注这种差异以及由此带来的影响,切忌盲目照抄照搬。否则,只会弄巧成拙。

2.2 社会保险型社会保障模式

2.2.1 模式特点与效果

社会保险型模式是按照"国家干预主义"理论建立起来的,德国的新历史学派、凯恩斯主义的"有效需求"都对其产生了重要影响。社会保险型模式建立在自保公助的基础上,责任共担、权利与义务有机结合是其基本原则。这种模式类型既适应了工业化的需要,又避免了福利国家的某些缺陷,因而受到多数国家的重视和模仿,成为最具传统、最普遍的社会保障模式。其主要特点有以下几点。

(1)以劳动者为核心。该模式主要面向劳动者,而且主要是工薪劳动者,以劳动者为主体建立的社会保险制度是该类型的核心项目,强调劳动者个人在社会保险方面的责任。围绕着劳动者在年老、疾病、工伤、失业等方面的风险发生而构建制度,在劳动者遭遇上述生存压力时保障其基本生活。在具体制度设计中,针对不同层次的社会成员设立项目,选用不同的保障标准。某些社会保险项目通过劳动者的收益惠及其家庭成员。

(2)强调责任分担。社会保险费(税)由国家、雇主和劳动者个人三方缴纳,以劳动者和雇主的社会保险缴费为主,国家财政给予适当补贴,即个人与雇主投保,国家资助。遵循"自助者公助"的原则,是一种风险共担和责任分担的社会保障机制,因此,被称为投保资助或自保公助型。

(3)财务机制一般为现收现付制度。社会保险基金的筹集以横向的短期平衡为主,保持收支平衡、略有结余。制度中的长期项目以代际转移方式运行,如养老保险项目中的当期所需资金主要由在职职工和雇主分摊缴纳,下一代供养上一代,形成代代相传的资金链条。

(4)互助共济、风险分担。雇主与劳动者个人缴纳的社会保险费建立社会保险基金,劳动者遭遇风险发生,享受相应的待遇。社会保险缴费只记录个人缴费情况,不建立以给付为目的的个人账户,保险基金在受保成员之间统筹调剂,符合大数法则,充分体现社会成员之间的互助互济、风险共担的宗旨。

(5)强调权利与义务的有机结合。重视社会保险中的权利和义务的密切相关，劳动者享有的社会保险权利以及待遇水平与个人缴费多少和个人收入状况相联系，强化自我保障意识，在一定程度上体现了效率原则。

社会保险型模式强调对社会成员的基本保障而非福利，其优点是重视社会保险中的权利与义务的对应关系，强化责任分担与自我保障意识，在追求社会公平的同时，一定程度上也体现了效率原则。而且，统筹调剂使用基金，符合风险管理中的大数法则，体现了社会保险互助互济原则，在制度创立的较长时间内运行良好。但是，采取现收现付制度筹集基金，费率受人口年龄结构和就业比例的影响较大，难以应付人口老龄化导致的支付压力，进而可能会因为基金积累的不足而造成财务危机。因此，针对人口老龄化的到来以及由此带来的负面影响，必须考虑到费率负担极限和制度变革。

2.2.2　典型国家的实践与改革

实行社会保险型模式比较典型的国家有：美国、德国、日本、意大利等。

美国是世界上最发达的工业化国家，但社会保障制度的建立在时间上较西方发达国家要晚，而且社会福利完善程度上也较为逊色，直到20世纪初，美国也没有像其他发达国家那样建立起由国家运行的社会保障体系。当今美国的社会保障水平与其综合国力和经济发展实力相比较依然处于较低的层次，但总体而论，美国社会保险型模式特征依然较为典型。

美国是名副其实的移民社会，崇尚自我奋斗与个人成就。民族独立、共和民主与三权鼎立等构成了美利坚民族的立国原则，也是美国推行其生活方式的行动指南。在联邦制思想的主导下，联邦政府权力有限，地方政府具有较强的独立性。而且美国是一个市场经济充分发展的工业化社会，自由主义与个人主义作为主流价值观在一定程度上阻碍政府干预政策的实施，也导致美国实施社会保障政策较晚，且保障水平较低。

但在美国从传统农业文明向现代化工业国转变的过程中，贫富鸿沟扩大、民族矛盾尖锐、环境恶化等资本主义经济发展所带来的阴暗面也在侵蚀着美国社会，引起有识之士的担忧。特别是爆发于20世纪30年代的经济大危机不仅沉重打击了美国的经济，最重要的是打破了廉价政府、自由放任和无为而治的政治观念，美国政府开始认识到建立与市场经济和工业社会相适应的社会保障制度的重要性。1935年罗斯福政府签署了《社会保障法》，这是一个确立社会保障制度、规划有关保障项目、解决经济安全问题的综合性立法，包括养老金制度、失业保险制度、救济制度。《社会保障法》放弃了长期主导美国社会的自由主义主张，改变了过去那种政府不干预的传统，开始为人民生存所必需的经济权利提供保障，被视为继《独立宣言》、《解放宣言》之后的第三个人权法案。《社会保障法》是各种社会力量共同推动的结果，也是美国社会保障制度的直接渊源，通常被认为是美国社会保障制度建立的标志。

自《社会保障法》颁布实施后，美国社会保障制度经过多次修订和补充，逐步形成了比较健全且范围广泛的社会保险型保障体系。美国社会保障制度由社会保险和社会福利两大部分构成。其中社会保险包括面向劳动者以家庭为保障单位的养老保险制度;由联邦政府和地方州政府共同管理并分担被保证人的失业保险制度;由地方州政府实施的工伤保险制度以及对社会弱者的医疗关怀和社会救助。社会福利按照发放方式的不同可以分为"现金福利"与"非现金福利"两类,前者主要包括家庭补助与补充性保障收入两个项目,后者则主要由医疗补贴、食品补贴、儿童营养、住房补助、就业培训、贫困家庭子女教育等六类项目组成。上述具体制度构成了社会保险、公共帮助和社会服务三位一体的社会保障体系,三个组成部分相辅相成,从不同侧面发挥着制度的功能和作用。社会保险和公共服务主要提供资金与物质形式的帮助,社会服务则主要提供劝导、看护、保护、关怀、照料、教育、训练等人力形式的服务。公共帮助和社会服务具有明显的慈善性和救助性特征,一般都附加以严格的收入及财产审查制度。此外,美国社会保障项目中,老年、残疾、遗属社会保险是社会保障开支的最大项目,美国官方和一些人士通常将其等同于"社会保障"。

现代美国虽然建立了较为完善的社会保障体系,但社会保障覆盖范围有限、程度不高,没有达到欧洲国家的保障水平,而且至今也未建立全国统一的社会医疗保险或健康保险制度。在效率优先原则和自由主义思想的影响下,美国的社会保障体系注重责任分担,强调保护弱势群体的利益,而忽视了其他社会成员享受社会福利的基本权利。美国虽然也曾自称为福利国家,但其社会保障水平不但与福利国家无法相提并论,甚至赶不上德国、日本、法国等社会保险型国家。而且,社会保险享受的条件较为严格、补助较少,没有形成全国统一的社会保障标准,各州自行其是,地区差异性较大。此外,美国社会保障体系中私人保险的作用突出,商业保险公司在医疗保险和年金保险等领域提供的服务非常受欢迎,各种非营利组织机构也发挥着重要作用。在社会保障管理方面,美国实施州政府管理为主,联邦政府支持的多层次管理方式,造成了机构臃肿、行政管理费用支出庞大的局面。

2.3 福利国家型社会保障模式

2.3.1 模式特点与效果

福利国家型模式的理论依据是福利经济学。福利经济学的代表人物是英国经济学家庇古,他认为经济政策的目标在于社会福利总和的最大化,国家应该通过实施累进税措施,实现缩小贫富差距、增进国民福利的目的。福利国家型模式由国家实行高度统一管理和支配,以"充分就业、收入均等和消灭贫困"为目标,为每个社会成员提供"从摇篮到坟墓"的一切福利保障需求。就具体模式而言,福利国家及其所推行的福利政策有如下主要特征。

(1)普遍覆盖、全民共享。普遍性与全民性构成福利国家模式的基本准则。其社会保障的目标不仅仅使公民避免遭遇贫困、疾病、愚昧、肮脏和失业之苦,而且要维持社会成员一定标准的生活质量,以加强个人的社会安全感。福利国家的保障范围不断扩大,具体制度安排并不仅仅限于被保险者个人,而且还逐步向公民保障过渡;不只限定于某一保险项目,凡是能影响到公民维持合理生活水平以及会造成经济不安定的事件都在保障范围之内。按照普遍性和统一性的原则,所有公民都有权获得基本生活保障。

(2)内容广泛、体系完善。福利国家的社会保障项目齐全、具体,可以为公民提供“一揽子”预防性保障,以满足人们的各种生活需要。社会保障内容除生育、疾病、伤残、失业、养老保险外,还有儿童、遗属、单亲家庭、住房、教育和培训等多种优厚的公共津贴。除现金补贴外,还提供医疗、护理等多项服务。特别是第二次世界大战后至20世纪60年代中期,福利国家型的社会保障覆盖范围不断扩大,项目设置从单项保障趋于总体保障,形成了一套相互联系、共同保障的社会安全网。

(3)费用由税收方式收取。福利国家型的社会保障模式,其多数项目直接由政府财政提供经费来源。按照统一标准征缴社会保障费(税),统一标准支付社会保障金,资金来源主要通过国家税收解决。国家通过累进税制对国民收入所得进行再分配,使社会财富不再集中于少数人手中。同时,为维持福利国家高水平的福利支付,政府必须通过高税收来支撑。累进税制和高税收,不仅保证了福利国家的财政来源,而且体现了福利国家的重要特征。

(4)法制健全、强制实施。福利国家的各项社会保障制度原则上是立法先行、依法实施,社会保障体系的各个环节和层面均有完善的法律监督体系。多数社会保险项目逐步由自愿保险转变为强制保险。

(5)政府负责、待遇优厚。在福利国家政府是社会保障的当然责任主体,不仅承担着直接的财政责任,而且承担着实施、管理与监督责任。为实施福利国家政策,政府一般都建立庞大的管理机构。同时,福利国家的社会保障项目众多,待遇标准较高,保障项目设置齐全,而个人一般不需要缴纳或者缴纳低标准的社会保障费用,福利开支主要由政府和企业负担。为了保证社会成员的待遇水平不会因为通货膨胀而降低,其保障标准按照生活费用指数进行定期调整。

20世纪60年代,福利国家作为经济社会发展水平达到很高层次和社会文明进步的象征,进入了鼎盛时期,加拿大、澳大利亚等许多发达国家都选择了福利国家型模式,日本甚至美国都宣布建立福利国家。福利国家型模式通过立法手段干预经济和财政,对国民收入再分配的力度较大,对于消除贫困、维护社会稳定和促进经济发展发挥着重大作用。但是,为社会成员提供过于优厚的社会保障待遇,也造成了一些负面影响。如社会保障支出增长过快,造成政府负担过重,财政赤字越来越大。同时,由于政府包办,标准过高,导致企业社会成本提高,产品的国家市场竞争力相对下降。此外,由于福利项目多、范围广、水平高,导致“养懒汉”现象普遍存在,不利于激发和调动社会成员的工作积极性。20世纪70年代后,伴随着石油危机以及人口老龄化的到来,福利国家普遍开始社会保障改革。但总体而言,这种改革仅仅局限于开源节流、修修补补，西欧、北欧福利国家，包括加拿大、澳大利亚等都没有从根本上改变福利国家模式。

2.3.2 典型国家的实践与改革

实行福利国家型模式典型的国家有瑞典、英国、加拿大、澳大利亚等。

福利国家起源于英国，北欧五国被誉为“福利国家的天堂”，而瑞典则成为福利国家的典型代表，是“福利国家的橱窗”。

瑞典是北欧国家，地广人稀，森林覆盖率高达57%，有“森林之国”的美称。瑞典科技发达，工业生产先进，对外贸易活跃，是外向型工业化国家，属于典型的混合型经济。在资本主义国家中，瑞典的公有化程度较高。瑞典实行多党制的政治制度，社会各阶层都有自己的政党，工会组织强大。自1948年开始，瑞典致力于建设“福利国家”，是世界上社会保障制度比较成功的少数国家之一，被视为由贫穷落后迈向共同富裕社会的典范，成为人们期望中的“桃花源”。

瑞典的社会保障制度产生于19世纪中期。伴随着工业化和城镇化速度的加快，社会问题日益突出，济贫成为瑞典政府必须面对的难题。1847年瑞典颁布实施《济贫法》，穷人接受救济成为一项公民权利被确立。德国社会保险立法后，瑞典很快积极响应，先后实施失业、工伤、养老、家庭补贴等各种社会保险制度，到20世纪40年代建立起一套被标榜为“从摇篮到坟墓”的福利计划，形成了以社会保险为主体的社会保障体系。战后在英国《贝弗里奇报告》的影响下，瑞典的社会保障政策有了重大突破，开始筹建“福利国家”。特别是社会福利具有高度的普遍性和同一性，所有公民都有权获得基本生活保障，并由国家承担风险。这种全民性的社会保险和广泛而优厚的补贴制度，使“瑞典模式”成为福利社会的“橱窗”，并为西方发达国家纷纷效仿。

瑞典的社会保障制度主要有两大部分：一是各种保险制度，如失业、工伤、养老、疾病、儿童津贴等；二是政府提供的各种免费或者低费的社会服务和公共消费项目，如教育、医疗、托幼、养老设施等。国家通过立法手段和各种社会福利政策措施对社会财富进行再分配，缩小贫富差距，实现社会公平。

瑞典社会保障制度在吸取了英国式普遍原则的基础上，形成了如下特点。第一，保障对象的全民性。瑞典作为福利国家的典型，所有公民均可以享受到从生到死的各种社会保障，政府通过各种福利措施，对国民收入进行再分配，形成了全面、普遍、完整的社会保障体系。在瑞典没有严重的两极分化问题，比较充分地实现了社会公平原则，瑞典人自豪地称自己的国家为“真正的社会主义国家”。第二，高税收是瑞典模式赖以存在的基础。福利国家的高福利政策是以高税收为前提。瑞典的税种繁多，税率很高，并实行累进税率。一般来讲个人缴纳的各种税收占本人收入的40%以上，国税和地税之和可以高达75%，而且收入越高，纳税越多，由雇主代扣直接上交税务部门。第三，瑞典的社会保障支出很高。无论从人均社会保障支出，还是社会保障总支出占国民收入的比重来看，瑞典都是高居榜首。可以说，高工资、高税收、高福利是瑞典的鲜明特征。

瑞典的福利模式在取得巨大成就的同时,也存在一些难以克服的问题。特别是20世纪70年代开始的石油危机和世界经济衰退造成了瑞典的经济困难,导致经济停滞和通货膨胀,对其实施的福利政策带来了消极影响。经济不景气使得瑞典逐渐丧失了维持高福利的能力,福利政策推行过程中遇到了种种困难和问题,人们将之称为"瑞典病"。对此,瑞典政府开始实行社会保障支出紧缩政策,社会保障水平不断上扬的势头得到抑制,这是改革的温和时期。激进的社会保障改革措施则是社会保障私有化,在社会保障领域引入竞争机制,提高运行效率。特别是养老保险制度改革,出现了私营的职业养老金作为基本养老保险制度的补充,构成多层次的养老保险体系。在老年关怀和社会服务方面,在健康保险和医疗保险领域也引入了公共与私营机构之间的竞争机制。到2000年瑞典的社会保障改革措施收到了较为明显的效果,福利支出比例下降,财政赤字消除,整个经济社会发展状况得到改善。

2.4 强制储蓄保险型社会保障模式

2.4.1 模式特点与效果

强制储蓄型社会保障模式与传统的社会保险型和福利国家型有着巨大差别,它起源于新加坡创立的中央公积金,后为智利的养老保险私营化模式所推广,本质上是一种个人负责的强制储蓄保障。其主要特征有以下几点。

(1)国家立法规范、政府严格监督。该模式的强制性首先表现为政府的立法规范和强制实施,制度推广必须借助国家强制力,这符合社会保障制度立法先行的一般原则。此外,政府虽然不直接承担费用的责任,但承担着监督者的责任,特别是个人账户积累基金的投资运营,虽然不同国家政府承担的责任有差别,但政府都会从不同层面予以严格规范和监督,保证基金及其投资收益的安全。

(2)强调自我负责,没有互助互济性。强制储蓄型模式是在国家立法规范的前提下,采取强制手段扣除劳动者的部分工资收入进入储蓄账户,所有权完全属于劳动者本人。社会成员之间缺乏互助共济,也不能进行风险分散。所以,这种制度强调自我负责,有经济效率但忽视了社会公平,这也是其长期不被国际社会保障界认可的主要原因。

(3)建立个人账户,实行完全积累。强制储蓄为每个参与者建立个人账户,雇主与劳动者缴纳的费用直接记入该账户,经过投资运营逐年积累,为劳动者年老退休提供保障。这种模式实际上是劳动者个人收入与负担在一生中的纵向平衡。

(4)基金的保值增值是制度成败的关键。由于强制储蓄模式是完全积累的财务机制,随着每个劳动者在职期间个人账户上的基金不断增长,基金保值增值的压力持续增加。而且从参加储蓄到享受待遇往往间隔数十年,基金贬值的风险是该模式的最大压力。因此,实施强制储蓄模式的国家或者地区都会对基金的投资运营进行规范和监管，一般都允许基金进入资本市场，在参与社会财富的创造过程中避免贬值的风险。

(5)养老保险是强制储蓄模式的主要内容。当前采取该模式的国家或者地区，在采取强制储蓄的制度安排方面主要局限于长期积累性的保险项目，特别是养老保险。因此，所谓强制储蓄模式一般来讲并不是指这个国家的社会保障制度，多数情况下是指社会保障制度的核心部分，主要是养老保险。

强制储蓄型模式具有其他模式没有的鲜明特点，尤其在激励劳动者自我负责、限制政府责任方面具有较大优势，在应对人口老龄化危机方面也有着积极的效果。但制度本身缺乏传统社会保障制度的互助共济功能，不利于社会风险的分散，存在较大争论。而且，制度实施的外部条件比较严格，如高度集中的权威型政治体制，成熟的资本市场等，从而不具有普适性价值。到目前为止，只有少数国家和地区采纳了这种模式，多数国家只是在建立或者改革社会保障制度过程中，对该模式进行一些借鉴或吸收其部分优点。譬如智利模式，只是在养老保险项目中实施了强制储蓄。

2.4.2 典型国家的实践与改革

强制储蓄模式以新加坡的中央公积金为典型代表，其他如印尼、马来西亚以及智利的养老保险制度等。新加坡的中央公积金制度由养老保险储蓄制度演化而来，是由国家立法规定、强制实施的。它是在经济起飞阶段根据自已的国情和社会经济目标建立起来的，是一种独特的、有效的综合保障制度，并得到了社会和国民的认可。

新加坡是一个富庶的东南亚岛国，工业化程度高，以华人为主，其政治制度、经济体制和社会政策都与众不同。1953年新加坡为了促进经济发展和维护社会稳定，通过了《中央公积金法》，构成了制度的法律依据。1955年成立"中央公积金局"，作为实施该项立法的主管机构，其主要任务是征收并保存劳资双方缴纳的存款，为工人退休或者不能工作时提供基本生活保障，形成了特色鲜明的中央公积金制度。该制度是涉及一般工人的、简单明了的全国性退休养老金计划。国家通过立法，强制所有雇主、雇员按工资收入的一定比例向中央公积金局缴纳费用，由中央公积金局加上每月的应付利息一并记入会员的个人账户，专户储存，不得随意支取。会员享受的待遇，只在其个人账户累积的公积金额度内支付。

新加坡的中央公金最初只是一个养老保险储蓄制度，后来随着社会经济发展和制度运行良好，逐步发展成为一项综合性保障工程，包括退休保障、健康保障、住屋保障、家庭保障、资产增值和教育费用支付等多种功能。强制性储蓄为会员积累了足够的储备，提供了比其他保障方式更为有力的安全保障。新加坡中央公积金的突出特点有下面几点。

(1)依赖权威型党政合一的政府强制实施。根据《中央公积金法》规定，每一位有工资收入的公民均有义务参加中央公积金储蓄，公积金由雇主代扣，雇员自动参加。甚至雇主、独立经营者和外国雇员都被强制参加计划。

(2)社会化程度高、社会效益突出。中央公积金覆盖范围宽泛，覆盖率占总人口的80%以上。积累起来的巨额公积金,为国家增加了大量建设资金,形成了高储蓄—高积累—高增长—高就业—高积累的良性循环,避免了传统社会保障模式因人口老龄化而出现的支付危机。虽然完全个人账户不具有再分配功能,缺乏社会成员之间的互助互济,但该制度预防性的强制储蓄,较好地解决了国民的风险保障问题,防贫效果非常明显,在实现全民性、统一性、强化性的同时,避免了传统社会保障财政负担较重的局限性。

(3)对本国的经济发挥了重要的调控作用。随着经济持续增长和投保费率的提高,中央公积金积累了雄厚的资金,既保障了社会成员的基本生活需求,增加了基金的抗风险能力,又对维护社会、促进经济发展发挥了重要的作用。如新加坡政府通过调整公积金缴费率,刺激经济发展;利用公积金融资和调节投资的作用,发展公共租屋和公共巴士计划;中央公积金是新加坡基础设施投资资金的有力来源,社会效果有目共睹。

(4)新加坡中央公积金的运营管理高效而且成功,在保值增值方面成绩斐然。按照公积金法令规定,个人账户存款可以获得利息收入,利率标准以当地银行的12个月的定期存款和月底储蓄利率的平均值确定,定期进行修订,保证会员获得利率不低于2.5%,平均超过3.7%的物价涨幅。而且,公积金利息免缴所得税。由于公积金的投资由政府规定投资方向,保证了经济年平均10%的增长率,基金的保值增值问题也得到了有效解决。

新加坡的社会保障制度以雄厚的经济实力为依托,强调以家庭为中心,注重发挥东方伦理道德的主导作用,维护了社会稳定,促进了经济发展,基本上实现了"老有所养、病有所医、住有所居、学有所教"的社会保障目标。说明这种模式是符合新加坡的国情并具有生命力的。但强制储蓄型社会保障模式也存在着明显的不足。如制度设计单一,没有企业补充保险养老制度,劳动者退休养老保障存在一定的风险;缺乏社会保障公平性,公积金结存数额差别太大,具有拉大收入分配差距的负面效应,尤其是年轻雇员和低收入雇员积累太少,难以应对各种风险发生。况且,在新加坡这样的小国、富国,实施别具特色的社会保障制度,对其他国家和地区来讲,只有借鉴意义并不具有普遍适应性。

2.5 国家保险型社会保障模式

2.5.1 模式特点与效果

国家保险型模式是按照马克思关于社会保障的论述和列宁的国家保险理论建立起来的,其宗旨是最充分地满足无劳动能力者的需要,保护劳动者的健康并维持其工作能力。这种模式存在的基本前提是公有制,并与高度集中的计划经济体制相适应,由政府统一包揽,面向全体国民。在保障目标上追求社会公平,宪法规定"老有所养"是公民拥有的基本权利。其主要特征有以下几方面。

(1)强调国家责任。在国家保险型模式下,国家处于社会保障的绝对主体责任地位。国家保险通过宪法确定为一项基本的国家制度。公民所享有的社会保障权利是由生产资料公有制保证,并通过相应的社会经济政策得以实施,获得国家保障是社会主义制度优越性的体现。

(2)个人不缴纳任何费用。社会保障支出由国家和企业负担,受保人不需要缴纳任何保险费用。理论上讲国家保险型的资金来源于社会产品的分配,具体支出由政府和企业负担,由国家在社会总产品分配前预留和扣除。

(3)保障对象包括全体公民。在国家保险模式下,每一个有劳动能力的公民都必须积极参加社会劳动,在劳动的基础上获得相应的社会保障。社会成员就业亦即自动加入社会保障制度。对无劳动能力的社会成员,一般也会通过其他制度安排提供基本的物质保障和服务,享受社会保障是宪法规定的公民权利。

(4)工会组织参与决策和管理。在国家保险型模式中,劳动者一方面通过人民代表机构对社会保障施加影响;另一方面,又通过各级工会组织代表政府,参与社会保障事务的管理与监督,工会组织的权力较大。

(5)社会保障待遇普遍较高。在国家保险模式中,保险待遇不与缴费多少相关联,但与劳动贡献或者工龄挂钩。受保障者的生、老、病、死、伤残各方面,均由就业单位和国家负担。而且待遇普遍较高,如退休保险待遇一般超过在职工资的70%以上。

国家保险型作为社会主义国家普遍采用的社会保障模式,在半个多世纪发展过程中,曾经发挥过积极作用。但制度设计超越其承受能力,在公平与效率等重大关系的处理上存在缺陷。如劳动者的保障待遇由国家统一规定,企业与劳动者没有选择的权利。所有社会保障支出全部由政府与企业承担,由国家统一平衡盈亏,体现了“人人平均享受”却忽视了效率。强调福利的普遍性导致收入再分配不公平,从而弱化了对劳动者的激励作用,助长了平均主义,造成经济效率低下。反过来,又影响到社会保障制度良性运行。

2.5.2 典型国家的实践与改革

国家保险型模式以前苏联为典型代表,曾在社会主义国家普遍推行,目前实行该制度的国家主要有亚洲的朝鲜和美洲的古巴。

1917年俄国十月社会主义革命取得政权后,针对沙皇俄国时代社会保险实施范围窄,保险待遇低,工人缴纳保险费用负担重等问题,列宁在论述“国家保险是最好的保险”时,提出了国家保险的四条基本原则:即国家对工人暂时或永久失去劳动能力一定要提供保险;由国家举办的社会保险要覆盖全体工人及其家庭;国家、企业负担全部费用;社会保险交由执掌政权的工人阶级管理。依据列宁的国家保险理论,革命政府向全世界宣布:俄国无产阶级在自己的旗帜上写上向工人及其城乡贫民实行全面的社会保险。第二次世界大战后建立的计划经济体制下的社会主义国家,基本上采用了这一社会保障模式。

前苏联解体和东欧剧变后,原先实行国家保险型模式的国家,基本上都从计划经济体制转向市场经济体制,完成了私有化与市场化的改革。伴随着经济体制的转轨,国家保险型模式失去赖以存在的基础与前提,社会保障制度的重大变革亦是必然。这些国家的社会保障变革措施主要是吸收和采纳了一些西方发达国家的做法,体现出混合型的发展方向。

(1)建立社会保险和社会救济相互补充的保障体系。社会保险的对象主要是劳动者;而救济的对象主要是没有参加劳动的贫困者。由于经济体制的变革导致的经济衰退,劳动者和居民对社会保障的要求更多。一些国家延长了领取社会救济的时间,许多国家建立了最低生活保障制度。

(2)建立多层次的养老保险体系。多层次的养老保险体系是指:第一层次是由国家提供强制的最低水平的保障;第二层次是由缴费年限和缴费额决定的补充保险;第三层次是自愿购买的补充保险。在普遍的养老保险制度之外,政府通过资助方式鼓励人们参加补充保险。如匈牙利在1991年颁布了新的养老法,实行国家和个人共同承担的养老保险体系。补充养老保险由养老保险基金承办,国家实施监管,人们投保于养老保险基金组织可以得到政府的资助。捷克1994年实施的养老保险改革方案,由国家和个人共同承担养老保险责任。

(3)增加缴费主体,提高缴费率。计划经济体制下,企业在国家的指令下负担社会保障费用,员工个人不承担。改革后,员工个人也要缴纳相应的社会保障费用。同时,由于这些国家的社会保障负担较重,所以提高了企业的缴费率,使得企业的负担进一步加重。

(4)建立失业保险制度。失业是转型国家普遍面临的共同问题。伴随着市场经济体制的建立,失业保险制度的建立亦是必然。俄罗斯规定雇主按照雇员工资的2%缴费,建立失业补助基金。面对失业问题的严重压力,转型国家出台了各种优惠措施鼓励企业雇佣失业者。

(5)提高退休年龄,降低养老金待遇。改革中的国家纷纷仿效西方发达国家的做法提高了退休年龄。如男职工提高到65岁,女职工提高到60岁。同时,强制性养老保险金替代率普遍下调到40%左右。

对于经济转轨的国家而言,从原有的国家保险型模式转向市场经济体制下的社会保障体制面临着很多困难。不仅法律、政策严重滞后,而且政策的贯彻水平与能力也在不同程度上制约着社会保障改革进程。因此,这些国家的改革举步维艰,社会问题复杂混乱。社会保障尚不足以适应经济社会发展的需要以及人们的需求。依然在坚持社会主义道路的中国,在确立社会主义市场经济体制的过程中,对社会保障制度进行了渐进式改革,经过20年的艰难探索,借鉴和吸收了各种社会保障模式的特点与优势,逐渐形成了一种混合型的社会保障模式,正在走出一条中国特色的社会保障建设与改革之路。

上述四种模式是以社会保障主体内容为依据进行的大致分类,其不同类型之间的区别并不是特别鲜明。尤其是具体到某一个国家,如日本的社会保障模式虽然可以将其划分到社会保险型,但其社会福利水平较高,在一定程度上也表现出福利国家的某些特征。实际上,经过多年的发展与改革,完全采取单一模式的国家并不多见,多数国家往往是社会保险型、福利国家型与强制储蓄型并存,现收现付与部分积累或者完全积累同在,呈现出一种混合型趋势。即便强制储蓄型社会保障模式的发起者和典型代表新加坡,也在中央公积金制度的完善过程中,逐步增加社会救助与社会福利项目,在不改变其主体制度的基础上,形成了较为完善的社会保障体系。

我国的社会保障模式在改革传统社会主义国家保险型模式的基础上,吸收其他模式的特点和优势,经过20多年的探索逐步形成了一种混合型社会保障体系,既有个别全民性福利,也有社会保险,其中在养老保险和医疗保险制度改革中还引入了储蓄积累型的个人账户制度,而社会救助也因为我国的基本国情而处于一种与社会保险同等重要的地位,从而形成了具有中国特色的混合型保障模式。

本章小结

社会保障模式是对不同社会保障制度内在基本规定性及主要运行原则的理论概括和总结,它反映了一国在某一历史时期社会保障制度的战略方向。现代社会保障制度自产生以来,经过100多年的发展,建立社会保障制度的国家和地区根据本国的国情和自身的需要,建立了不同特色的社会保障制度。根据各国保障目标、覆盖范围和保障水平等主要指标进行区分,世界上的社会保障模式大致可以分为四种类型:社会保险型模式、福利国家型模式、强制储蓄型模式、国家保险型模式。

四种类型的社会保障模式,在各国产生的社会历史不同,其特色与效果也有所不同。实际上,经过多年的发展与变革,真正完全采取某一种模式的国家或者地区并不多见,多数国家选择或者正在变革的社会保障模式,其实主要是两种以上模式并存,总体上呈现出一种混合型特征。当然,具体到某一国家具体发展阶段的社会保障模式,依然对某种特定模式有着一定倾向与偏好。

社会保险型模式是传统型模式,强调权利与义务的对等,通过国家、雇主与个人三方分担责任,充分体现出保险的互助互济原则。其目标是解除劳动者的后顾之忧,增进劳资关系和谐。比较典型的国家有德国、美国、日本、意大利等。

福利国家型模式注重保障的普遍性与全民性,主要在经济发达、社会物质生活水平较高的前提下实施。其目标是对于每一个公民提供生、老、病、死的一切安全保障。福利国家型模式以高税收为依托,以高福利为标志。典型的国家有英国、北欧五国、加拿大、澳大利亚等。

强制储蓄型模式主要是自我负责、自我积累、自我保障,采取强制储蓄的完全积累的个人账户,缺少济贫功能,但防贫效果明显。典型国家如新加坡、印尼、马来西亚以及智利的养老保险制度等。

国家保险型模式以公有制为基础,与计划经济相适应,是一种特定政治、经济制度条件下产生的社会保障模式。国家负责是其最大特点,个人不缴纳任何费用是其主要特征。国家保险型模式由前苏联创立,曾在社会主义国家普遍推行,目前实行该制度的国家主要有亚洲的朝鲜和美洲的古巴。

思考题

1. 社会保障模式分类的依据是什么?
2. 请比较四种社会保障模式的异同。
3. 如何认识各国对社会保障模式类型的选择与偏好?
4. 如何评价强制储蓄型社会保障模式?
5. 我国在社会保障改革中如何借鉴各种社会保障模式类型的优点?
6. 如何认识社会保障模式类型的发展趋势?

案例　从公积金到强基金:强制储蓄型模式的差异

完全积累的模式是相对于现收现付模式而言的一种养老金财务制度,它通常以个人账户的面孔出现。在世界上,新加坡建立的公积金制度开创了社会保障个人账户与完全积累的先河,接着智利于1980年推行养老金私营化改革,然后是中国香港地区于2000年推行强基金制度。从公积金到强基金,新加坡、智利与中国香港地区的选择养老保险制度,虽然都是强调个人负责,采取的都是强制性的个人账户形式,确立的都是完全积累型的财务机制,且都与资本市场紧密结合,缺乏共济性是它们的共同缺陷,所有这些都表明了强制性储蓄模式的共有特征。但是,仔细比较它们之间是有差异的。

在资金筹集方面,新加坡是雇主与劳动者个人按照等额原则共同分担缴费责任,智利则完全是由劳动者本人缴费,中国香港与新加坡做法相同。

在基金管理方面,新加坡建立中央公积金管理局并由其负责管理公积金,智利与香港地区则由私营公司管理着基金。

在基金投资方面,新加坡采取公营方式,由中央公积金局根据政府主导统一集中投向公共领域,为改善国民的居住条件做出了贡献。而智利与香港地区则由私营机构实行分散投资,完全参与资本市场的竞争。

在待遇给付方面,新加坡的公积金除了养老外,可以用于改善受保者的居住条件和医疗、教育方面，智利和香港地区只能用于养老。

在政府角色定位方面，新加坡选择公营方式并确保相应的投资收益率，决定了政府扮演着制度担保人的角色，而智利与香港地区，政府扮演的主要是监督者的角色。而且，新加坡的参保人不需要承担投资失败和基金贬值的风险，而在智利与香港地区，分散投资的决定权在个人账户所有者手中，个人要对基金投资风险负责。

在制度建立的基础方面，新加坡的公积金制度完全是新创建的，从而没有历史负担；而智利是对原有的公共养老金进行变革，需要政府承担转制成本。在香港地区，建立强基金制度前即有部分企业或者组织已经建立了相应的养老金制度，因此新制度采取的办法是凡缴费水平高于强基金制度确定缴费水平的继续实施原有办法，凡为建立养老金或者已经建立的制度缴费水平低于新制度规定的缴费水平的，则需要按照新标准参与。因此，香港地区建立的强基金制度是在维护市民既得利益的前提下进一步增进其福利。

[案例来源：郑功成. 社会保障学. 北京：中国劳动社会保障出版社，2005.]

分析

(1)强制储蓄型模式的这些个体差异说明，虽然新加坡、智利和中国香港选择了强制储蓄型模式，但是，具体制度的设置与安排依然存在着明显的差异。这些差异足以说明社会保障模式进入多样化发展的阶段，即使同一种类型的社会保障模式，也在不同的国家和地区发生了裂变。如仿效智利模式的其他拉美国家都在不同程度上进行了调整，采取了混合型的改革方式。

(2)不同国别差异性存在的决定因素是其国情或者区情因素。新加坡、智利和中国香港地区在养老保险制度都采取个人账户与完全积累的前提下，在具体实践中却存在着多方面的差异。智利模式得以成功的重要背景是军人政府，新加坡模式的顺利实施有着权威型体制与东方家庭因素的前提。总之，社会保障受多方面因素的共同制约，一国社会保障制度的选择必须符合本国的国情。因此，各国社会保障改革的方向在相当长的时间内将不是越来越趋同，而是在尊重社会保障自身发展规律的同时，还要充分尊重本国的国情，并在这种尊重中日益体现出自己的个性。中国内地的社会保障改革也不例外。

相关政策

(1)有中国特色社会保障制度的改革目标：适应社会主义市场经济体制要求的、资金来源多渠道、保障方式多层次、公平与效率相结合、权利与义务相统一、管理体制集中统一、管理服务社会化的社会保障体系。

——《中共中央关于国民经济和社会发展第十个五年计划的建议》

(2)加快建立覆盖城乡居民的社会保障体系，保障人民的基本生活。社会保障是社会安定的重要保证。要以社会保险、社会救助、社会福利为基础，以基本养老保险、基本医疗、最低生活保障制度为重点，以慈善事业、商业保险为补充，加快完善社会保障体系。促进企业、机关、事业单位基本养老保险制度改革，探索建立农村养老保险制度。全面推进城镇职工基本医疗保险、城镇居民基本医疗保险、新型农村合作医疗制度建设。完善城乡居民最低生活保障制度,逐步提高保障水平。完善失业、工伤、生育保险制度。提高统筹层次,制定全国统一的社会保险关系转续办法。采取多种方式充实社会保障基金,加强基金监管,实现保值增值。健全社会救助体系。做好优抚安置工作。发扬人道主义精神,发展残疾人事业。加强老龄工作。强化防灾减灾工作。健全廉租住房制度,加快解决城市低收入家庭的住房困难。

——《党的十七大报告》

(3)完善社会保障体系的指导方针:广覆盖、保基本、多层次、可持续。

——《党的十七大报告辅导读本》

3

社会保障管理

学习目标

通过本章的学习,要求全面了解我国社会保障管理机构和管理体系。掌握社会保障管理的概念、原则和内容。掌握社会保障管理的体制、监督体系及监控机制。运用主要的社会保障管理理论,分析我国社会保障管理面临的问题。

3.1 社会保障管理概述

3.1.1 社会保障管理的概念

社会保障管理(Social Security Management)是为了实现社会保障目标,通过一定的机构和程序,采取一定的方式,对各种社会保障事务进行计划、组织、协调、控制和监督的过程。

社会保障管理是社会保障法制的延伸和强化,其基本任务就是保证现行的社会保障法律、法规、政策得以贯彻落实,是有效实施社会保障制度的关键。它涉及社会保障的法制建设、社会保障的方针政策、社会保障管理机构的设置、社会保障基金的管理与监督以及社会保障的具体业务等方面。

3.1.2 社会保障管理的原则

1.依法管理原则

社会保障管理具有强制性和法制化特征。参加社会保障体系,依法缴纳有关费用,是参保人的基本义务;而享受社会保障有关待遇,是参保人的基本权利。社会保障管理体制用法律形式保护受保人的利益。实行依法管理包括两个方面内容:一是依法设置管理机构和管理岗位;二是依法运行,有关法律、法规对相关机构及岗位的职责范围有具体规定,管理机构只能在职责范围内行使权力,不能越权行事。依法管理原则既约束了管理机构的行为,同时也确保了社会保障管理的权威性。

2. 集中管理与分类管理相结合原则

一方面,社会保障是政府的社会化事业,政府是社会保障制度的最终责任承担者,所以应当由政府机构对社会保障事务实行统一集中管理;另一方面,由于社会保障是一个复杂的社会经济系统工程,项目比较多,各种保障的性质、特点、保障对象、实施原则、范围、标准、享受条件、费用来源、管理方式都不尽相同,操作方法差异很大,因此,有必要根据各类社会保障项目的具体特点,实行分类管理、分级管理、分项目管理。从各国社会保障管理的实践来看,各国都是在遵循集中管理和分类管理相结合原则的基础上,采用不同程度的集权管理模式。

3. 效率原则

社会保障管理要能有效地促进社会保障制度的实施,并快速有效地处理和协调社会保障制度运行中出现的问题。因此,社会保障管理机构要精简、高效,根据社会保障的任务和需要设置职能部门,确定必要的人员。行政机构和服务机构的设置要分工明确,层次简化、管理幅度合理。行政、服务管理程序要做到科学化,要能保证社会保障基金的及时征缴、发放。同时,要有利于提高资金的使用效率,实现资金的保值、增值。另外,为了提高管理服务效率,还必须提高行政、业务人员的管理、服务和业务素质。

4. 社会化原则

在社会保障管理体制改革中,必须按照社会主义市场经济的要求,将企业办社会保障的职能从企业中彻底分离出来,使企业真正成为充满活力的生产经营单位,对原由企业负担的社会保障管理工作实行社会化管理。另外,社会化管理需要以信息化管理为手段,需建立社会保障管理信息系统,使其成为该国家信息最全、数据最具权威性及规模最大的社会保障相关信息管理系统。它是实施社会保障有效管理的可靠基础。

3.1.3 社会保障管理的内容

社会保障管理的内容相当多,根据社会保障的历史情况和当前世界各地社会保障制度的状况,对社会保障管理内容进行概括归纳,可以分为行政管理、业务管理和监督管理三个方面。

1. 社会保障的行政管理

社会保障的行政管理主要是建立社会保障制度,制定社会保障规划,规定社会保障政策和管理法则,并组织实施。具体包括以下内容:

(1)拟定社会保障发展规划和计划,统筹协调社会保障政策,统筹处理地区和人群之间的利益和矛盾;

(2)制定社会保障法律、法规和政策,具体规定社会保障的实施范围和对象、享受社会保障的基本条件、社会保障资金的来源、基金管理和投资办法、待遇支付标准和对象以及社会保障各主体的权利、义务等；

(3)贯彻、组织和实施各项社会保障法律法规；

(4)受理社会保障方面的申诉、调解和仲裁；

(5)建立和完善社会保障信息化、社会化服务体系；

(6)建立和完善社会保障机构，培养、考核、任免社会保障管理干部。

通常，社会保障的法律、法规是由国家和政府制定的。其中，基本法律是由国家和政府直接颁布的，具体法规是由政府主管部门颁布的。在立法过程中，一般的做法是由国家统一立法。但由于各地社会经济发展的不平衡，国家的立法权逐渐集中于一些基本法律、法规的制定，具体法规细则、办法，则趋向于由地方政府制定。

2. 社会保障的业务管理

社会保障的业务管理主要是依法对社会保障对象进行登记，对社会保障基金进行筹集和运用，审核、发放社会保障待遇，对受保人进行社会化管理服务；建立并管理基本养老金制度和社会医疗保障制度中的个人账号，负责社会保障政策咨询、个人社会保障信息查询等工作。概括来看，社会保障的业务管理主要包括社会保障基金管理和社会保障对象管理两方面的内容。

社会保障基金管理指基金的筹集、运营、支付三个方面的管理。基金的筹集渠道主要是国家、单位和个人按一定比例缴纳的社会保障费用以及社会的捐助。基金的运营管理包括基金的日常财务和个人账户管理以及基金的投资运营。基金的支付是给付受保人各项社会保障待遇，如养老金、失业金、救济金、医疗费用报销、家庭补助等。

社会保障的对象是退休者、鳏寡孤独者、失业者、生活困难者、伤残者等。对社会保障对象的管理，包括向他们提供物质保障、日常生活和健康服务、提供参与社会活动和就业方面的机会以及提供精神和心理慰藉等，其管理工作是在社区化、社会化的前提下，通过政府组织和引导，依靠工会、各种社团、慈善协会以及家庭等社会力量来完成。

3. 社会保障的监督管理

监督管理主要是对社会保障政策法规的执行情况和社会保障基金的收支活动进行监督检查，制止和纠正社会保障业务活动中的违规行为。它包括政府对社会保障预算与执行情况、日常工作和基金运营的一般监督，查明社会保障资金是否可以平衡运行，是否依据社会保障法规和财务制度进行管理等；还包括专业机构对其业务监督，如精算师和审计师对经办和基金运营的业务监督；还包括社会保障基金主管部门对经办机构和基金运营规范管理的内部监督和外部监督检查等。

社会保障管理的上述三个方面是紧密相连、不可分割的。行政指挥系统履行立法职能，并对业务管理机构实施监督，业务管理机构形成社会保障管理的执行系统，监督管理则是保证社会保障制度正常运行的机制，它们是社会保障管理不可分割的系统。三个方面有机结合,形成了完备的社会保障管理体系。

3.1.4 我国现行社会保障管理体系

1998 年中央政府机构改革确定了我国现行的社会保障管理体系,即在国务院的统一领导下,由政府各部门对社会保障事务进行管理和监督,采取条块结合、以块为主的分级管理体制。

1. 横向的机构设置

我国社会保障管理体系主要由劳动和社会保障部门、人事部门和民政部门、卫生部门等几大系列构成。劳动和社会保障部门主要负责社会保险实施和管理的职能;人事部门主要负责行政事业单位职工工资福利和离退休保障管理的职能;民政部门主要负责军人优抚安置、社会救助、社会福利等社会保障项目的管理实施。卫生部门主要负责新型农村合作医疗制度、农村公共卫生、基本医疗保障的管理和实施。另外,财政部门和其他有关部门也不同程度地负责社会保障的管理和监督。

2008 年 3 月第十一届全国人民代表大会第一次会议批准国务院机构改革方案,组建人力资源和社会保障部。不再保留人事部、劳动和社会保障部。人力资源和社会保障部主要负责统筹拟定人力资源管理和社会保障政策,健全公共就业服务体系,完善劳动收入分配制度,组织实施劳动监察等。随着人力资源和社会保障部的成立,人事部门与劳动和社会保障部门两大系列整合为一个系列,将会对我国社会保障管理体制产生深远的影响。

2. 纵向的机构设置

我国的社会保障管理机构大体分为三个层次。

(1)高层行政机构,是国务院下设的人力资源和社会保障部、民政部、财政部、卫生部等,属于领导和决策层。负责制定国家社会保障事业发展的全国规划,制定和协助起草社会保障的政策、法规和法律,指导、统筹和协调社会保障事务,组织、贯彻和实施社会保障法律法规。对社会保障事务实施全面监督。

(2)中层行政机构,是在各省、自治区、直辖市人民政府内设立的相关厅(局),属于辅助决策、实施领导和传递层。负责具体贯彻实施中央政府社会保障管理机构的决策和法律法规,制定地方性实施细则和补充规则,反馈社会保障法律法规在实施过程中发现的问题和有益的经验以及地区内的社会保障基金调剂及业务执行,处理有关申诉等。

(3)基层行政机构,是在直辖地级市、区、县人民政府设立的相关机构,属于执行层。负责社会保障日常工作的管理和经办。具体包括社会保障费收缴、基金的管理、待遇的发放以及提供社会保障事务的信息、咨询和服务等。

三个层次的社会保障管理机构,上一层对下一层主要是政策法规的领导和业务指导,不存在直接的行政隶属关系。

3.2 我国现行社会保障管理机构

3.2.1 我国社会保障高层管理机构

我国现行的社会保障高层行政管理机构,主要由国务院下设的人力资源和社会保障部、民政部、卫生部组成。

1.人力资源和社会保障部

人力资源和社会保障部内设的机构和职责将是原劳动和社会保障部的职能配置、内设机构与人事部的职能配置、内设机构的重新整合,目前正在整合中。

1)原劳动和社会保障部内部的机构和职能

(1)养老保险司:拟定养老保险的基本政策、改革方案和发展规划并组织实施;拟定基本养老保险率确定办法和基金征缴政策,审核省级基本养老保险费率;拟定基本养老金领取条件和企业职工退休政策;拟定基本养老保险待遇项目和给付标准;拟定基本养老费用社会统筹政策、个人账户管理政策并监督实施;拟定基本养老保险基金管理政策、规则;拟定死亡职工遗属待遇和非因工伤残职工待遇政策和给付标准;拟定补充养老保险规则和政策;拟定养老保险社会化管理服务事业发展规划并组织实施。

(2)失业保险司:拟定失业保险基本政策、改革方案和发展规划并组织实施;拟定失业保险费率确定办法、基金征缴政策、待遇项目和给付标准;拟定失业保险金稽核规则并组织实施;拟定失业保险基金管理政策、规则;拟定失业人员疾病、生育、死亡的有关待遇政策;拟定失业保险经办机构建设规划。

(3)医疗保险司:拟定医疗、工伤、生育保险的基本政策、改革方案和发展规划并组织实施;拟定医疗、工伤、生育保险费率确定办法、基金征缴政策、待遇项目计付标准;拟定医疗、工伤、生育保险费用社会统筹政策、医疗保险个人账户管理政策;拟定工伤保险行业差别费率;拟定医疗工伤、生育社会保险基金管理政策、规则;组织拟定基本医疗保险、工伤医疗、生育医疗的药品、诊疗和医疗服务设施的范围及支付标准;组织拟定定点医院、药店的管理办法及费用结算办法;组织拟定工伤和职业病伤残等级鉴定标准和劳动能力鉴定办法;拟定劳动鉴定机构管理规则;拟定城镇企业职业疾病、工伤停工治疗和生育期间的待遇政策及标准;拟定补充医疗保险的规则和政策。

(4)农村社会保险司:拟定农村养老保险的基本政策和发展规划并组织实施;拟定农村养老保险费用筹集办法、待遇项目、给付条件和给付标准;拟定农村养老保险基金管理制度和经办机构的管理规则;拟定农村养老保险社会化管理服务的规划和政策并组织实施。

(5)社会保险基金监督司:拟定社会保险经办机构的管理规则;拟定社会保险基金监督制度,建立健全社会保险基金监督网络,组织监督各项社会保险基金的管理情况;拟定社会保险内部审计规则和内部审计人员资格认证制度,颁发社会保险管理系统内部审计检查证；建立并管理社会保险基金监督举报系统，受理投诉举报，查处基金管理的重大违纪案件；制定社会保险基金运营机构的资格标准，认定投资机构运营社会保险基金的资格；拟定补充保险承办机构的资格认定标准，认定有关机构承办补充养老保险、补充医疗保险业务额的资格并对其承办的补充保险基金实施监督；负责本部的审计工作。

2）原人事部内设的社会保障机构及职能

（1）工资福利和离退休司：研究完善机关及事业单位工资制度、政策和标准；研究制定地区津贴制度，完善艰苦岗位津贴制度；拟定驻外使馆工作人员工资制度；制定新录用人员、大中专毕业生的定级待遇、调动和受处分等人员的工资待遇；拟定工龄计算政策；研究完善国家机关及事业单位工作人员离休、退休政策法规并组织实施；研究完善国家机关及事业单位工作时间、休假制度；研究完善国家机关及事业单位工作人员的疾病、工伤、生育停工期间待遇的政策法规；负责中央国家机关福利费管理工作。

（2）军官转业安置司（国务院军队转业干部安置工作小组办公室）：研究拟定军队转业干部安置工作政策法规，编制安置计划并负责落实；组织中央国家机关接收和选调军队转业干部工作；负责军队转业干部培训工作；承办国务院军队转业干部安置工作小组交办的事项；研究建立与社会主义市场经济体制相适应的军队转业干部安置制度。

2. 民政部

按照《民政部职能配置、内设机构和人员编制规定》（国办发[1998]60号），民政部内设的社会保障机构职能配置有以下几个部门。

（1）优抚安置局：拟定拥军优属、优待抚恤和退伍义务兵、转业志愿兵、复员干部、移交政府管理的军队离退休干部和军队无军籍退休退职职工安置的方针、政策、规章并监督实施；组织指导拥军优属活动，支援军队和国防建设；研究提出各类优抚对象优待、抚恤、补助标准和国家机关工作人员伤亡抚恤标准；拟定革命烈士、因公伤亡人员褒扬办法，负责全国重点烈士纪念建筑物保护单位的审核与报批；研究提出军队离退休干部和无军籍退休退职职工生活待遇标准，拟定军队离退休干部休养所管理办法；拟定军队两用人才培训、使用规划和政策；拟定军供站设置计划，指导地方军供工作；承担全国拥军优属拥政爱民工作领导小组的有关日常工作。

（2）救灾救济司：拟定救灾工作和社会救济的方针、政策、规章并监督实施；组织、协调救灾工作；统一发布灾情，管理、分配中央救灾款物并监督检查使用情况；组织核查灾情、慰问灾民；组织和指导救灾捐赠；承担国内外对中央政府捐赠款物的接收和分配工作；建立和实施城乡居民最低生活保障制度，拟定相关配套政策，组织和指导扶贫济困等社会互助活动，指导社会各地社会救济工作；承担中国国际减灾十年委员会办公室的工作。

（3）社会福利和社会事务司：拟定保障老年人、残疾人、孤儿和五保户等特殊困难群体社会福利救济方针、政策、规章并指导实施;拟定社会福利事业发展规划和各类福利机构标准和管理规范;拟定政府对福利单位的资助办法;研究提出社会福利企业标准和扶持保护政策;负责本级社会福利资金资助项目评审的日常工作;拟定殡葬工作方针政策,推行殡葬改革;拟定收养和收容遣送工作方针政策,指导国内及涉外收养和协调省际收容遣送工作。

3. 卫生部

农村卫生管理司:负责新型农村合作医疗的综合管理工作,研究拟定新型农村合作医疗政策,并协调、组织、指导实施;研究规划并指导农村卫生服务体系建设;配合有关司局制定涉及农村公共卫生、基本医疗等工作的有关规划,并协助实施。

3.2.2 我国社会保障中层管理机构

我国现行的社会保障中层行政管理机构,主要由各省、自治区、直辖市政府下设的劳动和社会保障厅(局)、民政厅(局)、人事厅(局)和卫生厅(局)组成。各部门内设立的主管社会保障的机构及职责如下。

1. 劳动和社会保障厅(局)

省劳动和社会保障厅是省人民政府主管劳动和社会保障行政事务的组成部门。厅内一般设立主管社会保障行政管理的行政机构及主管社会保障业务管理的事务管理机构。

1)主管社会保障行政管理的行政机构及职能

(1)法制处:拟定劳动和社会保险立法规划和年度计划;组织起草、修订、清理劳动和社会保险法规草案、行政规章和规范性文件;组织实施行政法律法规,拟定行政执法监督规范;指导和监督各级劳动和社会保障部门行政执法监督工作;承办厅机关法律事务,处理劳动和社会保险行政复议和行政诉讼案件;制定劳动和社会保险政策、服务咨询机构的管理规则及资格认证制度;负责普法工作及劳动和社会保险法律咨询工作;承办劳动和社会保险涉外法律事务。

(2)规划财务处:负责编制全省劳动和社会保险事业发展及劳动工资、城镇复退军人安置、城乡劳动力就业、技工学校招生就业的中长期规划和年度计划并组织实施;负责统计、信息及网络管理工作,发布统计公报、信息资料及发展预测报告;组织劳动和社会保险领域的科学技术研究及科技成果的推广、应用和产业发展工作;负责劳动和社会保险领域标准化工作;管理省级劳动和社会保险各项事业经费、专项拨款、预算外资金等;汇总编制本厅管理的各项经费预决算并监督实施;对社会保险基金预决算提出审核意见;管理厅属国有资产;拟定社会保险基金的管理规则、监督制度并组织监督基金的管理情况;拟定社会保险内部审计规则、内审人员资格认证制度,颁发社会保险管理系统内部审计检查证;受理投诉举报,查处基金管理的重大违纪案件;拟定社会保险基金运营机构的资格标准,认定投资机构运营社会保险基金的资格;拟定补充保险承办机构的资格认定标准,认定有关机构承办补充养老保险、补充医疗保险业务的资格并对其承办的补充保险基金实施监督;负责本厅的审计工作。

(3)就业指导处:拟定城乡劳动就业、劳动力市场发展、企业下岗职工分流安置及基本生活保障和再就业的规划和政策;组织实施再就业工程;参与拟定全省就业经费的管理规则和省级扶持生产资金的管理办法并组织实施;指导就业服务事业和劳动就业服务企业的发展;建立职业介绍机构管理和资格认定制度;指导协调全省和区域性劳动力、农村劳动力跨地区有序流动;管理省内人员境外、省外就业和境外、省外人员入当地就业工作;拟定有关机构经办向外资企业选派中方雇员业务和境外、省外驻当地机构从事劳动力招聘中介、咨询和培训的资格管理办法。

(4)劳动工资处:拟定劳动关系调整的基本规则和劳动合同、集体合同制度的实施规范,指导劳动合同的订立、变更、终止、解除,办理本省行政区域内的省及省以上所属用人单位和外商投资企业的集体合同审核备案工作;拟定国有企业下岗职工劳动关系处理的政策;审核并发布企业劳动定员定额标准;负责政策性安置和调配工作;拟定企业职工工作时间、休息休假制度和女工、未成年工的特殊劳动保护政策;拟定企业职工工资及其他劳动报酬的宏观调控政策、措施,提出调节收入分配的政策建议;拟定企业工资指导线的有关政策、规划、指导建立劳动力市场价格宏观监测体系;拟定行业工资收入调节政策和国有企业经营者工资收入政策;拟定和调节全省企业最低工资标准;拟定企业工资支付规范和欠薪保障制度;拟定国有企业工资内外收入监督检查制度及其实施办法;综合协调外商投资企业的劳动工资政策。

(5)劳动监察处:拟定劳动和社会保险监督检查工作规范并组织实施;监督检查劳动和社会保险法律法规的执行情况,依法行使劳动和社会保险监督检查权;拟定劳动和社会保险行政执法人员的资格认证制度和行政执法证件管理制度;指导和监督地(市)劳动和社会保险监督检查机构的工作;组织查处或参与查处重大劳动违法案件;承担在本省行政区域内的省及省以上所属用人单位和外商投资企业的劳动监察工作。

(6)劳动争议仲裁处:贯彻执行国家有关劳动争议处理方面的各项法律、法规、规章、政策;制定省劳动争议处理工作有关规章制度,并组织实施;对全省劳动争议处理工作进行指导;负责全省劳动仲裁员的培训、考核、聘任等管理工作;指导企业劳动争议调解委员会工作;负责处理企业与劳动者的重大劳动关系纠纷;负责劳动保障方面的法律、法规、规章、政策咨询服务;直接处理省直企业的劳动争议案件;负责全省劳动争议处理工作的统计、信息等工作;负责劳动合同鉴证工作。

(7)养老保险处:拟定养老保险的政策、改革方案和发展规划并组织实施;拟定机关、事业和企业单位人员基本养老保险统一管理的规划和政策;拟定基本养老保险费率确定办法和基金征缴政策,审核地(市)基本养老保险费率;完善基本养老保险省级统筹制度;拟定企业、事业单位基本养老金领取条件和职工退休政策,审核省属企业、事业和中央驻省单位的职工退休事项;拟定企业、事业单位基本养老保险待遇项目、给付标准和缴费年限计算政策;拟定基本养老保险费用社会统筹政策、个人账户管理政策并监督实施;拟定基本养老保险基金管理政策、规则;拟定城镇死亡职工遗属待遇和非因工伤残职工待遇政策和给付标准；拟定补充养老保险规则和政策；拟定养老保险社会化管理服务事业发展规划并组织实施；拟定养老保险经办机构建设规划并组织实施。

(8)失业保险处：拟定失业保险政策、改革方案和发展规划并组织实施；拟定失业保险基金统筹政策与调剂制度；拟定失业保险费率确定办法、基金征缴政策、待遇项目和给付标准；拟定和完善失业保险全省统筹制度；拟定失业人员登记和管理制度及失业保险金稽核规则并组织实施；拟定失业保险基金管理政策、规则；拟定失业人员疾病、生育、死亡的有关待遇政策；拟定失业保险经办机构建设规划并组织实施。

(9)医疗保险处：拟定医疗、工伤、生育保险的政策、改革方案和发展规划并组织实施；拟定医疗、工伤、生育保险费率确定办法、基金征缴政策、待遇项目和给付标准；拟定医疗、工伤、生育保险费用社会统筹政策、医疗保险个人账户管理政策；拟定工伤保险行业差别费率；拟定医疗、工伤、生育社会保险基金管理政策、规则；组织拟定基本医疗保险、工伤医疗、生育医疗的药品、诊疗和医疗服务设施的范围及支付标准；组织拟定定点医院、药店的管理办法及费用结算办法；组织拟定工伤和职业病伤残等级鉴定标准和劳动能力鉴定办法，拟定劳动鉴定机构管理规则；拟定城镇企业职工疾病、工伤停工治疗和生育期间的待遇政策及标准；拟定补充医疗保险的政策和规则；拟定医疗保险经办机构建设规划并组织实施。

(10)农村社会保险处：拟定农村养老保险的政策和发展规划并组织实施；拟定农村养老保险费用筹集办法、待遇项目、给付条件、给付标准和计发办法；拟定农村养老保险基金管理制度和经办机构的管理规则；拟定农村养老保险社会化管理服务的规划和政策并组织实施。

2)主管社会保障事务管理的机构及职能

(1)省就业服务局(或就业服务中心)：指导全省就业服务工作；负责城镇街道和乡镇劳动保障管理站的组织建设和业务指导工作；指导劳动保障部门举办的就业训练中心和企事业举办的职工培训中心工作，组织城乡初次求职的劳动者就业前培训、失业人员和下岗职工专业转岗训练；承办劳动保障部门举办的就业训练中心的资格核准和年检；指导全省劳服企业工作；组织劳服企业的年度资格审查，产权界定工作；对省直和中央驻当地单位兴办的劳动服务企业进行指导和服务；在劳动和社会保障厅统一组织下，编制全省就业经费的预算、决算，承担全省就业服务、就业训练和失业保险信息统计的汇总、上报。

(2)省社会保险管理服务局(或省社会保险管理服务中心)：指导全省企业和机关、事业单位基本养老保险经办事务工作；承担直接管理企业(含中央下放的行业和省属直接管理企业，下同)和机关、事业单位基本养老保险经办事务；拟定全省企业和机关、事业单位基本养老保险关系建立、中断、转移、接续、终止的操作规程并组织实施。拟定全省企业和机关事业单位基本养老保险社会化发放和管理规范，承担省直管单位基本养老保险社会化发放、管理服务工作；负责基本养老保险基金稽核工作，会同有关部门管理省直单位基本养老保险基金和基本养老保险省级调剂金的管理工作。汇总拟制全省企业和机关、事业单位基本养老保险基金预决算、财务报表，承担基本养老保险信息统计汇总、上报工作。

(3)省医疗、工伤、生育保险管理服务局(或医疗、工伤、生育保险管理服务中心)：承担省直管参保单位职责范围内的保险基金(费)的征缴、管理和运营等经办事务；拟定职责范围内的保险经办事务及与其流程相关的管理办法；拟定职责范围内的保险经办事务医疗中，保险关系建立、中断、转移、接续、终止的操作规程并监督实施；参与拟定工伤和职业病诊断标准、伤残鉴定标准和劳动能力鉴定标准，参与确定工伤保险行业差别费率和企业浮动费率、行业内费率档次；拟定基本医疗保险个人账户管理工作的规范、对账制度及统筹基金的事务管理规范；工伤保险储备金、调剂金的筹集、管理和规范使用，指导统筹基金的归集工作；参与拟定与职责范围内的保险经办事务相关的药品目录、诊疗项目目录、医疗服务设施标准、住院服务标准、康复性治疗目录以及费用结算办法；拟定定点医疗机构、辅助器具配置机构、定点零售药店订立和执行有关协议的工作规范并组织实施；负责对职责范围内的保险基金财务报表的汇总编制，定期公布基金收支情况，承担信息统计汇总工作以及基金内部审计和计算机开发应用工作。

(4)省劳动和社会保障厅劳动统计信息中心：拟定劳动和社会保障信息系统建设总体规划和系统设计方案；拟定劳动和社会保障管理信息系统标准、工作制度和技术规范、准入程序并组织实施，组织并参与各业务系统计算机软件开发；承办本省级网络的运行、维护、安全保密工作和厅机关办公自动化管理、网上信息发布、安全保密及计算机软件开发、应用工作；具体负责全省劳动和社会保障信息技术培训工作；承办全省劳动和社会保险统计、信息工作，提供统计信息资料和发展预测报告。

(5)省农村养老保险管理局(或农村养老保险管理服务中心)：指导农村社会养老保险经办事务工作；拟定农村社会养老保险关系建立、中断、转移、接续、终止的操作规程并监督实施；拟定农村社会养老保险社会化管理规范；协助农村社会养老保险基金运营监管工作；负责农村社会养老保险基金内部审计工作；拟定农村社会养老保险基金预决算、财务报表，承担农村社会养老保险基金信息统计汇总、计算机软件开发与应用工作。

2. 民政厅(局)

民政厅是省人民政府主管社会福利、社会救助、社会优抚行政事务的组成部门。厅内设置的相关机构及职能如下。

(1)计划财务处：负责拟定民政事业发展规划，检查监督民政事业费的管理和使用情况；负责本级及直属单位民政事业经费的预决算和日常财务管理。

(2)优抚处：负责拥军和“三属”(烈属、因公牺牲军人家属、病故军人家属)、革命伤残人员、在乡老复员军人、带病回乡老复员军人和义务兵家属的抚恤、补助、优待工作；追认革命烈士的审核报批、烈士褒扬；审批革命伤残人员标准及调级换证；革命烈士纪念建筑物的立项审核；指导优抚医院、光荣院、烈士纪念建筑物的建设和管理工作；承担省拥军优属拥政爱民领导小组日常工作。

（3）安置处：负责军队（含武警部队）移交地方政府管理的离退休干部、退休士官、无军籍退休退职职工的接收安置及服务管理工作；负责退伍义务兵、转业士官、复员士官、伤病残军人和复员干部的接收安置工作；组织实施军地两用人才的开发使用工作；指导全省军供站、供水站、军人接待站、军休所的建设和服务管理工作。

（4）救灾救济处：组织协调救灾工作；核定和上报全省灾情；组织转移、安置、慰问灾民；管理、分配救灾款、物并监督检查使用情况；接收国内外的救灾捐赠；负责扶贫周转金的使用管理；指导各地建立和实施城乡居民最低生活保障制度；组织和指导扶贫济困等社会互助活动；指导农村五保户供养和敬老院建设。

（5）低保处：拟定城乡居（村）民最低生活保障工作规划，起草相关的政策法规并组织实施；管理、分配省财政最低生活保障投入资金并监督检查使用情况；指导各地合理规范保障标准，及时提出调整意见，指导监督各市做好保障对象的确定及保障资金的管理和发放，督促落实省委、省政府关于低保对象的优惠和扶持政策。

（6）社会福利和社会事务处：拟定保障城镇老年人、残疾人、孤儿等特殊困难群体的社会福利政策、法规并组织实施；负责各类社会福利事业单位、社会福利机构的管理服务工作；负责社会福利企业、假肢和矫形器制作师执业资格的核准和管理工作；负责指导全省各级民政部门和救助管理站开展对城市生活无着落的流浪乞讨人员的救助管理工作；负责收养登记管理和承办涉外收养登记工作；负责殡葬改革和殡葬管理工作；负责全省经营性公墓的管理与审批和国家等级殡仪馆的评定工作。

3. 人事厅（局）

省人事厅是省人民政府主管机关和事业单位职工工资福利和军队转业干部安置工作行政事务的组成部门。厅内设置的相关机构及职能如下。

（1）工资福利与离退休处：研究完善机关和事业单位工资制度、政策及标准，推进分配制度改革；研究拟定津贴、补贴制度；拟定新录用人员、大中专毕业生、军队转业干部、复退军人、工作调动和受处分等人员的工资政策；执行并完善工龄计算政策；制定完善机关、事业单位工作人员退休的政策法规和离休干部的有关待遇规定，并组织实施；研究完善机关和事业单位工作人员的疾病、工伤、生育、死亡等待遇的政策法规；研究完善机关、事业单位工作时间及假期制度；负责拟定机关、事业单位福利政策和省直机关、事业单位福利费管理工作；研究拟定机关、事业单位工资增长的中长期规划和宏观调控措施并组织实施；编制机关、事业单位工资计划并进行宏观调控；负责机关、事业单位工资基金管理、工资统计与综合分析工作。

（2）军官转业安置处：贯彻执行军队转业干部安置工作政策法规，编制安置计划并负责落实，负责省直和中央驻省单位安置军队转业干部工作；承办省军队转业干部安置工作领导小组交办的事项。

4. 卫生厅

农村卫生管理处:研究农村医疗保障制度改革的政策,负责新型农村合作医疗的综合管理工作;拟定卫生支农和卫生扶贫等规划并组织实施;开展农村健康教育与健康促进活动。

3.2.3 我国社会保障基层管理机构

我国现行的社会保障基层行政管理机构,主要由各市县政府下设的劳动和社会保障局、民政局、人事局和卫生局组成。各部门内设立的主管社会保障的机构及职责如下。

1. 劳动和社会保障局

劳动和社会保障局内一般设立主管社会保障行政管理的行政机构及主管社会保障业务管理的事务管理机构。

1)主管社会保障行政管理的行政机构

主管社会保障行政管理的行政机构,各市机构设置略有区别,多数包括以下部门。

(1)政策法规科:负责行政复议案件的处理、行政诉讼案件的应诉工作;负责机关内部法律事务、行政执法监督、法制宣传工作;审查改制企业的职工分流安置方案等。

(2)综合计划与基金监督科:编制全市劳动保障事业发展规划和年度计划;负责全市劳动保障统计、信息发布工作;负责全市社保基金的监督与管理;拟定企业职工工资分配政策、最低工资标准,发布企业工资指导价位。

(3)劳动和社会保障监察科:监督检查用人单位执行劳动保障法律法规情况;受理对劳动保障违法行为的举报、投诉;查处劳动保障违法案件,依法对用人单位的违法行为实施行政处罚;拟定农民工工作的政策措施,督促检查农民工工作的贯彻落实情况等。

(4)劳动争议仲裁科:负责指导、监督全市劳动争议调解和仲裁工作;负责劳动合同和集体合同的审查和管理工作;参与调解和处理全市有重大影响的劳动争议案件等。

(5)就业和失业保险科:综合管理全市劳动力资源的开发利用和就业及失业保险工作;制定劳动力就业政策和市场发展规划,并组织实施;制定全市就业服务事业规划和职业介绍机构管理规则,并监督实施;组织实施农村劳动力跨地区有序流动管理办法,制定全市失业保险发展规划、改革方案和基本政策,并组织实施;制定失业保险费率确定办法、基金征缴及调剂政策、待遇项目和给付标准,并监督实施;研究完善失业保险基金管理政策和稽核办法。

(6)医疗工伤生育保险科:拟定医疗、工伤、生育保险有关政策,组织拟定医保定点机构、药店的管理办法及费用结算办法,组织劳动能力鉴定,负责工伤认定。

(7)养老保险科:拟定基本养老保险政策、改革方案和发展规划并组织实施;拟定养老保险覆盖范围和基金征缴、管理政策；拟定养老保险社会化管理服务事业发展规划；拟定养老保险费用社会统筹和个人账户管理政策并实施监督；审核社会保险统筹基数；拟定提前退休、遗属待遇和非因工伤残职工待遇政策和给付标准；负责核准企业职工退休手续。

(8)农村社会保险科：拟定农村养老保险的基本政策和发展规划并组织实施；拟定被征地农民社会保险基本政策并组织实施等。

2)主管社会保障事务管理的机构

主管社会保障事务管理的机构，各市的设置不尽相同，一般包含以下机构和职能。

(1)市社会保险征缴中心：负责全市社会保险登记工作；负责参保单位及个人缴费的申报、审核工作；负责基本养老、医疗保险个人账户的建账、管理工作；负责社会保障卡的发放工作等。

(2)市企业养老保险管理中心：负责全市企业离退休人员养老金的发放工作；审核、发放死亡离退休人员的丧葬抚恤费和遗属生活困难补助费；负责企业退休人员社会化管理服务工作等。

(3)市失业保险管理中心：负责全市失业人员的登记管理工作；负责失业人员失业保险待遇的发放工作；管理全市失业保险基金；拨付失业人员的职业培训、职业介绍补贴；协助做好失业人员的就业培训工作等。

(4)市医疗保险管理中心：负责全市城镇职工基本医疗保险、城镇居民医疗保险参保人员的医疗保险待遇的审核、支付工作；管理全市城镇职工基本医疗保险基金和城镇居民医疗保险基金；负责全市医疗保险救助工作；负责与定点医疗机构、定点药店结算医疗保险费用；负责对医疗保险定点医疗机构、定点药店服务行为的监督、检查等。

(5)市工伤生育保险管理中心：负责工伤、生育保险待遇的发放工作；管理全市工伤、生育保险基金；负责对全市工伤、生育保险定点医疗机构、定点康复器具配置机构的监督、检查。

(6)市就业服务管理中心：负责对用人单位招用人员的用工备案、境外来当地就业人员的审批备案工作；收集、发布职业供求信息；为用人单位招用人员和劳动者求职提供中介服务；指导协调农村富余劳动力有序流动；代理用人单位和劳动者劳动保障相关事务；负责全市劳动服务企业管理。

(7)市劳动和社会保障计算机信息管理中心：负责全市劳动保障信息系统的建设、运行管理、维护工作；负责社会保障卡的电话挂失业务等。

2. 民政局

民政局是市人民政府主管社会福利、社会救助、社会优抚行政事务的组成部门，局内设置的相关机构有以下几个科室。

(1)计划财务科：负责民政事业经费年度计划的编报和计划实施情况的检查、监督;负责民政事业经费的管理、监督和审计;负责民政业务综合统计工作;负责局机关和直属单位国有资产、控购物资和本级民政基建项目的立项审查及拨款工作;负责本系统财务、审计、统计的指导、培训工作。

(2)救灾救济科:组织协调全市救灾工作;核查上报灾情;负责救灾款物的申请、接收、管理、分配并检查监督使用情况;指导灾区进行灾民生活救济和生产自救;配合开展减灾活动;组织和指导救灾捐赠、扶贫济困等社会互助活动;负责实施城市和农村最低生活保障工作;负责农村五保户供养和城乡社会困难户及特殊对象的救济和补助工作,指导农村敬老院工作。

(3)优抚安置科:负责优抚对象的优待、抚恤、补助及国家机关工作人员和参战民兵(民工)的伤亡抚恤工作;指导全市优抚事业单位和烈士纪念建筑物的管理;审核报批和褒扬革命烈士;评(核)定伤残等级;负责全市军队离退休干部、复员干部、退役和转业士官、退休志愿兵(士官)、退伍义务兵、无军籍退休退职职员、职工的接收安置工作;负责军队离退休干部、退休志愿兵(士官)的建房和干休所的建设管理工作;承担市退伍军人和军队离退休干部安置领导小组办公室的日常工作。

(4)社会事务和社会福利科:研究制定全市社会福利事业发展规划,指导社会福利事业单位的管理工作;承担老年人、孤儿、残疾人等特殊困难群体权益保护的行政管理工作;负责流浪乞讨人员的救助管理工作,指导救助站的管理工作。

3. 人事局

人事局是市人民政府主管行政和事业单位职工工资、福利和军队转业干部安置工作行政事务的组成部门。局内设置的相关机构有以下几个科室。

(1)工资福利与退休科:综合管理全市机关、事业单位工作人员的工资、福利和退休退职工作;拟定全市机关、事业单位工作人员工资、津补贴、福利、工龄计算、退休、退职及受处分人员工资待遇政策并组织实施;参与体制改革中涉及机关、事业单位职工工资、福利待遇等问题的政策研究;负责高级专家延长离退休年龄,提高退休费待遇的工作;负责全市机关、事业单位工资和离退休人员统计与综合分析工作;编制全市国家机关、事业单位人员和工资计划;负责全市机关、事业单位工资基金的管理工作;拟定机关、事业单位工勤人员岗位等级规范的具体办法并组织实施;负责全市机关、事业单位临时用工的管理。

(2)军官转业安置科:拟定全市军队转业干部安置政策并组织实施;编制、协调落实全市军队转业干部分配计划;负责全市军队转业干部的接收审核和分配工作;组织市级机关、直属企事业单位及中央在当地单位接收、选调军队转业干部工作;负责军队转业干部专业培训的规划、组织和检查工作;会同有关部门做好转业干部随调家属的安置工作;负责全市自主择业军队转业干部管理、服务的指导工作。

4. 卫生局

基层卫生和妇幼保健科:拟定全市农村卫生、社区卫生服务、妇女儿童保健工作规划和政策措施并组织实施;指导基层卫生组织建设及初级卫生保健、农村合作医疗的实施;组织、指导严重危害妇女儿童健康疾病的防治工作;监督母婴保健专项技术的组织实施。

3.3 社会保障管理体制

社会保障管理体制是指国家为实施社会保障事业而规定的各类社会保障管理机构、管理对象和管理机制的总和。社会保障管理体制是社会保障制度组织措施的保证,它通过明确不同社会保障管理机构的职责和权限,来贯彻和执行社会保障制度,实现社会保障机制的有效运转。

3.3.1 社会保障管理体制的类型

世界各国在建立和发展社会保障管理体制的过程中,都受到各种因素的影响,因此,采用的社会保障管理体制也各不相同。主要有以下几种模式。

1. 政府直接管理的社会保障

在这种体制下,政府首先要负责制定社会保障的政策和法令,对社会保障实施的范围与对象、享受保障的基本条件、基金来源、待遇支付标准与支付方式、管理办法、社会保障有关方面的责任、义务、权利等做出规定。还要负责检查和监督这些政策和法令的正确实施,受理有关社会保障的申诉,调解和裁决发生的纠纷等等。

政府除了承担立法、监督责任之外,还要负责社会保障的业务管理,包括受保人的登记和审查,保障基金的征集、计算和支付,保障基金的使用、调剂和运营,在工伤保险中,要组织对劳动者丧失劳动能力程度的鉴定,组织协调对保障对象进行一系列必要的服务等。

这种政府直接管理的体制又有两种具体形式。

一种是集中统一的形式,即中央政府授权一个部或一个委员会,下面层层设置机构,实行统一政策、统一制度、统一标准、统一表格、经费统收统支。在具备现代化技术手段的条件下,这种高度统一的管理可以通过全国计算机联网实现。实行这种体制的典型是英国。英国保险机构由国家统一设置并管理。

另一种是分权管理的形式。分权管理又可分为两种:一是上下分权,即中央政府制定基本法律和法规,地方政府可根据自己的具体情况制定具体的法规细则,有较大的立法权。如美国就是这样,各地方州政府有较大的权限;二是左右分权,即实行分部门管理,如劳工部门管劳工保险,卫生部门管医疗保险,农业部门管“农保”等。

在政府直接统一管理社会保障的国家里,一般从中央到地方都设立专门机构,包括行政管理机构和业务管理机构。管理人员一律为国家的公职人员。

2. 社会管理的社会保障

在社会管理的社会保障模式下,政府负责社会保障立法和监督,社会组织具体负责社会保障的各项日常业务。立法监督与具体业务分开管理。社会管理的社会保障在实践中有多种形式,有单方、双方、三方组成的各类非政府组织、劳资组织和金融组织。以德国为例,联邦议会制定和颁布有关社会保障的法律,联邦政府的社会事务部进行日常行政管理,进行政策研究,监督社会组织执行法律,审批年度计划,但不干预其日常工作。由雇主、雇员代表组成的社会组织负责具体管理社会保障缴费、政府补贴发放、支付资金预测、收支平衡预测等。负责社会保障业务的社会组织是具有自治性的公共团体,一般由劳资双方代表组成各种社会保障委员会或基金会,有时政府也派代表参加,下设办事机构,在国家法律规定的范围内,开展多项业务活动。政府主管部门虽无权干涉其正常业务,但是有权对它进行检查和监督。

3. 私营管理的社会保障

在私营管理的社会保障模式下,政府主管部门仅仅制定一般的方针与政策,具体措施都委托私营机构制定和实施,私营机构在社会保障管理中具有较大的权力。如美国就把医疗保险业务交由商业性保险公司办理,这些机构在政府规定的范围内开展日常业务。这种模式的优点在于私营机构依据市场原则参与社会保障的管理,有利于提高管理效率,节约管理成本,提高投资的收益率,保证社会保障基金的保值与增值。但是,私营机构根据市场原则进行运行,追求利润最大化,有可能损害公众利益,不利于实现社会保障的目标。

一个国家并不一定只采用一种社会保障管理办法,常常会各种管理模式混合运用。例如美国,老年保险和老人医疗保障由联邦政府统一管理,失业保险由联邦政府和州政府联合举办,大部分工伤事故保险由各州政府管理,个别州的工伤事故保险由私营机构管理,医疗保险由私营机构管理。不论是哪种类型的体制,在社会保障领域中,国家都发挥着强大的作用。

3.3.2 我国社会保障管理体制的改革

1. 我国社会保障管理体制改革过程

20 世纪 90 年代中期以来,为加强各项社会保障制度的统一规划和社会保障基金的监督管理,我国对社会保障管理体制进行了一系列改革。1998 年在劳动部基础上组建了劳动和社会保障部,把当时由劳动部管理的城镇职工社会保险、人事部管理的机关事业单位社会保险、民政部管理的农村养老保险、各行业部门统筹的养老保险以及卫生部门管理的公费医疗,统一由劳动和社会保障部管理,建立起统一的社会保险行政机构。国家劳动和社会保障部成立后,各级地方政府也做了相应的改革。通过改革,过去由多个行政部门分别管理的社会保险,转变为由劳动和社会保障行政部门统一管理。各级劳动和社会保障行政部门建立了相应的社会保险经办机构,承担社会保险具体事务的管理工作。过去由企业承担的社会保险事务逐步转变为由社会机构管理,即社会保险待遇实行社会化发放,社会保险对象实行社区管理。同时,加强了对社会保险基金的行政管理和社会监督工作。社会保险基金被纳入财政专户,实行收支两条线管理,专款专用。各级劳动和社会保障行政部门专门设立了社会保险基金监督机构,负责对社会保险基金的征缴、管理和支付进行检查、监督,对违法违规问题进行查处。

目前,为统筹机关企事业单位人员管理,整合人才市场与劳动力市场,建立统一规范的人力资源市场,促进人力资源合理流动和有效配置,统筹就业和社会保障政策,建立健全就业、养老的服务和保障体系,2008 年,成立国家人力资源和社会保障部,将人事部、劳动和社会保障部的职责整合,进一步理顺社会保障管理体制。

2. 我国社会保障管理体制存在的问题

1)我国社会保障管理体制过于分散,社会化成分不足

我国社会保障制度管理体制高度分散,社会保险基金统筹层次较低、难以进行全国调剂和均衡发放,造成地区分割、企业与机关事业分割、劳动力就业市场分割。例如,依据受保者身份社会保障管理权限逐次分割为企业由劳动和社会保障部门负责,行政事业单位由人事部门负责;依据受保者工作地不同,由不同行政区域管理,而且各地保障政策很难衔接。这种条块分割,行业分割的分散管理体制在实践中已经明显地暴露出不少问题。特别是近年来,随着经济体制改革的深入进行,社会保障改革成为各项改革的“瓶颈”时期,这种缺乏统一协调的社会保障管理体系的弊端表现得更为明显,成为企业改革及其他方面改革的严重障碍之一,不利于现代企业制度和社会主义市场经济的建立和发展。首先,各管理部门分别制定政策、措施,相互之间缺乏有机联系和统一,政出多门,互相碰撞,互相掣肘,有时矛盾尖锐。在实际工作中,存在着严重的分工不清、交叉重合。其次,无法实施社会化管理,由于各部门实行的制度、政策、标准不统一,同样的保障项目,因待遇标准差异悬殊,造成互相攀比,而社会保障具有刚性,只能上不能下,增加了社会保障制度改革的难度,也妨碍了劳动力、人才在不同部门、行业、地区间的合理流动。最后,不能体现社会保障的互济性,由于没有一个统一的管理机构,以各单位自己管理为主、资金分散造成了地区之间、部门之间、行业之间社会保障费用负担畸轻畸重。实际上,社会保险变成了“行业保险”、“区域保险”,无法体现社会保障的互济性,不利于发挥社会保障的国民收入再分配功能。

2)社会保障的运行机制缺乏有效的法律管理和监督

我国的社会保障法制建设工作一直比较滞后,实践中已经出台的保障条例,缺乏有效的监督,难以得到有效的贯彻实施,部门间的监督职能弱化,监督方法也缺乏刚性。同时,制度自身的控制机制更差,社会保障的受保对象、待遇提供者基本没有纳入监督的范围。缺乏监督的社会保障管理体制,在运行过程中不可能产生自动控制机制。

3)社会保障管理行政管理和业务管理不分

目前我国社会保障管理体制中政府主管政策、制度、标准、监督,政府行政机构或政府主管的社会保障事业机构直接负责业务管理,形成社会保障管理行政和事业不分的局面。政府职能部门陷于具体业务之中,不仅难于实现上级对下级的有效监督,而且削弱了政府管理部门的行政职能,不利于政府部门履行和不断完善立法的工作职责。

3. 我国社会保障管理体制的改革方向

针对目前社会保障管理体制中存在的多头管理、政企不分、政事不分的情况，应遵循以下原则，对我国社会保障管理体制进行深入的改革。

1)遵循集中统一、合理分工的原则

社会保障管理机构、社会保障行政管理、社会业务管理统一，扭转条块分割，多头争办，政出多门的现象。这就要求统一的社会保障管理机构必须是独立的，不属于任何部门，同时，这个机构必须具有一定的权威性，能够将分散在各部门管理的各项社会保障职能统一起来。2008 年人事部、劳动和社会保障部整合为人力资源和社会保障部就是这种改革的具体实践。人力资源和社会保障部的建立，有利于统筹机关企事业单位人员管理，整合人才市场与劳动力市场，建立统一规范的人力资源市场，促进人力资源合理流动和有效配置，统筹就业和社会保障政策，建立健全从就业到养老的服务和保障体系，并将对更好地发挥我国人力资源优势，进一步解放和发展生产力产生积极影响。

2)政府其他部门与社会保障主管机构之间协调运转的原则

目前我国社会保障管理体制是政府主管部门主要管政策、制度、标准、监督，政府主管的社会保障事业机构直接负责社会保障业务管理。由于社会保障事业机构都是政府社会保障部门的二级机构，行政管理和业务管理不能真正分开，很容易被利益驱使，削弱了政府的行政职能。应进一步加大社会保障业务管理社会化程度，最终实现在政府和社会监督下业务管理由社会组织依法承担。

3)坚持社会保障监督与执行机构分离的原则

我国社会保障制度中政府机构承担了业务管理的责任，政府既是社会保障制度的设计者，又是具体操作者还是监督者。当设计、操作、监督集于一身时，监督的有效性减弱。因此，除了政府的监督外，应成立由缴费人、工会、受益人和专家参与的社会监督机构，定期听取社会保障基金收支、经营效果和管理服务的汇报，并将审查、监督的结果予以公布。

4)管理法制化原则

依法管理、依法保障，实现社会保障法制化，是市场经济运行中社会保障制度健康运行的客观要求。社会保障管理的法制化，意味着社会保障政策的统一和社会成员享受社会保障权益机会的均等，同时也为社会保障具体操作提供法律依据。社会保障是一个复杂的社会经济系统工程，各种保障的性质、特点、保障对象、实施原则、范围、标准、享受条件、费用来源、管理方式都不尽相同，需要按不同保障项目进行立法和分项管理。

3.4 社会保障监督体系

3.4.1 社会保障监督体系的含义

社会保障监督是指各有关方面对社会保障经办部门的管理过程和管理结果进行评审、鉴定，以达到社会保障政策的落实与目标的实现，确保各有关方的合法权益，提高社会保障管理效率。具体监督内容主要是监督社会保障各项政策、规章、制度的贯彻落实情况；监督社会保障基金的收、支、管理与投资等。

社会保障监督体系是指为保障社会保障制度有效完成和正常运作而建立的监督管理制度，包括社会保障监督机构和监控机制。建立和健全社会保障监控机制，在维护社会成员的社会保障权益，及时纠正社会保障管理与运行中出现的问题，保证社会保障可持续发展等方面具有重要意义。

3.4.2 社会保障监督机构

社会保障监督机构是依法成立并在法律范围内对社会保障管理和实施行使监督职能的组织。不同类型的国家由不同性质的机构负责社会保障的监督。一般来说，社会保障监督机构包括行政监督机构、专门监督机构、司法监督机构以及社会监督机构四种类型。它们分别承担不同监督职能。

1. 行政监督机构

行政监督是由政府职能部门根据其管理职能代表国家对社会保障制度的运行进行的监督。主要监督国家制定的社会保障各项法规、政策、规章、制度等贯彻执行情况，同时对社会保障各项基金收、支、投资与管理过程进行监督，并接受调查有关重大的社会保障违纪案件投诉等。执行行政监督的机构都是政府的职能部门，都将监督社会保障事务纳入自己的工作范畴，并按照本部门的工作程序、工作手段行使监督权。在我国行使社会保障行政监督职责的机构有：各级人民代表大会、劳动和社会保障部门、民政部门、财政部门、审计部门、监察部门、金融管理部门等。

2. 专门监督机构

专门监督机构是由国家、用人单位、劳动者、公民等各有关利益代表者组成社会监督机构，依法对社会保障的业务执行与管理过程实施全方位监督，包括有关处罚决定的执行情况，并定期（按月）将工作情况与监督结果向社会公布。到2006年底我国已有27个省份成立了社会保障监督委员会。社会保障监督委员会是由政府领导任主任，有关部门和企业代表及专家构成的。它协调各方面力量，统筹研究社会保障问题，可以把劳动保障部门行政监督、财政审计等部门专项监督和群众媒体等社会监督更好地结合起来。今后还会进一步推动社会保障监督委员会建设。

3. 司法监督机构

行政监督机构和专门监督机构能够纠正社会保障运行过程中的失误，但对一些争议、违法行为的处理缺乏权威性,这就需要由司法部门出面解决。司法监督的主体主要是中央和各级地方的检察机关。其主要监督对象是政府的行政行为和经济活动当事人的行为以及对经济刑事案件进行侦察,提起公诉或支持公诉等。司法部门利用法律赋予的权力对社会保障事务实行司法监督。

4. 社会监督机构

社会监督是非官方的、非专门的社会保障监督系统之外的其他方面的监督,是群众性、社会性、非强制性的监督。目前我国社会监督主要包括:工会组织、企业及劳动者团体、社会舆论组织(包括电视、报刊、广播等各种大众化的社会传媒)。

3.4.3 社会保障监控机制

监督系统是确保社会保障正常运行的必要机制,它包括监督系统的结构、职能及其运行方式,可以分为日常监督和预警监督。其中,日常监督是指对社会保障制度的具体运行进行日常的定期的检查监督,纠正违法、违纪现象,维护社会保障制度的正常运行和社会成员在社会保障方面的合法权益;预警监督则是指对社会保障运行中财务收支等情况及可能酿发的经济、社会危机进行监督,以便国家或政府采取有效措施来消除危机。社会保障的监控必须坚持日常监督和预警监督相结合的原则,以保证社会保障制度长期顺利运行。

目前,我国社会保障监督体制还不完善,监督机构和监督机制还不健全。政府及有关部门应加快制定社会保障监督管理的法律法规;加快建立健全各级社会保障监督机构;加快社会保障监督的技术措施的建设;尽快形成政府监督、专业监督、司法监督和社会监督协调运行的健全的监督体制。

本章小结

社会保障管理的内容包括:制定社会保障法律、法规,具体表现为社会保障的行政管理过程,收取社会保障基金、支付社会保障待遇,对社会保障基金实行事业化管理的过程;对社会保障对象实施一系列具体服务的业务管理过程;对社会保障政策法规的执行情况和社会保障基金的收支活动进行监督检查,制止和纠正社会保障业务活动中的违规行为的监督管理过程。

世界各国的社会保障管理体制可分为政府直接管理的社会保障、社会管理的社会保障和私营管理的社会保障。我国现行的社会保障管理由中央和各级政府的人力资源和社会保障、民政、卫生等部门采取条块结合、以块为主的分级管理体制。

我国社会保障管理方面的主要问题是:我国社会保障制度管理体制高度分散,社会保险基金统筹层次较低,难以进行全国调剂和均衡发放,造成地区分割、企业与机关事业分割、劳动力就业市场分割,社会化成分不足;社会保障的管理机制缺乏有效的法律管理和监督,运行过程中不能产生自动控制机制;社会保障管理行政和事业不分,难于实现有效监督,而且削弱了政府管理部门的行政职能,不利于政府部门履行和不断完善立法的工作职责。

我国社会保障管理体制的改革方向是:合理分工,集中统一管理;政府部门与社会保障主管机构之间协调运转;社会保障监督与执行机构分离;法制化管理;建立健全的监督体系。

思考题

1. 社会保障管理的主要内容有哪些?
2. 当前我国社会保障管理的主要问题是什么?
3. 怎样发展和完善我国的社会保障管理体制和监控机制?

案例 工作近40年的老人退休无处领取养老金

蒋乃群自1962年10月起至1989年4月期间,曾在南京汽车制造厂工作,1987年该单位参加了南京市企业统筹,1989年5月蒋乃群办理了停薪留职手续。1992年9月其离开南京汽车制造厂应聘至深圳工作,同时委托南京市人才服务中心保管其人事档案与人事关系。1995年6月蒋乃群在深圳参加社会保险,2002年4月7日,年满60周岁的蒋乃群收到了深圳市社保局的退休通知:其已到退休年龄,停止收取其社保费。根据《深圳经济特区企业员工社会养老保险条例》第23条规定,非深圳户籍员工必须实际缴费年限累计满15年,才能享受按月领取养老金的待遇,而他在深圳的实际缴费年限只有7年。因此,不具备在深圳市按月领取养老金的条件。此后蒋乃群辗转至南京市要求市劳动局为其办理退休手续,在经过多次联系、反映及上访无果的情况下,蒋乃群于2004年诉至法院要求判令市劳动局立即为其办理在南京市退休手续并按月计发养老金。

南京白下区法院经审理认为,自1987年始南京市实施社会统筹,原告蒋乃群当时的企业为其缴费一直至1992年,然而1992年9月以后,原告调离原单位应聘至深圳企业工作,其在深圳履行了缴费义务,到达退休年龄时,原告不属于南京市企业的职工和企业退休人员,根据《江苏省城镇企业职工养老保险规定》第二条规定,该规定仅适用于江苏省行政区域内城镇各类企业及与之有行政劳动关系的所有职工以及企业退休人员。原告不属于该规定调整的范围,故原告要求被告代其办理养老保险基金的诉讼请求不能成立。法院遂依法驳回了原告蒋乃群的诉讼请求。一审判决后,蒋乃群不服,向南京市中级法院提起上诉。中院经审理依法判决驳回上诉,维持

原判

[案例来源:万明国.社会保险案例剖析.北京:中国劳动社会保障出版社,2007.]

分析

本案两审法院依据《国务院关于建立统一的企业职工基本养老保险制度的决定》(国发1997年26号文件)和《江苏省城镇企业职工养老保险规定》的有关内容,做出上述判决是符合法律规定的。然而,这个合法的判决却面临一个尴尬的结果,那就是蒋乃群在工作了近40年后,不得不面临“老无所养”的困境。尽管在蒋乃群案件中,江苏省方面表示可作为特例来解决。但是,通过此案可以看到社会保障管理的地区分割,严重影响劳动力跨区域流动,阻碍全国统一人力资源市场的形成。应提高统筹层次,尽快建立社会保险关系转移平台。

相关政策

(1)《社会保险费征缴暂行条例》(国务院第259号令),规定:社会保险经办机构受劳动保障行政部门的委托,可以进行与社会保险费征缴有关的检查、调查工作。任何组织和个人对有关社会保险费征缴的违法行为,有权举报。劳动保障行政部门或者税务机关对举报应当及时调查,按照规定处理,并为举报人保密。社会保险基金实行收支两条线管理,由财政部门依法进行监督。审计部门依法对社会保险基金的收支情况进行监督。

(2)《劳动和社会保障部职能配置、内设机构和人员编制规定》(国办发[1998]50号)规定了劳动和社会保障部门的机构设置和职能配置。

(3)《民政部职能配置、内设机构和人员编制规定》(国办发[1998]60号)规定了民政部门机构设置和职能配置。

(4)《人事部职能配置、内设机构和人员编制规定》(国办发[1998]107号)规定了人事部门机构设置和职能配置。

(5)《国务院机构改革方案》(2008年十一届全国人大一次会议审议通过)成立了人力资源和社会保障部,不再保留人事部、劳动和社会保障部。

4 社会保障基金

学习目标

社会保障基金是社会保障制度得以正常运行的基本保证。没有社会保障基金,社会保障制度就成了无源之水,无本之木。通过本章学习,应掌握社会保障基金的概念、特点及构成,社会保障基金的筹集与给付,社会保障基金的管理模式、管理原则和管理内容等。

4.1 社会保障基金概述

4.1.1 社会保障基金的概念及特点

社会保障基金(Social Security Funds)是指在社会经济生活中,国家为了实行各种社会保障计划,依据法律和政策而制定的专项资金。它是社会保障制度的核心条件和经济基础,是政府实行国民经济收入再分配的物质支柱。

社会保障基金具有以下特点。

1. 强制性

社会保障基金作为保障劳动者和社会成员基本生活的物质基础,它的形成、筹集、储存、支付、管理都是由国家法律法规明确规定的,任何企业和个人都不能违反法律的规定,都不能强调自己的特殊性。社会保障基金的这一特征明显区别于其他基金,其他基金的筹集大多是非强制的,例如,社会成员有权利自主选择是否购买商业保险,是否参加互助合作保险,是否购买投资基金等。

2. 专项性

社会保障基金是在劳动者因失业、疾病、伤残、年老、死亡、生育、失业等原因暂时或永久失去收入时,为了保障其基本生活而建立的基金,是老百姓的"活命钱",关系到人民群众的切身利益,一旦因为挪用等原因出现支付危机,将会危及整个社会的稳定。因此,社会保障基金必须按险种分别建立账户,做到专款专用,任何组织和个人都不得随意截留、挤占、挪用、贪污该基金。

3. 储备性

社会保障基金是用来对付未来不测之风险,给劳动者提供经济保障,属于一种社会后备基金,具体说来,就是在劳动者具有劳动能力的时候,社会以一定的方式将其所创造的一部分价值预先扣除,储存起来,在其丧失劳动能力或劳动机会,收入减少或中断的时候根据预先设定或实际需要进行分配使用,对其补偿。取之于民,用之于民。

4. 增值性

一般来讲,保障对象领取的保障基金要远远多于缴费,甚至在有些保障项目上只领取而不缴费,这样就会导致基金支出大于个人缴费,其差额除了单位和政府资助外,还需要社会保障基金的运营收入来补充。因此,社会保障基金在及时足额筹集,合理运用和有效管理的条件下,不仅需要保持长期收支平衡,而且还要不断增值。

5. 互助共济性

作为一种国民收入再分配机制,社会保障是一种互助共济制度,因而社会保障基金必然具有互助共济性。这种再分配的社会效应非常广泛,它利用统筹机制在单位与单位之间,地区与地区之间,不同人群之间实行互济,使社会收入不均的矛盾得到缓解,从而减少社会动荡。其中养老保险在代际、在职与退职之间实行了互济,拥有一般商业保险所不能具备的优势。

4.1.2 社会保障基金的构成

社会保障基金的构成是和社会保障项目体系相一致的。根据国际劳工组织颁布的社会保障规定,社会保障基金由医疗、疾病、失业、工伤、老龄、家庭、残疾、生育、遗属等九个方面的内容构成,而其中最主要的是失业、工伤、老龄、残疾、遗属这五个方面。各国在建立自己的社会保障基金制度的时候都不同程度地包含了这些方面。

中国的社会保障基金主要包括社会保险基金、社会救助基金、社会福利基金、优抚安置基金和其他的社会保障基金。其中社会保险基金是主体部分。我国社会保障基金的构成如图 4-1 所示。

社会保险基金、社会救助基金、社会福利基金、优抚安置基金等四种基金的来源和形成方式各不相同。

社会保险基金是为了实施社会保险项目而筹集的基金,它的筹集、支付和运营已经规范化,可以细分为社会养老保险基金、社会医疗保险基金、失业保险基金、工伤保险基金、生育保险基金。

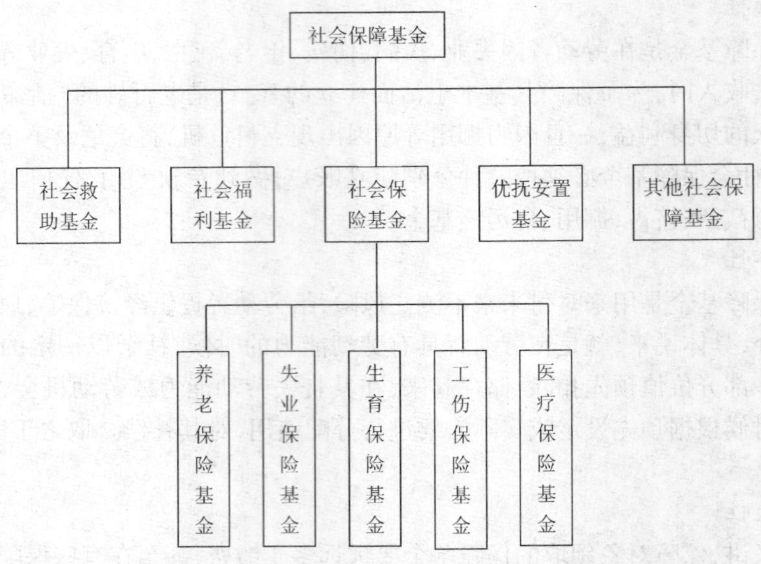

图 4-1 我国社会保障基金的构成

社会救助基金一般分为政府掌握的救助基金和民间组织例如慈善机构掌握的救助基金。政府掌握的救助基金来源于国家财政,是为了应付各种自然灾害对人民群众的生命财产造成的损失而建立的。慈善机构掌握的救助基金主要来自于各种捐款和馈赠,用于帮助那些急需要帮助的人。

社会福利基金从狭义上讲,主要是指政府所掌握的,用于提高人民物质和文化生活水平的基金,从广义上讲,还包括企业所拥有的福利基金,如住房公积金。

优抚安置基金一般分为政府掌握的优抚安置事业费和从社会集团、企业以及个人捐助取得的优抚资金。

4.2 社会保障基金的筹集

4.2.1 社会保障基金的筹集原则

社会保障制度的有效运行需要足够的社会保障资金,如果资金的来源不稳定或者资金的数目不能满足社会保障事业的需求,那么社会保障事业的目标就无法实现。因此,社会保障基金筹集是社会保障基金管理的重要环节。

社会保障基金筹集是指由社会保障经办机构或者税务部门,按照社会保障制度计征对象和计征方法,根据一定的费(税)率,定期向劳动者及其所在单位征收社会保险金的行为。

社会保障基金的筹集一般需要遵循以下几个原则。

1. 公平性原则

社会保障制度是一种国民收入再分配的机制,其目的就是促进社会公平。因此基金的筹集和给付两个环节都必须做到公平合理。公平原则主要体现在以下两个方面。

(1)不同收入人群之间的公平。国际劳工组织第102号公约明确指出,筹集社会保障基金时要避免低收入者负担过重。通过基金的筹集,要使高收入人群的生活资料和购买能力向低收入人群转移,确保由于失业、疾病、年老、多子女等原因而成为低收入人群能够维持最低生活水平。

(2)同收入人群之间的公平。社会保障制度使同一收入层面的社会成员风险分担,互济共助,从而实现社会公平。如果说不同收入人群之间的公平原则有扶贫帮困的作用,那么同一收入人群间的公平原则则具有防范贫困的效果。按照保险的原则,一方面,同一收入层面上的人群向社会保险机构缴纳保险费或是向政府纳税;另一方面,将现金转移给因发生事故而陷入困境的人,使之能很快得到保险金的给付。于是不同地区、不同行业、在职人员与退休失业人员、健康者与伤病者之间形成了共济关系。这种机制,避免了其成员陷入困境的可能性。为了体现同收入人群之间的公平,社会保险费(税)的征收必须设计合理的费(税)率和费(税)基数确定办法,否则,用人单位之间、劳动者之间负担不公平,社会保险费(税)的征收就会出现困难。

2. 效率性原则

社会保障制度以实现社会公平为目标,但是决不能以严重损害效率为代价。效率是发展的基础,保障是发展的目标,效率又是保障的前提,没有效率就没有经济发展,社会保障就会丧失物质基础。所以,社会保障基金的筹集决策,既要兼顾社会公平也要促进生产效率,实现收入和财富分配的更加公平。为此,要合理地协调安排国家财政、用人单位和劳动者个人对社会保障基金的负担比例。国家负担过高,会导致政府财政负担过重,同时还会增长企业和劳动者的依赖意识,降低生产的积极性。国家负担过低,国民可供支配的现金就会减少,从而减少对金融市场的参与,影响宏观的投资和生产过程。因此,在社会保障基金筹集中要统筹国家、用人单位和劳动者个人三者的关系。

3. 依法筹集原则

社会保障制度是由国家依法举办的关系到国民生存和发展利益的事业,具有强制性的特征,基金的筹集由于涉及国家、单位以及个人的权利、义务和经济利益关系,在筹集时往往会遭到一些单位和个人的抵制,因此,其筹集必须以法律为保证。对于行政主管部门或是业务经办机构来说,依法筹集就是要由法律赋权的机构和人员,按照法定的筹集范围、税费比率按时按量收缴,既不能随意超范围超比率摊派多收,也不能徇私漏收少收。对于企业单位或个人而言,依法筹集就是要按时按量的足额缴纳社会保障基金,不应无故迟缴欠缴。

4. 收支平衡原则

收支平衡原则是指在一定的社会保障水平下,社会保障基金能够保持收入和支出大体平衡。如果基金入不敷出,则居民的生活水平得不到保障,如果基金入大于出，节余过多，将会造成社会资源的严重浪费。因此，社会保障基金必须遵循收支平衡的原则，在实践中往往要求遵循“收支平衡，略有节余”。这条原则适用于社会保障的所有项目，在社会保险方面体现得尤为明显。

收支平衡原则有“短期平衡”和“长期平衡”两种。所谓短期平衡，是指当年内某项社会保障计划所筹措的资金总和与该计划需要支付的费用总和保持平衡，例如工伤保险、医疗保险、生育保险基金都属于此类；所谓长期平衡，是指从被保障者在投保期间提取的基金总和（包括基金投资运营的利润等）与其在享受该项保障计划待遇期间所需支付的费用总和保持平衡，采取积累制的养老保险基金的筹集需要贯彻这项原则。

4.2.2 社会保障基金的筹集渠道

筹集社会保障基金，首先要解决基金来源问题。从世界各国来看，基金的来源并不相同，大多数国家的社会保障基金由国家、单位、个人三方负担。我国在建立和完善社会保障制度的过程中，着眼于筹资来源的多元化，从而使社会保障真正成为凭借“社会”力量来保障社会成员基本生活的有效手段。具体来说，我国社会保障基金的筹集来源有以下几个渠道。

1. 国家财政拨款

在现代社会，无论采取何种社会保障制度，国家的财政都承担着社会保障基金的最终责任。可以说，没有政府财政作为后盾，就不能建立起健全的社会保障制度。

国家的财政支持，可以概括为三种方式。

（1）财政直接拨款。如社会救助、社会福利、优抚安置项目以及对社会保险基金的缺口补助，都由政府直接拨款形成。

（2）实行税收优惠或让利。这是一种间接资助形式，它又可以分为三种形式：国家允许社会保障机构强制地向企业和个人征收税前缴纳的社会保险费，国家对社会保障机构筹集的基金实行免税优待以及对社会保障对象享受的社会保障待遇不征税。国家让利表现为国家对存储于国家金融机构的社会保障基金，或对于社会保障机构用于投资的资金，给予较高的利率优惠。

（3）承担社会保障运营费用。社会保障制度的实施，需要大量人力物力财力，这笔费用，由国家财政予以全额承担，这部分款项虽然不直接用于保障对象，但却维护了社会保障基金的安全与完整，而且为社会保障制度的实施创造了条件。

2. 用人单位或个人缴纳的社会保障费（税）

现代社会，用人单位已经成为劳动者生存的重要依托，因此，用人单位应当承担保障劳动者的责任。在市场经济条件下，用人单位履行社会保障责任的方式，就是为其员工提供一部分社会保障基金，使其员工不仅在工作期间能够获得基本医疗和基本生活保障，而且也有权利在年老丧失劳动能力后获得基本的生活保证。只有这样才能解除劳动者的后顾之忧，调动工作的积极性。

为了享受社会保障的权利，劳动者个人也应当承担相应的责任。通常情况下，个人按照工资或者收入的一定百分比缴纳社会保障费，高收入者多缴费，低收入者少缴费，这样，既有利于减轻国家负担，又可以增强自我保障意识，充分体现社会保障的互济功能。虽然个人缴纳的费用和个人享受的费用并不具有必然的等值性，但个人缴纳是个人享受的前提。

3. 社会捐赠

接受社会捐赠也是筹集社会保障基金的主要途径之一。接受的社会捐赠通常直接吸纳到社会保障基金名下，由社会保障机构根据实际需要使用。其特点是以善爱之心为道德基础，以自愿捐献为基本特征，由民间慈善公益团体负责征集并用于各种社会救助与福利事业。捐助的方式有直接筹款、义卖、义演等。在中国，包括中国红十字会、中国残疾人福利基金会、中华慈善总会、中国青少年发展基金会、中国人口福利基金会等机构均是依靠社会募捐从事慈善公益事业的机构。

4. 其他渠道

除了上述几个渠道之外，社会保障基金还可以通过社会福利收费、基金运营收益、发行特种国债、国际援助等方式来筹集。

4.2.3 社会保障基金的筹集模式

社会保障基金的筹集模式，也叫社会保障基金的财务模式，是指根据一定的收支平衡原则，确定一定的收费率，以取得社会保障基金收入的方式。从世界各国社会保障制度的实施情况来看，社会保障基金的筹集模式可以分为现收现付式、完全积累式、部分积累式三种。

1. 现收现付式

现收现付式也叫“非基金式”或“纳税式”或“预筹分摊式”。即以一定时期内（通常为一年）的横向收支平衡为基准，以支定收，用本期的社会保障资金收入来满足本期的社会保障资金支出，而不为将来进行储蓄积累的资金筹集方式。这种模式运行的基本原理是：在长期稳定的人口结构下，现役的劳动人口为退休人口提供经济支持，而现役劳动人口将来所需费用由下一代人来负担。

这种资金筹集方式的优点是：①在现收现付式下，事先决定的支付水平通常考虑到国民当时的生活水平，因此有利于保证国民的生活水平；②利于应付通货膨胀与利率所带来的风险，无资金保值增值的压力；③收支关系简单清楚，管理方便。

同时，现收现付式也有以下三个缺点：①缺乏长远规划，难以应付老龄化的挑战，现收现付式的实质是一种下代人抚养上代人的制度，其供养水平直接受到两代人人口比例的影响，如果供养一代人的规模相对较小，被供养一代人的规模相对较大，将使得供养一代人的平均负担加重；②缺乏基金积累，抵御突发性风险的能力弱；③劳动者之间的权利和义务关系难以得到准确体现，容易造成代际间的矛盾激化。

2. 完全积累式

完全积累式又称“基金式”或“预筹积累式”，是以远期纵向收付平衡原则为指导的基金筹集模式，即本期社会保障基金的收入不仅用来满足本期支出，也要用来满足未来一定时期内的支出需要，为以后时期的支付储备资金。

这种资金筹集方式的优点是：①在这种机制下，由于不存在代际之间的收入再分配，从而不受代际之间人口比例的影响，能够应对人口老龄化所带来的风险；②能够激励国民缴纳费用；③一定程度上可以减轻国家财政负担。

这种资金筹集方式的缺点是：①容易受到通货膨胀和利率的影响，难以保值；②支付水平取决于缴费比率和投资运行的收益性，因此往往会发生支付水平低于国民所必要的生活水准的情况；③由于不存在代际之间和不同收入阶层间的收入再分配，社会互济性差。

3. 部分积累式

也可以称作"部分基金式"或"混合式"，其本质是将上述两种方式相结合的一种方式，兼顾两者的优点，避免它们的缺点。在社会保障基金的形成上，一部分采取现收现付式，保证当前开支的需要；另一部分采取预筹积累式，满足将来开支需求的不断增长。在这种方式下，现收现付额和积累额可以相互补充调整：在经济状况好、工资水平高的时期，可以多一些积累，或者将现收现付的节余部分存入积累；在经济状况差、工资水平低的时期，可以少一些积累，或者将积累适当拨入现收现付部分，以满足当年的需求。

4.3 社会保障基金的给付

社会保障基金的给付是指社会保障经办机构按照法律规定的条件、项目、标准和方式，将资金支付给符合条件的社会成员，以保障其基本生活需要。它是社会保障基金管理运行过程的最终环节，也是社会保障制度保障功能的具体体现。对保障对象来说，它是社会保障工作的起点，面向保障对象的保障服务从此开始，它直接影响保障对象的生活待遇、经济利益和基本权益。因此，社会保障基金能否安全、足额给付，不仅关系到社会保障目标的实现，而且也影响到政府的信誉、形象以及社会的长治久安。

4.3.1 社会保障基金给付的原则

社会保障基金的给付必须遵循以下三条原则。

1. 保障社会成员的基本生活需要

保障基本需要，这是社会保障制度的根本目的，也是确定社会保障待遇给付应该遵循的首要原则。人的需要可以分为生存的需要、发展的需要和享受的需要，这些需要并不是在任何时候都能得到满足，而是要取决于社会生产力的发展水平。人的基本生活需要，就是在一定生产力发展水平的条件下，人能够正常地劳动和生活的物质和精神的需要，特别是发生困难和风险、收入减少或丧失时能够保证这种需要。社会保障待遇支付水平，就是要保证社会保障根本目标和基本功能的实现。即满足社会成员的基本生活需要，更要帮助那些特殊困难人群使之能够维持最低生活水平。

当然,人的需要是多方面的,有的人在满足基本生活需要的基础上还想要享受更高的生活水平。因此,对于一些与工作相关的保险项目来说,尤其是养老保险,如果从保证基本生活出发确定给付水平,还可以鼓励经济效益好的企业和单位为职工办理企业补充保险,如个人收入水平高,可以办理个人储蓄保险、商业保险等。这些都是社会基本保险的补充形式。人们根据自身需求进行必要的补充保险,有利于形成一个国家、企业、个人多层次的社会保障体系。

2. 社会保障基金的给付要兼顾效率和公平

社会保障制度的特点和作用之一,是要实现社会公平,但是在市场经济条件下,还要鼓励效率,或者说是效率优先兼顾公平,忽视收入分配中的公平合理与经济效益的内在统一会导致片面性。要把公平合理与经济效益有机地统一起来,就必须确定合理的收入差距。在涉及劳动者的各项保障待遇时,要与享受社会保障待遇之前的劳动贡献和劳动收入挂钩,允许保障待遇有一定差别,过去劳动贡献大、工作时间长、收入高的人,待遇要高一些。

3. 随社会经济的发展调整保障基金的给付水平

社会保障的基本目标是保障社会成员的基本生活,而社会成员的基本生活水平取决于一定的收入和消费水平,保障基金给付水平,要建立在经济发展的基础上,也就是说,给付水平要以本地区的生产力水平和国民收入的现实水平为依据。当国民经济快速增长时,整个社会的平均工资水平会随之提高,全国人民的生活水平也随之水涨船高,社会的基本生活需要水平也随之增加。为了保证社会成员的社会保障待遇水平与社会基本生活需要水平相适应,就必须适时提高社会保障待遇支付水平。

如果社会经济发展,而被保障者所获得的社会保障补偿金额不变,那么他所能换取的物质资料数量就会减少,这实际上是生活水平的下降。因此,社会保障基金的给付标准,要随着经济的发展而调整。当社会保障基金收入未及时调整增加,可以暂时动用节余的储备基金以弥补支付的增加。

4.3.2 社会保障基金给付的范围

社会保障基金给付的范围包括:①用于暂时或永久性丧失劳动能力的劳动者或退休人员以及生活困难的劳动者的基本生活补助;②用于因失业而失去基本生活费用来源的人员的生活保障以及就业培训费用;③国家和用人单位医疗保障费用的开支;④军人保障的支出;⑤社会救助的支出;⑥社会福利事业的支出;⑦社会保障设施方面的支出。

4.3.3 社会保障基金的给付形式和给付条件

1. 社会保障基金的给付形式

社会保障基金给付的形式,包括货币给付、实物给付、服务给付三大类。这三种给付形式共同构成了社会保障基金的主体。

货币给付。由于社会保障基金基本上都是以货币形式筹集的,货币作为一般等价物具有很大的灵活性和自由性,所以货币给付是社会保障基金给付的最主要形式。它包括养老保险金、失业保险金、工伤保险金等社会保险待遇,社会福利、社会救助、社会优抚以及各种现金津贴和补助等。

实物给付。实物给付是指政府直接为社会成员提供特定商品或劳务的一种社会保障给付方式。实物给付包括直接发放实物和发放食品券两种方式。例如,美国的食品券制度以及美国政府向低收入者提供公共住房,免费给穷人发放面包、奶酪和黄油等;我国的灾害救助中也常常见到实物救助的方式,如提供食物、衣被等。

服务给付。服务给付是指通过为所需要的社会成员提供服务以及服务设施而实现保障目的的一种社会保障给付方式。它是为了满足现代社会人们的多样化需求而出现的。服务给付包括医疗保健服务、敬老院、福利院、幼儿园以及各种青少年活动中心的兴建、犯罪人员社区矫正等内容。

2. 社会保障基金的给付条件

社会保障基金的给付不是人人都可以享受同等待遇的,而是需要一定的资格条件。在这方面,各个国家和地区的要求都不一样,但是都有着以下几个共同点。

(1)年龄。某些社会保障项目的基金给付规定了享受者必须符合法定的年龄界限。如退休金、养老金,遗属抚恤以及家庭津贴等项目。

(2)性别。主要是根据被保障者的生理特点不同而规定了不同的给付条件,以示充分的保障。多见于退休保险和生育保险的给付。大多数国家在退休年龄上男女有别。

(3)身份。主要包括被保障者所在劳动部门或职业性质的不同以及保障待遇的受益人与被保障者之间的不同关系。由于各项社会保障的实施都有一定的范围和目标,因而对于不同身份的劳动者,有不同的保障待遇标准。

(4)工龄与就业年限。这是确定劳动者能否享受社会保障待遇以及金额多少的一个重要依据。它标志着劳动者对社会所做贡献的大小,因此与保险金的给付数额成正比,一般是累计计算,多见于养老保险。一些国家对于就业的年限还具体规定每年的就业天数。

(5)投保年限和交纳保险费数额。这是根据是否按照规定足额缴纳保障费以及缴纳保障费的年限来决定社会保障基金给付的多少与给付时间的长短,在西方国家的退休养老保险比较多见。例如意大利规定被保险者在达到退休年龄时,必须按时、足额缴纳保险费满 15 年才能领取退休保险金;但是对于已经缴足费用达 35 年或以上者,不论其是否退休都可以领取全额退休金。

(6)其他。有一些少数实行社会保险的国家,是以被保障者在本国的居住年限来决定其是否具有领取保障金的资格条件。例如新西兰政府规定,被保险者必须在达到法定退休年龄前的最近 20 年中居住在本国境内,才能领取养老保险金。还有一些国家为了保证社会保障金能给于真正需要帮助的人,规定对申请人的收入要进行调查,只有其收入低于规定界限,才有资格领取保障金。

以上的各个资格条件一般都是综合考虑的,即必须同时符合两个或多个条件才能领取保障金。这样才能客观、合理地确定社会保障基金的给付。

4.4 社会保障基金的管理

社会保障基金管理是指由国家授权社会保障基金的专门管理机构对社会保障基金的筹集、投资、运营、支付等进行监督和管理的过程。

对社会保障基金进行有效的管理,可以确保基金的保值增值,为社会成员提供生活保障,维护劳动者的合法权益,减轻政府的财政负担,促进国民经济的稳定发展。社会保障基金管理的目标在于确保基金的安全和完整,实现基金保值,争取基金增值,避免发生支付危机。

4.4.1 社会保障基金的管理原则

社会保障基金是一种公共基金,它担负着保障人民群众遭遇风险时基本生活的需要,其时间跨度长、数额大、涉及面广,这些都足以引起我们对其管理的足够重视。社会保障基金管理的原则,就是指在社会保障经济活动中必须遵循的行为规范和准则,这些准则和规范是社会保障基金管理活动规律性的反映,遵守这些管理原则,就可以提高社会保障基金管理的经济效益,取得最佳的管理效果。

社会保障基金的管理必须遵循以下几个原则。

1. 法制化管理原则

社会保障体系的发展和完善必须以健全的法制为基础,社会保障基金是社会的财富,也是从事社会保障经济活动的物质条件,它要求在运用保障基金、支付社会保障管理费时,要按国家有关资金规定进行办理,严肃财经纪律,不得挪用、借用。为此,要制定社会保障基金管理法规,使社会保障基金的运作有法可依、有章可循、依法管理、加强调控、规范行为、强化监督,充分发挥社会保障基金在社会主义经济建设和社会保障事业中的作用。

2. 安全有效原则

社会保障基金是社会保障对象的保命钱,社会保障机构在征缴保障基金后,要加强管理,防止贪污、浪费和挪用,保证基金安全、完整和合理运转。同时,为了适应我国社会保障事业发展的需要和实行部分积累制的需要,应注意社会保障基金的增值。在安全性前提下保证较高的收益,以壮大社会保障基金。

3. 专款专用原则

社会保障基金是按国家规定征集、提取和使用的专项基金,社会保障基金纳入单独的财政账户,按险种分别建账、分账核算、专款专用、自求平衡,不得相互挤占和调剂。任何地区、部门、单位和个人均无权自行决定该项基金的其他用途。

4. 以收定支、略有结余的原则

社会保障基金是保证社会保障制度有效运行的前提条件。为了保证社会保障经济活动的顺利进行,应根据社会保障基金来源的特点,实行以收定支、收支平衡、略有结余、留有储备的原则。只有这样,才能保证一定时期内基金的需求量,防止社会保障基金的不足,从而保证社会保障基金支付不至中断或者超支。

5. 收支分开原则

收支分开原则是加强对社会保障基金管理的一个重要原则。社会保障基金由同一部门负责收支管理,缺乏制约机制,容易发生挪用及转移。因此必须将收支分开,实行收支两条线管理原则,即由社会保险经办机构负责筹集、支付基金,财政部门负责发放基金,从而建立一个保证基金的征集与支付相互制约、提高工作效率的新型的社会保障基金营运监管机制。

4.4.2 社会保障基金的管理模式

按照社会保障基金管理机构的所有制性质,社会保障基金管理模式可以分为政府集中管理模式、基金会管理模式、商业经营性基金管理模式三种类型。一般而言,各国都会根据自己的实际情况选择不同的管理模式。

1. 政府集中管理模式

政府集中管理模式即由政府的社会保障主管部门和财政部门,或者由政府成立的专门机构负责社会保障基金的管理。其特点是便于统一管理。如日本将养老保险基金、邮政储蓄等资金纳入国库预算,由大藏省的资金营运部统一管理;美国的社会救助、社会保险基金在财政部设立专户,由财政部长、劳工部长、卫生和社会服务部长、社会保障署署长以及总统指定的公众代表组成理事会进行管理。

2. 基金会管理模式

通过基金会形式组织管理社会保险基金是不少国家采取的管理模式。如新加坡采取政府强制性保险制度,由雇主和雇员共同出资,建立个人保险储蓄账户,即中央公积金制度。中央公积金由政府的专门机构管理营运。许多国家的雇主协会、工会以及公众代表也通过各种方式参与社会保障基金的管理,如德国的行业、地区雇主协会和工会组成社会保险基金会,以自治原则进行管理,法国的雇主协会和工会组成工商就业联合会负责失业保险基金的管理等。

3. 商业经营性基金管理模式

商业经营性基金管理模式是指由政府规划并授权的基金公司组织实施社会保险基金的管理模式。这种模式下的社会保险基金由专门的基金管理公司按照商业竞争的原则组织实施管理和投资运营。智利的养老保险基金管理模式是这种模式的典型代表。1980 年智利对社会保险制度进行了全面改革,建立了雇员个人缴费、个人账户积累、基金由多个私人管理公司管理的退休金制度。智利是世界上最先推行社会保险商业化经营的国家,为各国的社会保险基金管理创立了一个新的模式。

4.4.3 社会保障基金的管理内容

社会保障基金管理内容与基金的活动过程相联系,它包括以下几项内容。

1. 基金的征收管理

不同的社会保障项目的基金筹集手段和方式各不相同。社会保障基金必须按照国家法律规定按时足额地征收,任何地区、机构和个人都不能减免。社会保障基金征收管理就是指由专门的社会保障基金管理机构,按照国家规定,对基金的征集筹措的一系列环节进行监督和管理。

征收管理是社会保障基金管理的源头。社会保障基金征收管理的内容包括以下几项。①对缴费单位的管理。主要是检查缴费单位是否按照规定对参保者进行登记、变更登记或注销登记;是否逾期未缴费;有无违反有关财务、统计、会计的法律法规,伪造、变造、故意销毁有关的账册、材料,或者不设账册,导致社会保障缴费的基数无法确定等。②对经办机构的管理。主要看缴纳的社会保障费是否及时、足额地存入财政专户;社会保障基金是否按险种单独核算;经办机构的工作人员有无滥用职权、玩忽职守、徇私舞弊,致使社会保障费流失。③检查包括缴费单位、经办机构在内的任何单位和个人是否将社会保障基金挪作它用。

2. 基金的支付管理

社会保障基金的支付管理是指对经办机构是否按照规定,将社会保障费支付给被保障人进行管理。一方面,社会保障基金的支付要使被保障人的基本生活需求得到切实的保障,另一方面,支付水平和支付金额又必须与国家的经济实力和生产力发展水平相适应。因此,加强社会保障基金的支付管理非常重要。

社会保障基金支付管理的内容包括以下几项。经办机构是否按照规定的项目和标准进行支出,有无擅自增加支出的项目和提高支出标准;有无骗保的行为;有无私自挪用支出户基金的现象;经办机构有无根据财政部门核定的基金年度预算以及月度收支计划,按月填写用款申请书,并且注明支出项目,加盖公章;凭证和用款手续是否合乎规定等。

3. 保值增值管理

社会保障基金的积累性要求通过基金的投资运营,实现保值增值。社会保障基金的保值增值管理就是指社会保障基金管理机构按照安全性、效益性的原则对积累基金投资运营环节进行监督管理,任何单位和个人都不能违规操作。

4. 预算管理

社会保障基金的预算管理是指按照国家的有关规定,在全面考虑影响基金收支因素的基础上,按规定的项目和标准,真实、可靠地编制社会保障基金预算的过程。

编制收入预算时需要考虑的因素有:职工人数和工资总额的变化;征缴范围的变化;基金投资收益率的变化等。

编制支出预算时需要考虑的因素有:享受社会保障待遇人数的变化;工资及居民生活水平的变化等。

社会保障基金预算管理的程序包括5个步骤(见图4-2)。

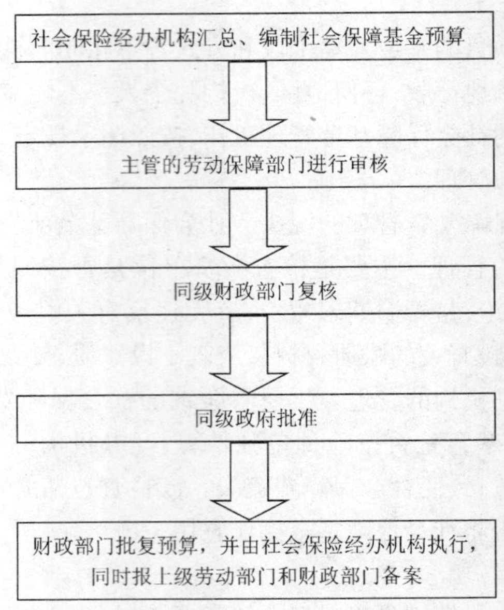

图 4-2 社会保障基金的预算编制与审批程序

5. 会计管理

社会保障基金会计管理是以货币作为计量单位，使用专门的方法对社会保障基金的收入、支出、结存以及资金运营等方面的内容进行全面、完整、连续地核算和监督的方法。基金的会计管理在保证社会保障基金安全方面具有不可替代的作用。

6. 审计管理

社会保障基金的审计管理是指由政府的审计机关按照有关法律法规和《社会保障基金审计办法》规定，对管辖范围内的社会保险、社会福利、社会救助等社会保障基金的征收、支付、增值运行及其他有关事项的真实性、合法性和效益性进行审计监督的过程。审计部门有权利对违法违规的现象进行惩处，以确保社会保障基金的正常运转。例如，对于不按期如数缴纳社会保障费的单位，可以采取强制性的措施并处以罚款；对于社会救济的违规发放，审计部门可以向社会保障部门和财政部门提出建议，制止此类现象的蔓延。

本章小结

社会保障基金是指在社会经济生活中，国家为了实行各种社会保障计划，依据法律和政策而制定的专项资金。它是社会保障制度的核心条件和经济基础，是政府实行国民经济收入再分配的物质支柱。其特点是强制性、专项性、储备性、增值性、互助共济性。

我国社会保障基金的筹集来源有以下几个渠道:①国家财政拨款;②用人单位或个人缴纳的社会保障费(税);③社会捐赠;④社会福利收费、基金运营收益、发行特种国债、国际援助等。社会保障基金的筹集原则主要包括:公平性原则、效率性原则、依法筹集原则、收支平衡原则。社会保障基金的筹集模式可以分为三种:现收现付式、完全积累式、部分积累式。

社会保障基金的给付是指社会保障经办机构按照法律规定的条件、项目、标准和方式,将资金支付给符合条件的社会成员,以保障其基本生活需要。它是社会保障基金管理运行过程的最终环节,也是社会保障制度保障功能的具体体现。

社会保障基金管理是指由国家授权社会保障基金的专门管理机构对社会保障基金的筹集、投资、运营、支付等进行监督和管理的过程。社会保障基金的管理原则包括:法制化管理原则;安全有效原则;专款专用原则;以收定支、略有结余的原则;收支分开原则。社会保障基金管理模式有政府集中管理模式、基金会管理模式、商业经营性基金管理模式三种。社会保障基金管理内容包括:①基金的征收管理;②基金的支付管理;③保值增值管理;④预算管理;⑤会计管理;⑥审计管理。

思考题

1. 社会保障基金的构成主要有哪些?
2. 简述社会保障基金的筹集渠道和筹集模式。
3. 社会保障基金管理的原则和内容有哪些?

案例 宁夏:挪用3000万元医疗保险基金案开庭审理

2007年12月24日,备受社会各界关注的宁夏挪用医疗保险金第一案,在吴忠市中级人民法院开庭审理。吴忠市检察院对被告人徐福新、徐福宁、李斌等依法提起公诉,指控被告人将宁夏煤业集团缴纳的面值3 233.56万元的19张银行承兑汇票贴现挪作它用。

据检察机关查明,2004年春天,被告人徐福宁得知徐福新负责的石嘴山市医保中心管理的医保基金有企业缴纳的银行承兑汇票,遂产生借用承兑汇票进行质押借款投资做生意之念。徐福宁多次找石嘴山市医保中心征缴科原科长李斌,向其提出借用医保中心的承兑汇票,并允诺事后尽快归还。被告人李斌鉴于徐福宁与徐福新的特殊关系,徐福新也曾多次在不同场合表示让李斌关照其弟徐福宁,李斌便同意了徐福宁的提议。

2004年8月，被告人徐福宁从李斌处拿走两张银行承兑汇票，面值200万元。徐福宁经叶某某介绍并认识中国人民银行银川中心支行职员刘飞，将两张承兑汇票委托被告人刘飞质押，刘飞又转托其朋友被告人艾斌（系中国农业银行银川广场支行原职工）办理，被告人艾斌将其中一张汇票在宁夏中阳物业有限公司质押了85万元。质押期间，因徐福宁没钱及时回赎，被告人刘飞便与徐福宁协商将另一张汇票直接贴现，并约定以后交给刘飞的银行承兑汇票全部进行贴现。

此后，被告人李斌先后将其保管的宁夏煤业集团缴纳的19张银行承兑汇票陆续交给被告人徐福宁使用。一直到2005年8月，被告人徐福宁分4次将16张面值2 533.556万元的银行承兑汇票交给被告人刘飞，刘飞交于被告人艾斌，由艾斌通过中介人李某和陈某等人进行了贴现。

2005年4月30日，被告人李斌将给徐福宁承兑汇票的事告诉了被告人徐福新。徐福新听后极力劝阻李斌自首，并让李斌将财务账目做好，尽量拖延时间让徐福宁把生意做好、做大后把款还回来。2005年年底，徐福新又多次到宁夏煤业集团催要欠缴的医保款。宁夏煤业集团于当年12月向石嘴山市医保中心支付了8 483万元的医保款，被告人徐福新遂指使被告人李斌用该款将账目做好。被告人李斌将这些医保款记账后从中拆借了3 400多万元，在总账上冲销了给徐福宁的汇票款，余款记入了基金收入总账，并据此制作了2005年度财务报表上报自治区社保局。

被告人徐福宁将所得贴现款全部用于房地产公司、煤矿、夜总会等投资经营和个人挥霍，直至案发未能退还。

[案例来源：新华网 2007－12－26]

分析

(1)中国的社会保障制度从建立至今都是由社会保障部门来负责社会保险基金的行政管理和投资运营工作，因此，当数额巨大的社保基金在社保管理部门手中封闭运作、又缺乏有效的监管监督机制的时候，暗箱操作、权钱交易在所难免，黑幕和腐败也由此诞生。虽然政府的政策在总体上趋向于确保资金安全，而且在相关的资金运营和投资方向上规定甚严。但是，由于缺乏有效的监管机制，从而使各地方的社保机构得以借保值增值之名，屡屡撞过"高压线"。如何建立社保基金征缴、管理、发放的科学运营模式，如何建立有效的监管机制和公众监督机制，已经成为当下中国社保的燃眉之急。

(2)目前我国对社会保障基金管理缺乏相应的法规，全国还没有制定专门的《社会保障基金管理法》。原劳动与社会保障部单独或会同有关部门制定了一些政策规定，如《社会保险基金财务制度》、《社会保险基金行政监督办法》、《社会保险基金现场监督规则》、《社会保险基金监督举报工作管理办法》、《社会保险稽核办法》、《关于加强企业职工社会保险基金投资管理的暂行规定》等等。但总的来看，这些文件和规定都停留在部委一级，法规层次不高，特别是不能设定处罚权，缺乏对违规行为的有效制约。

(3)因此国家有关部门应加快社会保障基金运营的法律法规建设，要在法律层次上确定社会保障基金的合法地位，确立其资金来源、投资原则、运用原则。要通过相关规定明确社会保障基金的投资对象，确立合规资产的概念和原则，用以指导全国社会保障基金在内的全国社会保障基金的投资。

相关政策

(1)《社会保险基金行政监督办法》(劳动和社会保障部令第12号)第六条规定：监督机构及其监督人员在履行职责时,享有下列权利：

①要求被监督单位提供或报送社会保险基金预算或财务收支计划、预算执行情况、决算、财务报告以及其他与社会保险基金管理有关的资料；

②查阅被监督单位与社会保险基金有关的会计凭证、会计账薄、会计报表以及其他与社会保险基金管理有关的资料；

③就监督事项向有关单位和个人进行调查,并取得有关证明材料；

④对被监督单位隐匿、伪造、变造会计凭证、会计账簿、会计报表以及其他与社会保险基金管理有关的资料的行为予以纠正或制止；

⑤对被监督单位转移、隐匿社会保险基金资产的行为予以纠正或制止；

⑥对被监督单位违反社会保险基金管理法律、法规的其他行为予以纠正或制止。

(2)《关于加强社会保障基金监督管理工作的通知》(劳社部发〔2002〕12号)第一条规定:充分认识加强社会保障基金监督管理的重要意义。

建立健全社会保障体系,是发展社会主义市场经济、保护广大社会保障对象合法权益、维护社会稳定的需要。加强社会保障基金监督管理,确保基金安全完整,是社会保障体系正常运行的前提条件。党中央、国务院高度重视社会保障基金监督管理工作,要求建立健全监督管理机制,推动社会保障基金征缴、支付和管理的规范化、制度化,保证社会保障基金专款专用,严禁挤占挪用。

随着社会保障制度改革的不断深化,社会保障基金的规模逐步扩大。由于各地社会保障制度改革进展情况不同,有关法规政策不够完善,社会保障基金监督管理制度还不健全,存在违纪违规等问题。各级政府和有关部门要高度重视,充分认识加强社会保障基金监督管理、确保基金安全完整和保值增值的重要性、紧迫性,进一步完善社会保障基金的管理规章制度,规范管理运作行为,加大监督检查力度,严厉查处挤占挪用或其他违规动用社会保障基金的行为,共同做好基金监督管理工作,切实防范和化解基金管理风险,保障基金的安全与完整。各地要加强社会保障基金监督机构和队伍建设,选配必要的财会、金融、法律等专业人员,充实社会保障基金监督队伍。

5

养老保险

学习目标

养老保险是社会保障制度的重要组成部分，也是世界各国普遍实行的一种社会保障制度。通过本章学习，要求掌握养老保险的含义、特点、原则及内容，了解国外养老保险的历史与改革以及中国养老保险的制度建设。熟悉养老保险的相关政策和法规，认识中国城乡基本养老保险面临的现实问题。熟悉中国基本养老保险实务。

5.1 养老保险概述

现代社会保障以社会保险为主体，而社会保险又以养老保险为核心，养老保险是社会保险中最庞大的组成部分，是社会保险的主体。世界各国都把建立和完善养老保险放在首要的位置，十分重视养老保险制度的建立与完善。我国是世界上人口最多的发展中国家，如何建立一个完善的养老保险体系，是中国社会保障制度建设中最重要的内容，也是中国能否顺利完成现代化社会转型的关键。

5.1.1 养老保险的含义

养老保险(Endowment Insurance)也称年金制度，是国家和社会根据一定的法律和法规，为劳动者在达到国家规定的解除劳动义务的劳动年龄界限，或因年老丧失劳动能力退出劳动岗位后，解决其基本生活而建立的一种社会保险制度。这一概念主要包含以下几层含义。

(1)养老保险是国家通过法律和法规强制执行的制度。

(2)养老保险是在法定范围内的老年人完全或基本退出社会劳动生活后才发生作用的。这里所说的“完全”,是以劳动者与生产资料的脱离为特征的,所谓“基本”,指的是参加生产活动已不成为主要社会生活内容。需强调说明的是,法定的年龄界限(各国有不同的标准)才是切实可行的衡量标准。

(3)养老保险的目的是为保障老年人的基本生活需求,为其提供稳定可靠的生活来源。

(4)养老保险经办机构或者指定的其他单位(如企业)是实行养老保险制度的主体。

5.1.2 养老保险的特点

与其他社会保险项目相比,养老保险一般具有下列特点。

(1)普遍性。在劳动者的各种风险中,工伤、失业、疾病和生育等风险对于每个个体而言都属于偶然性风险,而因年老丧失劳动能力,从而丧失劳动收入,却是每个劳动者都不能回避的风险。同时,要保证每个劳动者晚年的基本生活,必须实行社会化的养老保险,必须尽可能多地将劳动者纳入社会养老范围,这是各国养老保险制度发展的共同经验,有一些国家甚至将养老保险扩展到全体社会成员。

(2)多渠道筹资。养老保险费用的来源,一般由国家、单位和个人三方或单位和个人双方共同负担,实现广泛的社会互济。

(3)长期性。通常,劳动者都是在年轻时参加养老保险,达到退休年龄办理退休手续后领取养老金,直到死亡时终止。有时因养老保险惠及劳动者需要扶养的家属,领取养老金的期限更长。这样,养老保险的缴费时间长达数十年,领取养老金的时间也长达十多年到数十年。

(4)基金管理压力大。由于养老保险费的缴付及养老保险金的给付时间比较长,而且基金规模庞大,养老保险金的给付水平又要考虑到物价上涨因素和社会平均的收入水平,给付额的计算须考虑到物价指数的变动和工资率的变动,基金管理的压力是其他社会保险项目无法相比的。

5.1.3 养老保险的原则

由于政治、经济和文化背景不同,世界各国养老保险制度的类型也存在较大的差异,但是设立养老保险制度所遵循的原则大体上是一致的。主要原则有以下几方面。

1. 保障基本生活

基本养老保险的目的是对劳动者退出劳动领域后的基本生活予以保障。这一原则更多地强调社会公平,有利于低收入阶层。一般而言,低收入人群基本养老金替代率(指养老金相当于在职时工资收入的比例)较高,而高收入人群的替代率则相对较低。劳动者还可以通过参加补充养老保险(企业年金)和个人储蓄性养老保险,获得更高的养老金收入。

2. 权利与义务相对应

目前大多数国家在基本养老保险制度中都实行权利与义务相对应的原则,即要求参保人员只有履行规定的义务，才能享受规定的养老保险待遇。这些义务主要包括：依法参加基本养老保险；依法缴纳基本养老保险费并达到规定的最低缴费年限。基本养老保险待遇以养老保险缴费为条件，并与缴费的时间长短和数额多少直接相关。

3. 分享社会经济发展的成果

在社会消费水平普遍提高的情况下，退休人员的实际生活水平有可能相对下降。因此，有必要建立基本养老金调整机制，使退休人员的收入水平随着社会经济的发展和职工工资水平的提高而不断提高，以分享社会经济发展的成果。

5.1.4 养老保险的内容

养老保险的内容主要由以下几部分组成，即养老保险覆盖范围、基金来源与筹资方式、给付条件、待遇水平、基金运营与管理机构。

1. 养老保险覆盖范围

养老保险的覆盖范围是指法定的适用对象和适用人群，各国因其人口类型、人口政策、职业结构和历史文化传统的不同，其养老保险的覆盖范围也各不相同。养老保险的覆盖范围从公务员、雇员、个体劳动者到合法居民，有些国家还为特殊行业建立了专门的养老保险制度，如矿工、海员等。英国的养老保险覆盖范围是本国所有居民；德国的养老保险覆盖范围主要是工薪劳动者和独立劳动者；我国现行基本养老保险制度覆盖范围为城镇所有企业及其职工、企业化管理的事业单位及其职工、城镇个体工商户及其雇工、城镇自由职业人员。

2. 基金来源与筹集方式

养老保险基金是养老保险制度生存和发展的基础，由于各国在经济发展水平、财政状况以及养老保险责任承担等方面存在的差异，养老保险基金来源与筹资方式也各不相同。养老保险基金的来源主要有：①国家税收或者专项税；②雇主和雇员的强制性缴费；③投资收益；④其他资金来源（如行政罚款或者从其他社会保障制度中转移来的资金）。养老保险制度以缴费为主要的基金来源，完全使用强制性缴费或者国家税收的方式来保证制度资金的并不多见，大多数国家混合使用税和费的筹资手段来实现基金筹集的目的。

比较常见的基金筹集方式为现收现付式、完全积累式和部分积累式。

3. 养老保险金的给付条件

各国养老保险的类型不同，其养老保险金的给付条件也不相同。世界上绝大多数国家的养老保险给付条件都是复合型的，即必须同时符合两个或两个以上的资格条件。这些条件主要包括国家法定的退休年龄、缴纳的保险费年限和受保职业规定的工龄等。我国的基本养老保险金给付对于受益者的法定退休年龄、所在单位和个人依法参加基本养老保险并履行缴费义务情况以及个人累计缴费时间等做出了明确规定。在瑞典等福利国家，给付养老保险金的条件一般以在该地区住满一定年限为条件。

4. 养老保险待遇水平

综合考虑各方面影响因素,在确定五个"基础率",即预定死亡率(通过编制专用人口生命表测出)、预定退休率(由职工队伍的年龄结构和退休年龄标准决定)、预定新增就业率(由劳动力资源和就业需求决定)、预定工资率(由工资变化的趋势决定)、预定利率之后,根据收支平衡的原则可以将养老金定量化。养老金替代率基本可以反映养老保险的待遇水平。替代率是指养老保险待遇相当于原工资收入水平的比例,用百分比表示。一般来讲,替代率越高,表明退休前后收入差距越小,养老保险的待遇水平越高;替代率越低,表明退休前后的收入差距越大,养老保险的待遇水平越低。

5. 养老保险基金运营

养老保险基金投资运营是指对于养老保险收支运行中暂时结余和积累下来的基金,通过投资运营达到保值增值的目的,以应付人口老龄化带来的养老保险支出增加的要求。国外养老保险基金投资是通过多种途径来组织运营的,没有固定的模式。如美国是通过建立信托基金,购买特种国债组织运营的;智利则是通过私立的基金管理公司组织运营;新加坡则是通过公积金局组织投资运营的。

6. 养老保险管理机构

养老保险管理是一项比较复杂的社会工程,涉及经济、法律、社会道德等各个领域。大多数国家的养老保险管理机构,是由各种不同的半自治性机构或基金会组织负责。这些机构和组织通常由政府某个部所属的司、局管理,但在其他方面有很大的自主权。管理机构通常由受保人、雇主和政府三方代表组成的理事会领导。但在有些国家,这种理事会仅由受保人及雇主双方的代表,或由受保人和政府双方的代表组成。凡是按照职业分类或人员分类(如工薪雇员、独立劳动者)组织保险事业的国家,通常是每类保险工作各有其单位负责管理基金会的机构。少数国家的年金业务,由政府的一个部或一个司、局直接管理。

5.2 国外养老保险

5.2.1 国外养老保险的历史与改革

1. 国外养老保险的历史

在人类的历史长河中,真正社会化意义上的养老保险制度建立的时间并不长,到目前经过了100多年的时间。早在1669年,法国政府的法律就规定,给不能从事工作的老年海员发养老金。尽管这一制度仅仅适用于海员,但毕竟是开了历史的先河。

19世纪下半叶,德国俾斯麦政府推出了第一批近代社会保险法案。1888年11月,继《工伤社会保险法》和《疾病社会保险法》之后,德国政府提出了老年和残疾社会保险法草案,交付国会讨论通过。这项草案规定:对工人和普通官员一律实行老年和残疾社会保险;保险资金由国家、企业主和工人三方负担,企业主和工人各缴保险费的一半,国家提供一定的补贴;退休者的退休金收入,根据其在职时的工资收入等级而定;凡是年满71岁、缴纳保险费在30年以上者,就有资格享受退休养老的社会保险待遇。

继德国之后,西欧和北欧资本主义国家也先后建立了养老保险制度。例如,丹麦1891年建立养老保险,挪威1894年建立养老保险,奥地利1906年建立养老保险,英国1908年建立养老保险,美国也于20世纪30年代建立了全国性的养老保险制度。

在工业化初期,应该说养老保险纯粹是社会化大生产的产物。资本主义社会化大生产使劳动者离开了原来赖以生存的土地,向工厂集中的城市迁移,他们自己也转化成为自由流动的商品。与此同时,家庭经济被瓦解和削弱了,家庭对其成员经济保障的功能也在不断消失。在工业生产中因年老而退出劳动领域或发生其他问题的劳动者,则必须由社会或政府安置在社会保障的安全网之中。建立这种社会保障制度的初衷,就是消除劳动者对晚年生活的后顾之忧,保证经济的快速稳定发展。因而,社会保障制度成为"安全阀"或"减震器"。从劳动者方面说,有了养老保障制度,就意味着可以通过自己的努力,使晚年获得一个比较安全、生活上基本有保障的归宿,在劳动期间就服用了一颗"定心丸",用当时德国俾斯麦首相的话来说:一个想获得养老金的劳动者是再好统治不过的。一句话道破了养老保险的政治作用。

随着工业化和现代化的发展,当今全世界大多数国家都已实行了养老保险制度。据联合国的统计资料表明,1940年全世界只有57个国家和地区实行了养老保险制度,而到了20世纪80年代初期,世界上实行养老保险的国家达到127个,并以较快的速度发展,1987年有142个国家建立起包括养老内容的社会保障,至1995年,已经有165个国家建立起了养老保险制度。

2. 国外养老保险的改革

在第二次世界大战结束后的三四十年里,以现收现付为主体的各国养老保险制度逐渐暴露出一些问题。这些问题包括:国家财政不堪重负,出现了因老龄化而产生的支付危机,实际退休年龄不增反减,享受待遇的条件过于宽松等。到了20世纪80~90年代,这些问题越来越突出,并由此引发全球性的养老保险制度改革。

(1)改革缴费和给付制度,增收节支。养老保险支出迅猛增长,入不敷出,是改革面临的首要问题,解决办法是增收节支。

节支措施主要有:①提高领取养老金的年龄。例如,法国将可以享受养老金的缴费年限从37.5年提高到40年;意大利从1994年到2000年将男女的退休年龄分别提高5年,即男65岁,女60岁;葡萄牙将女性养老金的支付年龄逐步从62岁提高到65岁,与男性持平。②改革养老金计发办法,降低支付水平。例如,法国将计发基数从过去按收入最高的10年改为按退休前25年的平均收入计算,降低了支付水平。葡萄牙将计发基数从按退休前10年中最高5年改为按退休前15年中最高10年的收入平均值的办法。③改革养老金调整方法。过去往往是根据工资和其他经济因素的变化进行调整,现在则只随消费价格指数进行调整,也就是说,只保证养老金不贬值。

(2)改革制度结构和管理。在发达国家,养老保险制度变革的一个重要方面是从政府负担养老保险转向个人储蓄式的个人账户,而个人账户多由私营机构经营。虽然不同国家在这方面的步伐快慢不一,但变革趋势十分明显。例如,意大利通过优惠政策,使私营养老金得到很大发展,政策规定雇员年收入的2%和自雇用者收入的6%可以免税缴纳私人年金;法国则通过降低基本养老金和补充养老金的水平,为私人养老金的发展开辟了道路。

在鼓励私营机构进入养老保险领域的同时,政府的监控也在加强。例如,在澳大利亚,有五个以上参加者的养老基金必须由雇主和雇员共同组成的委员会进行管理;美国、德国、爱尔兰等国纷纷立法监督私营机构以保证基金的安全偿付。

养老保险制度变革的另一方面,是从待遇确定制向缴纳确定制转变。待遇确定制的风险主要是由承保人(雇主或政府)承担的,它相当于对未来的一种承诺,如果到雇员退休时出现支付困难,承保人必须想办法筹集资金以支付退休者。当然,如果企业的补充养老保险是待遇确定制的,雇员实际上也承担着相当大的风险,因为如果企业破产,其补充养老保险很可能落空。而缴纳确定制的风险主要是由雇员承担的,其风险来自两个方面:一是其在职期间所缴纳费用的多少,会对其退休后的待遇产生直接影响,如果在职期间工资报酬波动较大,特别是低工资报酬的时期较长,缴纳的费用就很可能无法保证其退休后的生活;二是基金的保值增值问题。如果基金出现贬值,对退休者的生活也会产生影响。发达国家变革的趋势是,除加强私营部门在养老保险领域的作用之外,缴纳确定制在逐步发展。在美国,由于给予税收优惠的储蓄型保险计划("401K"计划)的实施,缴纳确定制得到了很大发展。

(3)应付就业模式变革带来的挑战。面对非全时就业和各种灵活就业模式的兴起,传统的养老保险管理体制必须做出相应的改革。各发达国家纷纷将临时就业、非全时就业、岗位分享等劳动者纳入养老保险体系之中,使他们享有与其他就业者一样的权利。例如,荷兰在1995年成立了一个最大的养老基金会,向临时雇员提供养老金;德国1993年通过立法,规定不得将临时雇员排除在职业养老金之外。在这里,养老金特别是企业补充养老金的转移是一个很困难的问题。也就是说,当员工从一个企业流动到另一个企业时,原企业承诺的养老金是取消还是继续。企业往往认为,它之所以制定补充养老计划,就是为了吸引和留住员工,如果养老金可转移,企业就没有动力建立补充保险。而员工认为,企业补充保险是其劳动报酬的组成部分,不能因为其职业流动而遭受损失。为了解决这一矛盾,政府过去往往规定员工可以取得补充保险的资格,例如,在提供补充保险的企业工作五年以上就可以在离开企业时保留所得到的权益等。近年来的趋势是减少或取消了这种限制。如瑞士过去禁止养老基金的转移,从1995年开始允许自由转移。

5.2.2 国外养老保险模式比较及借鉴

在现代社会中,各国所实行的养老保险制度主要可分为以下三种不同模式。

1. 投保资助型

这是世界上大多数国家实行的养老保险模式。投保资助型养老保险是社会共担、社会共享的一种养老保险体制。该模式主要是通过立法强制雇主和雇员参保，保险费由雇主和雇员负担。在筹资方式上实行现收现付，以支定收，事先确定养老金的工资替代率，然后再以支出确定缴费率。它强调企业和个人缴费，国家财政予以适当支持，即个人和企业投保，国家资助。以美国为例，养老保险费的收费率根据对人口老龄化的预测和养老退休费的支出需要，按照“财务自理，收支平衡”的原则不断调整，由社会保障署提出计划，报国会批准执行。在美国，雇员和雇主各按一定的比例，根据雇员的工资缴纳社会保险金。美国政府规定：劳动者年满 65 岁，且缴满 10 年养老保险费，退休后即可按月领取养老金。

2. 福利国家型

福利国家型养老保险模式是指在实行与职业相关联的养老金的同时，还实行普遍养老金计划，从而达到高水平保障的一种养老保险体制。它的思想来源于英国《贝弗里奇报告》提出的全民保障方案。福利国家型养老保险模式的特点主要有两个。一是制度的覆盖范围广泛。福利国家型养老保险模式覆盖全体社会成员，包括在本国侨居一定年限的外国居民。在瑞典，基本养老金是一种人人都能享受的公民年金，凡在瑞典居住的瑞典公民，不论其参加工作与否、贡献大小以及因何种原因退休，均可享受。二是养老金的来源主要靠国家补贴，国家将税收收入通过转移支付的方式向普遍养老金供款。在瑞典，养老金主要有基本养老金、补充养老金和部分养老金三种。养老金的目标替代率为 60%；其中，基本养老保险替代率和补充养老保险替代率各占一半。无论是基本退休金还是补充退休金，主要来源都是按月从职工工资中扣除的保障税，企业主承担基本退休金的保障税，政府提供补贴，个人无需缴纳。

3. 强制储蓄型

这种模式的特点是保险金来源于企业和个人的缴费，国家不进行投保资助，仅仅给予一定的政策优惠。新加坡的基本做法是中央政府制定、颁布《中央公积金法》，强制所有雇主、雇员依法按照收入的一定比例向中央公积金局缴纳公积金；政府成立权威机构——中央公积金局，负责养老保险的政策制定和实施。作为社会保险机构的中央公积金局，负责制定总投保费率、投保比例，规定雇员投保年限和退休年龄等。相比较而言，智利推出的是一种纯个人养老账户制，由投保者个人投保，并逐渐积累，以供自己晚年的养老，雇主不作投保人，国家也不直接资助。它与新加坡中央公积金制度的最大不同之处在于，它是以若干私人养老基金公司管理养老保险基金为主而构成的。基金公司有权通过参保人缴纳佣金得到补偿，每个基金公司都可以自由设定这样的佣金，但是，对于同一个基金公司来说，所有参保人的佣金数量都是相同的。

从各国养老保险制度的规定和实行情况看，有许多共同的特点，对我国养老保险制度改革有借鉴意义。

(1)养老保险基金来源的多渠道。一般来说，各国养老保险基金都有三个方面的来源:雇员按其工资总额的百分比缴纳保险费(税);雇主按工资总额的百分比缴纳保险费;政府负担一部分养老保险费。目前,由雇员、雇主和政府三方提供养老保险基金的国家约占半数。

(2)筹资模式由原来的现收现付制逐渐变为部分积累制,一些国家已经形成了以个人积累制为主的筹资模式。这种模式将个人的储蓄与将来的支付紧密联系了起来,使养老保险制度变成激励劳动者生产积极性的手段,变成促进生产力发展和经济持续增长的制度。

(3)形成了多层次的养老保险制度。一般有三个层面的养老保险:一是法定的基本养老保险,由政府举办,通过立法强制实行,实行高度统一的管理,待遇标准基本上定为保障退休者的基本生活;二是企业的补充养老保险,由各企业自愿建立,政府给予一定的优惠;三是个人储蓄养老保险,由国家统一筹划并制定出一定的鼓励和优惠政策,如较高的储蓄利率和免征个人所得税。多层面的养老保险体系构成了完整和完全的养老保险网络。

(4)政府逐渐退出养老保险的实施工作。政府的功能主要为制定养老保险政策和计划,以行政、法规和经济的手段宏观调控养老保险的运作,监督养老保险的实施。社会保障基金的运作和管理由管理机构和相关的金融机构进行市场运作,保证基金的保值增值。

5.3 中国的养老保险

5.3.1 中国的城镇养老保险制度

城镇养老保险制度包括:城镇企业职工的养老保险制度以及国家机关和事业单位职工的养老保险制度两个方面。

1.城镇企业职工的养老保险制度

(1)基本养老保险制度的演变。城镇企业职工的基本养老保险制度是中国养老保险制度的主体。伴随国家政治和社会经济的发展,它处于不断的演变过程之中。

1951年2月,政务院颁布适用于企业职工的《中华人民共和国劳动保险条例》(以下简称《劳动保险条例》),规定了职工退休的年龄、工龄条件、养老待遇及其他问题。基本养老保险制度建立初期,只适用于百人以上的国营企业、公私合营和私营的工厂、矿场及其附属单位。对于暂不实行《劳动保险条例》的单位,职工的保险待遇可以通过签订集体劳动合同解决。1953年,政务院公布修改后的《劳动保险条例》,将养老保险的实施范围扩大到工厂、矿场及交通事业的基本建设单位和国营建筑公司,退休金待遇有所调整,但是变化不大。1958年4月,国务院发布《关于工人、职员退休处理暂行规定》,适当地放宽了退休条件、退职条件、调整了养老金待遇,解决了企业事业单位、国家机关政策不一致的矛盾。这一制度一直延续到“文化大革命”以前。

“文化大革命”期间，中华全国总工会、劳动部都被撤销，养老保险一度处于无人管理的状态，全国几百万老、弱、病、残职工办不了退休手续，养老保险制度的工作被迫中断。针对养老保险混乱、无人管理、政令不通的状态，财政部于1969年2月发布了《关于国营企业财务工作中几项制度的改革意见（草案）》，规定国营企业一律停止提取劳动保险金，企业退休职工、长期病号工资和其他劳保开支在营业外收入列支，养老保险业务由各级劳动部门管理。至此，养老保险失去了社会统筹的调剂功能，变成了企业养老保险，导致企业间养老保险负担的不平衡。

20世纪80年代初，国家为了解决失业问题，放宽了退休条件，许多没有达到退休年龄的职工提前退休，造成了退休职工人数和退休费开支的急剧膨胀。1982年全国退休职工达到1 113万人，退休费开支达到73.1亿元。随着物价的上涨，退休金标准过低，大批到龄职工不愿退出工作岗位，国家不得不采取补助办法，提高退休待遇。1983年，针对城镇集体企业保障功能弱的问题，国务院在《关于城镇集体所有制经济若干问题的暂行规定》中提出，集体企业要根据自身经济条件提取一定数额的养老保险金，逐步建立养老保险制度，解决职工年老退休、丧失劳动能力的生活问题。

1984年，我国开始实行养老金的社会统筹，以改变企业负担标准不统一的问题。1986年，国务院在《中国国民经济与社会发展第七个五年计划》中提出，要有步骤地建立具有中国特色的社会保障制度。从1986年开始，国家多次颁布新的法规，并在许多城市进行了养老保险模式的改革实验。在各地改革实验的基础上，1991年6月26日，国务院发布了《关于企业职工养老保险制度改革的决定》，提出建立多层次的养老保险体系，即国家强制性基本养老保险、企业补充养老保险和个人储蓄式养老保险相结合的保障体系；并规定基本养老保险实行社会统筹，费用由国家、企业和职工三方负担。改革初期，规定养老保险的个人缴费不超过职工工资的3%，以后逐年增加，直至职工工资的8%。1993年11月，国务院发布的《关于建立社会主义市场经济体制若干问题的决定》又提出，“城镇职工养老和医疗保险由单位和个人共同负担，实行社会统筹和个人账户相结合的制度”，首次明确了“个人账户”的概念。

1995年3月1日，国务院发布《关于深化企业职工养老保险制度改革的通知》，明确了建立新的养老保险制度的基本框架，主张实行社会统筹和个人账户相结合的基本保险制度，并补充以企业保险、个人储蓄，形成多层次的养老保险体系，从此，我国养老保险制度进入了现收现付制与部分积累制相结合的改革阶段。1997年7月16日，国务院正式发布了《关于建立统一的企业职工基本养老保险制度的决定》，由此，全国大部分省市普遍建立了个人缴费和社会统筹相结合的养老保险制度，规定企业缴纳基本养老保险的费用不得超过工资总额的20%，个人缴纳工资总额的8%。考虑到新旧制度的衔接问题，国家采取了部分积累制养老保险资金运行模式，实行“小账户大统筹”的资金运行方式。

1998年我国成立了劳动和社会保障部，明确了劳动和社会保障部是社会保险制度的统一管理机构。1999年1月14日，国务院发布259号令，颁布了《社会保险费征缴暂行条例》,强化了养老保险费用的征缴工作。2000 年 12 月,国务院发布《关于印发完善城镇社会保障体系试点方案的通知》,决定对基本养老保险的社会统筹基金与个人账户基金进行分账管理,做实个人账户,并于 2001 年 7 月 1 日将这一方案在辽宁进行试点,而后又扩展到整个东北地区。在东北试点的基础上,国务院于 2005 年 12 月发布了《关于完善企业职工基本养老保险制度的决定》,在确保基本养老金按时足额发放、扩大基本养老保险覆盖范围、逐步做实个人账户、加强基本养老保险基金征缴与监管、改革基本养老金计发办法等方面做出了新的尝试,并由国务院批复,于 2006 年开始在上海、天津、山东、河南、山西、湖北、湖南、新疆 8 个省、直辖市、自治区试点实施,逐步在全国开展做实个人养老保险账户的工作。

(2)现行基本养老保险制度的内容。目前中国实行的城镇企业职工基本养老保险制度框架基本上是根据 1997 年国务院颁布的《关于建立统一的企业职工基本养老保险制度的决定》和 1999 年发布的《社会保险费征缴暂行条例》构建起来的,其基本内容包括六方面。

①覆盖范围。我国现行基本养老保险制度覆盖范围为城镇所有企业及其职工、企业化管理的事业单位及其职工、城镇个体工商户及其雇工、城镇自由职业人员。

②基金来源。企业职工基本养老保险费由国家、单位、个人三方共同负担。国家通过税收、财政转移支付、财政支出结构调整等途径,承担企业职工部分基本养老保险费用。用人单位依法缴纳基本养老保险费,缴费比例一般不得超过本企业职工工资总额的 20%。职工个人从 1997 年起按本人工资收入的 4% 缴纳基本养老保险费,并逐步提高到 8%。城镇个体工商户本人、私营企业主、自由职业者等非工薪收入者,可以按照当地职工平均工资作为缴费基数,并由个人按照规定的费率向所在地区的社会保险机构缴费。

③个人账户管理。社会保险经办机构为每一个参加基本养老保险的职工建立个人账户,职工个人账户规模为本人缴费工资的 11%,其中,个人缴费部分全部记入个人账户,不足 11% 的部分从企业缴费中划入,企业的其余缴费进入统筹基金。统筹基金和个人账户基金分别管理,互不挤占、挪用。职工个人账户储存额属于职工个人所有,用于职工养老。职工跨统筹范围流动时,个人账户随同转移。职工死亡,个人账户储存额可以继承。不过,2000 年 12 月发布的《关于印发完善城镇社会保障体系试点方案的通知》和 2005 年 12 月发布的《关于完善企业职工基本养老保险制度的决定》规定,企业缴费全部被纳入到社会统筹基金中,个人缴费进入个人账户,个人账户规模由 11% 缩减为 8%。

④领取条件。领取条件有 3 个:本人达到法定退休年龄并办理了退休手续;所在单位和个人依法参加基本养老保险并履行缴费义务;个人累计缴费时间满 15 年。法定退休年龄的依据是《国务院关于安置老弱病残干部的暂行办法》和《国务院关于工人退休、退职的暂行办法》(国发[1978]104 号)。《国务院关于工人退休、退职的暂行办法》规定的法定退休年龄:男年满 60 周岁、女干部年满 55 周岁、女工人年满 50

周岁;从事特殊工种工作满规定年限的,男年满55周岁、女年满45周岁;因病或非因工致残完全丧失劳动能力的,男年满50周岁、女年满45周岁;因工作遭受事故伤害或患职业病,由医院证明,并经劳动能力鉴定委员会确认完全丧失劳动能力的,没有年龄的限制。

⑤养老金计发办法。凡按照规定缴费且缴费年限满15年的,退休人员每月基本养老金由基础养老金和个人账户养老金两部分组成:基础养老金为本人退休时上一年当地职工月平均工资的20%;个人账户养老金为本人个人账户累计储存额的1/120。统一制度以前参加工作的职工在统一制度后退休的,在上述两项养老金的基础上,再发给过渡性养老金。统一制度前已经离退休的,仍按国家原政策规定发给基本养老金。离退休人员按国家统一政策规定享受基本养老金调整。达到退休年龄但缴费年限不足15年者,不发给基础养老金,退休后其个人账户储存额一次性支付给本人。不过,在2005年12月发布的《关于完善企业职工基本养老保险制度的决定》中规定,试点地区将以参保缴费年限为基础,对养老保险金的计发基数、计发比例和计发月数进行调整,形成了"多工作、多缴费、多得养老金"的激励约束机制。

⑥养老金发放调整机制。退休人员的养老保险金通过劳动和社会保障部委托的各大银行等金融机构的服务网点直接向享受养老保险待遇的企业退休人员发放,实现养老金的社会化发放。同时,根据职工工资和物价变动等情况,适时调整企业退休人员基本养老金水平,以保障退休人员的基本生活。

(3)企业年金制度的建立。企业年金,即企业补充养老保险,指企业及其职工在依法参加基本养老保险的基础上,自愿参加的补充养老保险,是现代多层次养老保险体系的重要组成部分。我国在不断完善基本养老保险制度的基础上,参照其他国家实行的多层次的老年经济保障制度,把建立企业年金制度,作为解决国家财政负担过重和应对人口老龄化的对策。

20世纪80年代后期,我国部分省市和行业统筹部门开始建立企业补充养老保险制度。1991年,《国务院关于企业职工养老保险制度改革的决定》(国发[1991]33号)中首次提出:"国家提倡、鼓励企业实行补充养老保险,并在政策上给予指导。"这标志着作为我国养老保障体系的"第二支柱"的企业年金制度正式启动。1994年颁布的《中华人民共和国劳动法》为建立企业年金制度提供了法律依据。1995年,《国务院关于深化企业职工养老保险制度改革的通知》(国发[1995]6号)中再次明确:"鼓励建立企业补充养老保险"制度。1995年12月,劳动保障部《关于建立企业补充养老保险制度的意见》(劳部发[1995]464号)中提出了中国发展企业补充养老保险制度的基本框架,对企业补充养老保险的实施条件、决策程序、资金来源、计发办法以及经办机构等具体政策做出了规范,并明确提出我国补充养老保险采用缴费确定型模式。1997年,《国务院关于建立统一的企业职工基本养老保险制度的决定》(国发[1997]26号)中明确了企业补充养老保险和基本养老保险的关系以及发挥商业保险在社会保障体系中的补充作用。

为和世界接轨,2000年,国务院在《关于完善城镇社会保障体系试点方案》(国发[2000]42号)中将企业补充养老保险更名为企业年金,明确了企业缴费在工资总额4%以内的部分可以从成本中列支,企业年金基金实行市场化管理和运营的原则,并确定辽宁为试点省份(深圳、上海、淄博等城市也陆续推出了对企业年金的税收优惠政策)。

2003年底,劳动保障部发布《企业年金试行办法》,规定企业年金基金实行完全积累,采用个人账户方式进行管理。企业年金受托人应选择具有资格的商业银行或专业托管机构作为企业年金基金托管人,按照国家规定投资运营企业年金基金。2004年4月,劳动保障部、银监会、证监会和保监会四部门联合发布《企业年金基金管理试行办法》对企业年金基金的受托管理、账户管理、托管以及投资管理进行了规范,该办法自5月1日起和《企业年金试行办法》同时施行。两个办法的出台初步确立了信托型企业年金制度的基本框架,明确了企业年金市场化运作的大方向和规则。2004年8月,劳动保障部发布了《企业年金管理指引》,对各类金融机构从事年金业务操作的全流程和全方位的规范,勾勒出了中国企业年金的制度特点和运作方式。2004年11月,劳动保障部和证监会联合发布《关于企业年金基金证券投资有关问题的通知》(劳社部发[2004]25号)和《企业年金基金证券投资登记结算业务指南》,首次对企业年金基金证券投资的开户、清算模式、备付金账户管理等有关问题进行了具体规定,为企业年金入市奠定了重要的制度基础。2005年,劳动保障部相继出台了《企业年金管理运营机构资格认定暂行办法》、《企业年金账户管理信息系统试行标准》等文件,从而形成以开户流程、运作流程、受托人规定等细则为补充的企业年金整体运作框架。

在上述政策法规的引导和约束下,我国的企业年金制度获得了一定程度的发展。从发展规模来看,到2005年年底,我国企业年金规模达到680亿元。2006年上半年,全国又新增年金计划260个,年金积累基金增加110多亿元,显示出企业年金良好的发展势头。据保监会预测,到2010年,我国企业年金规模将达到10 000亿元。世界银行预测,至2030年,中国企业年金规模将高达1.8万亿美元,约15万亿元人民币,成为世界第三大企业年金市场。从覆盖范围来看,截至2005年年底,全国建立企业年金的企业达到2.4万个,参加职工924万人。从替代率来看,我国企业年金的替代率约为5%,随着我国养老保险体系的不断完善,企业年金的替代率将会逐步提高。从发展结构来看,企业年金在经济效益好的行业尤其是几大垄断行业发展较快。2004年,企业年金基金积累超亿元的行业全部集中在电力、石化、石油和电信等行业。企业年金的推广在沿海和发达省份要快于内陆落后省份。此外,国有企业建立企业年金的比例明显高于民营企业。

2. 国家机关和事业单位职工养老保险制度

国家机关和事业单位职工的养老保险制度也是建国初期建立起来的。在适用于企业职工的《中华人民共和国劳动保险条例》施行之后,1955年12月国务院以单项法规的形式颁布了适用于事业单位、机关工作人员的《国家机关工作人员退休处理暂行办法》,其养老保险金的支付条件和待遇与企业职工基本相同。

现行的国家机关和事业单位工作人员基本养老保险制度是根据1978年6月国务院发布的《关于安置老弱病残干部的暂行办法》形成的框架体系,实行的是与企业完全不同的养老保险制度。1993年10月,国家机关工资制度改革,改变了退休金计算发放的基础,提高了离退休人员的待遇。

大体上,机关事业单位职工基本养老保险制度具有以下特点:①养老保险费完全由国家或单位负担,个人不缴费;②养老金给付以本人工资为基数,按工龄长短计发。其中国家机关公务员退休后,基础工资和工龄工资全额发给,职务工资和级别工资按比例发给;事业单位工作人员退休后按职务工资和津贴两项之和的一定比例发给。

自从1981年国务院《关于企业职工养老保险制度改革的决定》中明确规定了国家机关、事业单位的基本养老保险制度改革由人事部负责以来,国家人事部初步建立起国家、单位、个人共同负担的基金筹集机制,一定程度上改革了长期以来计划经济体制下机关、事业单位工作人员退休养老依赖国家的现象。不过,国家机关、事业单位基本养老保险制度的改革尚处于试点阶段,大多数地方的试点只是对合同工和自收自支事业单位员工的养老保险工作进行了改革。总体来说,国家机关、事业单位基本养老保险制度改革的进程还远远滞后于企业职工基本养老保险制度改革的进程。

3. 中国城镇基本养老保险制度改革中存在的问题

目前,中国城镇基本养老保险制度改革中存在的问题主要表现在以下几个方面。

(1)个人账户空账运作。所谓“空账”是指名义上个人账户中有积累的养老保险基金存在,但是实际上并没有任何资金。从1997年开始,国家开始进行新的养老保险制度改革,养老保险制度从现收现付制向统账结合的部分基金制转型。由于现收现付制下没有基金的积累,导致“老人”(制度改革前已经退休的人员)无基金积累,“中人”(制度改革前参加工作、改革后退休的人员)基金积累严重不足,为了实现养老保障的承诺,国家不得不动用“新人”(制度改革后参加工作的参保人员)的个人账户基金以满足退休人员养老金的支付需求,于是造成了“新人”的个人账户“空账”运作的问题。据调查显示,2000年我国养老金“空账”达到360多亿元,到了2005年年底,“空账”已经达到8 000亿元,“空账”问题已经成为影响我国养老保险制度存在的一个根本性问题。

(2)覆盖面与增加缴费的矛盾。由于历史欠账的存在和近年来养老保险费征缴率的下降,使得许多地方养老金发放出现了困难,于是这些地方的社保部门便企图以扩大社会养老保险覆盖面的办法增加保费收入,缓解燃眉之急。然而,盲目扩大社会养老保险覆盖面虽然可以暂时解决当前的资金困难,但也会给未来造成更大的支付压力,而且用盲目“扩面”增加保费收入的办法来解决资金困难的地方往往又是政府财力相对薄弱的地方,如果缺乏政府财力的有力支持,将会在以后一段时期危及养老保险体系的安全。

(3)管理体制混乱。养老保险管理体制混乱主要表现在:一方面,养老保险管理体制不统一,我国现行的养老保险管理是按照养老保险的不同对象分部门、分行业进行,既有劳动部门、人事部门、民政部门进行管理,也有各行业参与管理,这使养老保险政出多门、多头管理,政策不协调现象极为严重;另一方面,养老保险机构既是行政管理机构,又是经办机构和监督机构,集三权于一体,也不利于我国养老保险事业的健康发展。

(4)基金保值增值能力低。一方面,现阶段养老保险费几乎都被用于支付当期的退休金,因通货膨胀使养老保险金结余所获取的利息也成为名义资金,养老保险个人账户几乎没有实际资产;另一方面,现行制度要求养老保险金余额除满足两个月的支付费用外,80%左右要用于购买政府债券或存入银行,由于近期银行存款利息率低于通货膨胀率,导致养老保险金的结余在不断地贬值,这势必加重未来时期养老保险金的负担。

5.3.2 中国农村养老保险制度

1. 中国农村由家庭养老向社会养老转轨的迫切性

改革开放以来,农村人民的生活水平有很大提高,农村一系列重大的变迁对传统的家庭养老提出了挑战。

一方面,由于计划生育政策造成的独生子女家庭结构简化、家庭规模缩小。农村户均人口数从20世纪80年代的6人下降到21世纪初的4人。核心家庭增多,家庭代际养老功能弱化。由于生活水平的提高和农村医疗条件的改善,农村居民的平均预期寿命大大延长。2000年我国60岁以上老年人口约有1.3亿,其中70%以上在农村。人口学家预言,农村人口老龄化的发展速度将快于城市,因此未来农村老人完全依赖家庭养老将不太现实。做好计划生育和计划养老这“两头计划”十分重要,只管小的一头而忽视养老这一头只会导致两头工作都落空。

另一方面,原先壁垒森严的“户籍”、“身份”制开始松动,许多农民离开土地进城务工或从事其他非农产业劳动,成为以工薪收入为主要生活来源的新型农民。农村人口大规模的城镇化和非农化,结束了传统的“种田万万年”式的土地保障,但同时也增加了生产和生活风险,需要有新的保障方式来取而代之。对流出农村的劳动力来说,他们自身的养老、医疗、子女教育等要有化解风险的机制和能力;对留在农村的劳动者来说,一般都是年龄偏大、技能单一或没有技能的人,他们的养老保障不可能靠移居城镇的子女,也不可能靠传统的土地保障。

农村家庭养老功能的弱化和农村地区人口结构的老龄化,迫切要求农村家庭养老转向社会养老,而农村经济的发展、农民生活水平的提高,又为顺利推行农村养老保险制度打下了良好的基础。

2. 中国农村基本养老保险制度的建立

中国农村基本养老保险制度的建立过程可以分为以下三个阶段。

(1)试点阶段。1991年1月,国务院决定在全国范围内选择一批有条件的地区作为试点开始着手建立农村基本养老保险制度，首批入选的是山东省牟平等5个县。在一个半月的时间内，这些地区共30个乡镇、281个乡村、38家乡镇企业近8万人参加了养老保险，积累保险金近500万元。为了总结、推广试点经验，同年10月，民政部在山东召开了全国农村养老保险试点工作会议，确定了建立农村养老保险制度的基本原则，并于1992年1月颁布了《县级农村养老保险基本方案》，比较全面地设计了农村养老保险操作规程和各种单证、表卡，提出了个人账户和资金管理的基本要求。至此，农村养老保险工作得到了迅速展开。

(2)发展阶段。1992年12月，民政部在张家港市召开了"全国农村养老保险工作会议"，重点总结率先在全国全面开展农村养老保险的江苏省的经验，要求各级民政部门要把农村养老保险工作作为农村社会保障的重点工程来抓。这次会议标志着我国农村养老保险工作进入了积极引导、全面发展的新阶段。

(3)加强管理阶段。1995年10月，民政部在杭州召开了工作会议，会议在充分肯定前一个阶段工作成绩的同时，也指出部分地区重发展、轻管理的问题，提出"加强管理、稳步发展"的方针。1997年10月，民政部又在烟台召开管理工作现场会，在总结、交流各级管理经验的同时，重点推广烟台的管理经验，并提出要大幅度地提高农村养老保险工作的管理水平。

总之，中国农村经济发展很不平衡，应当根据各地的实际情况，在中国农村建立"完全依靠家庭养老"、"以家庭养老为主，自我保障为辅"、"以家庭养老为基础，社区养老为核心，自我保障为补充"等多种形式的农村社会养老保障体系，并通过子女供养、社会供养、个人缴费投保、集体经济补助或投资、土地使用权租让、社会集资等多种途径来筹集养老资金，最终实现农村养老从传统的家庭自然养老向社会养老保障体系的过渡。

3. 中国农村基本养老保险制度面临的问题

中国农村经济还不发达，从总体上来看农民并不富裕，家庭养老作为成本较低、比较方便的一种养老模式，将会长期在中国农村发挥作用。但是，随着人口结构的变化和家庭结构的变化，家庭养老受到了空前的挑战。发展社区养老，建立农村基本养老保险制度，将是农村养老形势发展的客观需要。但是，目前中国农村实行基本养老保险面临一些实际的困难。

(1)筹资原则问题。农村基本养老保险实行"自我保障为主、集体保障为辅、国家予以政策扶持"的原则。养老保险基金的主要部分来自农民自己。在此基础上，集体可以根据自身经济状况给予适当补助，补助比例不作统一规定。集体经济状况较好的地方或时期，补助标准应相对提高；反之，补助比例可以下调，甚至不设底线。国家政策扶持，主要体现在对乡镇企业给农民参加养老保险的集体补助，都可按工资总额的一定比例提取予以税前列支，保险基金运营工作中免征增值税，具体做法由地方政府根据具体情况而定。这种筹资原则充分考虑到国家财力有限及农村集体经济薄弱的现实，但在实施中却暴露出强制性不足的弱点，尤其是对集体补助比例缺乏具体、详细的规定。有的地方政府为了减少本地企业的经济负担,尽量缩小这一比例,甚至缩至零。随着这一部分补助的减少,国家对农村养老费的"政策扶持"失去了现实作用。农村养老费筹资原则也由所规定的"个人缴费为主"变为实际上的"全部个人缴费"。

(2)缴费方式问题。针对我国农村各地区发展极不平衡的现实实行"多档次"缴费方式。1992 年民政部颁布的《县级农村社会养老保险基本方案》(以下简称《方案》)规定,我国农村养老金每月缴费方式采取多档次的方式,即从 2 元至 20 元,每隔 2 元设一个档次,共设 10 个档次,以供不同经济条件地区的农民投保选择。经济条件较好的地区,缴费起点可以高些;较为贫困的地区,则可以相应低一点。此外,这种缴费方式也适应了农村农民收入受天气影响不稳定的特点。在收成较好时,可以选择较高的缴费档次,一旦遇到天灾人祸,则可以少缴或经批准后暂时停缴,待收入恢复后,给予补缴、续缴等。但是,这种缴费方式在设计时忽略了农村的另一现实,即相当部分农民养老观念落后,把自己未来养老寄予子女后代的大有人在,他们对养老保险制度尚缺乏认同感,存在疑虑心理。因此,在实践中,这一缴费方式产生的结果是大多数农民,即便是具有较高投资能力的,也都倾向于转向低档次的缴费标准。我国农村目前这么低的平均投保水平,根本无法满足农村老年人口的未来养老需要。

(3)筹资模式问题。在筹资模式上,农村基本养老保险实行"完全积累制",也称个人账户储蓄积累制。从 1992 年《方案》颁布起,农村 20—60 岁的居民都有资格参加养老保险。他们按每月、每季或每年缴纳一定的养老费,与集体补助额一起记入农民个人的账户,待其到了 60 岁,便按其积累总额每月领取一定的养老金。在农村实行这一筹资模式是考虑到农村养老保险制度是新近开始的,国家以前对农民没有许诺,所以可以一开始就走上靠自我基金积累的发展道路,国家可免于财政补贴,以收定支,筹资规模和保险金较稳定,不会引起养老金的代际转嫁矛盾,但是存在着基金保值增值的问题。

(4)基金管理层次问题。农村养老保险基金的管理是我国农村养老保险制度建设中的重点。按照保险的原理,投保人数越多,范围越广,保险自身具有的整体抗风险能力越强,管理费用越低。我国现行的办法是在县(市、区)建立养老保险的专业机构,负责收取和发放养老金工作,以县为单位能够实行保险基金的统一核算、统一管理,并接受同级财政、审计部门的监督。这是考虑到目前我国农村情况千差万别,建立统一的收费标准、统一的养老金收发机制尚不可能。但由于基层管理机构不健全,管理手段相对落后,因此在资金的管理和运营中出现了诸多管理不规范的现象。如许多乡、镇、县把相当部分养老保险结余额截留下来,不通过银行委托贷款,而是直接投资于本地区的经济发展,万一投资的企业亏损或破产,就连基金的保值都成问题。

5.4 养老保险实务

5.4.1 城市养老保险实务

1. 国家主管部门及其职责

人力资源和社会保障部养老保险司是主管城镇企业职工和机关、事业单位人员养老保险工作的职能部门。其主要职责是:拟定养老保险的基本政策、改革方案和发展规划并组织实施;拟定基本养老保险费率确定办法和基金征缴政策,审核省级基本养老保险费率;拟定基本养老金领取条件和企业职工退休政策;拟定基本养老保险待遇项目和给付标准;拟定基本养老保险费用社会统筹政策、个人账户管理政策并监督实施;拟定基本养老保险基金管理政策、规则;拟定死亡职工遗属待遇和非因工伤残职工待遇政策和给付标准;拟定补充养老保险规则和政策;拟定养老保险社会化管理服务事业发展规划并组织实施。

2. 主要业务内容

事业性质的社会保险中心养老保险部门具体经办养老保险工作。基本养老保险经办业务划分为社会保险登记、缴费核定、征缴、个人账户管理、待遇审核、待遇支付、财务管理和会计核算、稽核监督管理等主要环节。

(1)社会保险登记包括参保登记、变更登记、注销登记、年检等环节。新参加社会保险、跨统筹范围转入、合并或分立的用人单位(包括个体工商户),应到当地社保机构进行社会保险登记。社保机构登记管理环节予以受理,要求参保单位填报“社会保险登记表”,并提供必要的证件和资料。以个体人员身份参保的人员,应到当地社保机构办理社会保险登记。登记管理环节要求其填报“个人参加社会保险登记(变更)表”,并提供必要的证件和资料。用人单位填报的“社会保险登记表”或个人填报的“个人参加社会保险登记(变更)表”准确无误,相关证件和资料真实齐全的,审核通过。按照统一编码要求,为其确定社会保险登记证编码,建立社会保险登记档案,向用人单位核发“社会保险登记证”,向个人核发“个人参加社会保险登记证”。参保单位有社会保险登记事项之一发生变更时,登记管理环节为其办理社会保险变更登记手续。

参保单位解散、关闭破产、撤消、合并或其他情形依法终止在当地缴纳社会保险费义务时,或在工商行政管理机关办理注销登记或营业执照被工商登记管理机关吊销时,或跨统筹范围转出时,办理注销社会保险登记手续,并对参保缴费、个人账户记录和离退休人员待遇支付等分别进行相关处理,同时报送其他险种的经办机构或部门,结清应缴纳的社会保险费、滞纳金、罚款等。参保个人跨统筹范围转出或调入参保企业以参保职工身份缴费等,需及时办理社会保险登记证注销手续。

登记管理环节每年定期进行社会保险登记证年检,要求参保单位或个人填报“社会保险登记年检表”,并提供必要的证件和资料。

(2)缴费核定包括缴费人员增加核定、缴费人员减少核定、缴费申报核定等环节。用人单位或个人首次参保,参保单位新招或调入职工,参保人员因参军、失业和被判徒刑等原因中断缴费后又续缴的,缴费核定环节应为其办理缴费人员增加手续。审核"基本养老保险缴费人员增减表"和"参加基本养老保险人员情况表"准确无误,核对有关证件资料,确定并记录缴费人员参保时间、实际缴费年限和视同缴费年限、当期缴费工资基数等信息,将有关信息传送至账户管理环节建立或续记个人账户。缴费人员调出、辞职或因退休、死亡、出国(境)定居、农民工回原籍自愿退保等原因终止缴费,因参军、失业和被判徒刑等原因中断缴费,缴费核定环节应及时办理缴费人员减少手续。审核"基本养老保险缴费人员增减表",确认相关资料真实齐全后,通知账户管理、征缴、待遇审核等环节进行相关处理。

对申报缴纳养老保险费的参保单位或个人,应要求其填报"基本养老保险缴费申报表"、"基本养老保险费代扣代缴明细表"。参保个人填报"个人缴纳基本养老保险费申报表"。办理年度内预缴养老保险费的单位或个人,还应填报"基本养老保险费预缴申报表"。办理政策性补收的,应填写"基本养老保险费补收申报表"。审核参保单位或个人填报的申报表,核对有关资料,计算缴费单位及个人缴费基数和应缴数额。对有补收或预缴的,应确定补缴或预缴的时间。核定缴费单位及个人缴费基数和应缴数额,生成"基本养老保险缴费核定表"、"参加基本养老保险人员月应缴费明细表"或"个人缴纳基本养老保险费核定表"以及"基本养老保险费预缴核定明细表"、"基本养老保险费补收核定明细表"。对未按规定申报的缴费单位,暂按其上年(月)缴费数额的110%确定应缴数额;没有上年(月)缴费数额的,根据该单位经营状况、职工人数等有关情况确定应缴数额,生成"基本养老保险费核定表",通知征缴环节和参保单位。参保单位补办申报手续并按核定数额缴纳养老保险费后,由缴费核定和征缴环节按规定结算。缴费核定环节每月定期汇总应参保缴费人数增减变化情况,生成当期应参保人数、应缴费人数、缴费基数台账,送征缴环节和统计部门。

(3)征缴包括当期征缴、补缴欠费、汇总信息、下达年度计划等环节。当期征缴包括复核每月缴费核定环节传送的"基本养老保险缴费核定表",生成"基本养老保险缴费核定汇总表",送财务管理环节,作为财务收款依据。税务征收地区,送税务部门征缴。当期征缴也包括实施收款,编制"基本养老保险费实缴清册",登记征缴台账,生成当期"基本养老保险费欠缴明细表",并将有关信息传送个人账户管理环节和稽核环节。补缴欠费包括每月根据"基本养老保险费欠缴明细表",建立欠费数据信息,填制"基本养老保险费补缴欠费通知单",通知参保单位或个人补缴本年度欠缴的养老保险费。参保单位或个人携"基本养老保险费补缴通知单"办理补缴。对有历史欠费的参保单位,根据"基本养老保险费欠缴明细表"定期调整欠缴数据信息,计算欠费单位应缴利息、滞纳金和罚款,并及时通知参保单位。对长期欠费的参保单位,定期或不定期审核其资产负债表、损益表等,调查欠费单位生产经营情况、工资发放等情况,综合评估欠费单位缴费能力。因筹资困难,无法一次足额缴清欠费的缴费单位,社保机构根据评估情况,与其签订基本养老保险补缴协议。参保单位逾期拒缴或未履行补缴协议的,征缴环节向稽核环节传送欠费信息,由稽核环节进行稽核、催缴。破产企业无法完全清偿的欠费,由企业提出申请报社保机构,由社保机构审核后送劳动保障行政部门、财政部门复核,报当地人民政府批准后核销。征缴环节依据财务环节传来的到账信息和"基本养老保险费补缴通知单",登录征缴台账,调整参保单位或个人欠费信息,按月生成"基本养老保险补缴欠费汇总表"。根据"基本养老保险补缴汇总表"及批准核销欠费信息,冲减"欠缴备查账",通知账户管理环节记录个人账户。

(4)个人账户管理包括建账与记账、转入、转出、中断和恢复、账户一次性支付计算、对账等环节。建账与记账包括,参保人员首次参保缴费时,账户管理环节根据缴费核定环节传送的"基本养老保险缴费人员增减表"和"参加基本养老保险人员情况表"等信息,为每位参保人员建立基本养老保险个人账户;根据财务管理环节确认的到账信息,记载个人账户当期实际记账额;补缴的基本养老保险费,按照时间顺序滚动分配或按省、自治区、直辖市社保机构指定分配方式记账;对按月领取基本养老金的退休人员,根据待遇核定环节核定的个人账户养老金支付额,按月冲减个人账户储存额。转入包括受理、审核、记账,转出包括受理、审核、转出。

中断和恢复包括缴费人员因退休、死亡、出国(境)定居、转出、农民回原籍自愿退保等终止缴费,或因被判徒刑、参军、失业等中断缴费,账户管理环节根据缴费核定环节传来的"基本养老保险缴费人员增减表"等信息,确认个人账户记录,打印"基本养老保险个人账户表"和"基本养老保险关系接续通知单"送缴费核定环节,封存个人账户。账户管理环节每月对上述中断或终止缴费情形,及报告期内连续欠费达一年以上的进行统计清理,并建立专门标识。参保人员缴费中断后又续缴的,根据缴费核定环节提供的缴费人员增加信息,确认原个人账户记载信息,恢复记录个人账户。计息包括年末计息与结转及年内结息。对账包括发放对账单、受理异议和审核。账户一次性支付核定包括计算和传递信息。

(5)待遇审核包括离退休(职)人员养老保险待遇的审核、离退休(职)人员待遇调整审核、一次性待遇审核、其他待遇审核等环节。待遇支付包括离退休人员待遇支付、一次性待遇支付、其他待遇支付和领取养老保险待遇资格认证等环节。

(6)会计核算与财务管理主要包括基金收入核算、基金支出核算、预算、决算等环节。关于基本养老保险基金的具体核算办法和记账方法,《社会保险基金财务制度》、《社会保险基金会计制度》已有明确规定。

(7)稽核监督管理主要包括征缴支付稽核和内部监督等环节。

5.4.2 农村养老保险实务

1. 国家主管部门及其职责

人力资源和社会保障部农村社会保险司是主管农村养老保险工作的职能部门。其主要职责是:拟定农村养老保险的基本政策和发展规划并组织实施;拟定农村养老保险费用筹集办法、待遇项目、给付条件和给付标准；拟定农村养老保险基金管理制度和经办机构的管理规则；拟定农村养老保险社会化管理服务的规划和政策并组织实施。

2. 主要业务内容

事业性质的社会保险中心农村社会保险部门具体经办农村基本养老保险工作。农村基本养老保险工作的主要内容有以下几方面。

(1)对参保人员进行编号。农民参加农村社会养老保险后，保险机构要为每一位参加保险人员建立个人保险档案，并进行编号。而对保险对象个人的保险编号，称之为个人保险编号。缴费单位编号是指对负有收取本单位保险费责任的单位而编的一套代码。其根本意义是起区别保险对象的作用，进行系统化管理。

(2)制作单证。单证是对农村社会养老保险业务流程中所使用的表、单、证、卡、册的总称，不包括财会所使用的账簿、报表、票证等。根据农村社会养老保险的有关规定，农保单、证分缴费期和给付期所使用的两部分。缴费期的标准单、证有：个人缴费证、个人基本情况登记表、缴费明细表、个人缴费记录卡、编号单位编码一览表和缴费单位编码一览表。给付期的标准单、证有：养老金申领名单、养老金领取明细表、养老金发放汇总表以及个人领取证。

(3)缴费阶段行政村、乡镇办企事业单位等缴费单位的主要工作。第一，为参加保险的农民编个人保险号码；第二，填写个人缴费证，发给保险对象持有；第三，保险对象参加保险时，为其一次性填写个人基本情况登记表，此表一式三联，第一联送县级保险管理机构，第二联送乡镇级保险管理机构，第三联自存备查；第四，收缴保险费，并按有关业务要求，将收缴的保险费准确填入缴费明细表，此表一式三联，表头左上角要写明缴费单位的名称及其缴费单位编号，第一联送县级保险管理机构，第二联送乡镇管理机构，第三联自存备查。

(4)缴费阶段乡镇农保机构的重要工作。根据缴费单位送来的“个人基本情况登记表”和“缴费明细表”，填写“缴费记录卡”。此卡是个人账户的原始单证，是核算养老金的重要凭证，一式一份，应用墨水笔填写，不得使用圆珠笔或铅笔。表中的姓名、保险号码、身份证号码要准确无误。此卡留乡镇管理机构存档，待保险对象到达领取年龄时，送县级管理机构核算养老保险金。将个人基本情况登记表和缴费明细表存档。

(5)缴费阶段县级农保机构的主要工作。负责做好编号单位和缴费单位的编号工作，填写“编号单位编码一览表”和“”缴费单位编码一览表”，下发乡镇、村、企事业单位；根据行政村上报的“个人基本情况登记表”和“缴费明细表”，将个人档案和缴费情况录入计算机，没有实行计算机管理的地方将上述两表存档。

(6)给付工作规程。农村社会养老保险给付工作以县(市)、乡(镇)两级管理机构负责制为基础。给付阶段的基本操作流程和标准单、证，是对县乡两级保险管理机构最基本的工作要求和规定。缴费单位申报领取养老金时，需到乡(镇)保险管理机构填写"领取养老金申报名单",由乡(镇)保险管理机构进行资格审查。符合领取条件的,将"申报名单"、"缴费证"、"个人缴费记录卡"上报给县级保险管理机构审核。县(市)级农保机构收到乡镇上报的材料后,应予审核,以确定上报的申领人员是否具备了领取资格。对符合条件的申请,应根据"缴费记录卡"记录的缴费金额和缴费积累时间,计算积累总额,确定其领取标准,并将其领取标准、领取金额等填入领取证,编制"养老金发放汇总表"。"养老金发放汇总表"必须经主管领导审核,交财务部门复核,待财务部门将养老金拨款后,下发给乡(镇)管理机构。县级农保机构财务部门应根据"发放汇总表",通过银行向各乡(镇)农保管理机构拨付养老金,并履行相应的财务手续。

(7)办理保险关系转移手续。保险关系的转移有三种情况:迁出、迁入和本县(市、区)内转移。保险对象因户口迁居外县、要求转移保险关系的,应持有关证明材料到乡(镇)农保管理机构办理迁出手续。有关材料应包括转移申请书、户口转移证明等。乡(镇)农保管理机构查验后,应在申请书上签署意见,将申请者的缴费证、户口转移证明材料、申请书及缴费记录卡上交到县级管理机构。县级管理机构在收到上述材料后,要确认其转移资格,进而对"缴费记录卡"进行核实,并向迁入县(市)发要求转入保险对象的函件。待迁入县(市)复函同意办理转移手续后,要及时将转移者的保险金本息,按规定的计算标准进行核算,转入迁入县级农保管理机构。转移者的个人基本情况登记表及缴费记录卡也要随之转到保险对象将迁入的缴费单位。在收到迁出县(市)要求转移的函件后,迁入县的管理机构要及时复函。待对方的保险金转移过来后,要会同财会部门对保险金进行审核,确认无误后,要向迁入县的农保机构发出由财会部门和县级管理机构分别审核后的保险金收讫回执。对迁入者的缴费记录卡和缴费证要审核,钱账要一致。

本章小结

养老保险也称为年金制度,是国家和社会根据一定的法律和法规,对劳动者在达到国家规定的解除劳动义务的劳动年龄界限,或因年老丧失劳动能力退出劳动岗位后,为解决其基本生活而建立的一种社会保险制度。养老保险一般具有普遍性、多渠道筹资、长期性和基金管理压力大等特点。世界各国设立养老保险制度所遵循的原则大体包括保障基本生活原则、权利与义务相对应原则和分享社会经济发展成果原则。养老保险的内容主要有养老保险覆盖范围、基金来源与筹资方式、给付条件、待遇水平、基金运营与管理机构等部分组成。

现代养老保险制度的建立,到目前大约经过了100多年的时间,出现了投保资助型、福利国家型和强制储蓄型等多种模式,具有基金来源多渠道、筹资模式由原来的现收现付制逐渐向部分积累制转变、政府逐渐退出养老保险的实施工作、形成多层次的养老保险制度等共同特点。随着工业化和现代化的发展,各国的养老保险制度逐渐暴露出一些问题,并由此引发全球性的养老保险制度改革。

中国养老保险制度建设和面临的现实问题以及基本养老保险实务,都明显带有城乡二元化特征,并伴随国家政治和社会经济的发展,处于不断的演变过程之中。目前实行的城镇企业职工基本养老保险制度框架基本上是根据1997年国务院颁布的《关于建立统一的企业职工基本养老保险制度的决定》和1999年发布的《社会保险费征缴暂行条例》构建起来的。随着人口结构和家庭结构的变化,建立农村基本养老保险制度成为中国养老保险发展的客观需要。

思考题

1. 养老保险的含义、原则及特点分别是什么?
2. 养老保险制度包含的基本内容有哪些?
3. 中国现行基本养老保险制度存在什么问题?
4. 中国基本养老保险业务主要包含哪些内容?

案例 我国基本养老保险的替代率是高了还是低了

按照1997年《国务院关于建立统一的企业职工基本养老保险制度的决定》规定,我国现行基本养老保险的目标替代率为58.5%。从退休人员实际得到的养老金来看,基本养老金工资替代率大致在60%~75%之间波动。尤其是近几年,通过养老保险制度的改革,基本养老金的替代率已经由1999年的77.30%降为2002年的63.43%。有学者认为,当前60%左右的替代率水平已经基本合适了,尤其是对于沿海发达地区,如果对替代率控制得过于苛刻,将使退休人员与本地区一般生活水平的差距拉大,使他们感到不能充分地分享社会发展成果,不利于保证和改善退休者的生活质量。

但也有很多人提出,对于企业来说,目前的基本养老保险替代率仍会让它们背上沉重的负担,因为除了支付养老金外,企业还要继续向退休人员提供各种社会津贴(如住房、医疗津贴等)。并且,中国养老保险制度改革的目标是建立基本养老保险、企业补充养老保险和个人储蓄性养老保险相结合的多支柱养老保险体系,如果我国第一支柱的替代率过高,就会使得企业的负担更重,建立企业年金计划的意愿不会很强,从而限制企业年金的发展空间。当前,我国企业年金的覆盖人群还不到领取养老金人数的5%,而世界各国普遍认为三支柱中40%、30%、10%的替代率构成才是合理的。

[案例来源:首都经贸大学《社会保障概论》教学资料]

分析

(1)适宜的基本养老保险替代率关系到养老保险制度所应遵循的基本原则能否实现。

(2)基本养老保险对于年纪较轻的职工来说有较高的工资替代率,但是对于中年职工工资替代率偏低,尤其是对于退休时缴费不满15年的大量老职工来说,只能一次性领取个人账户养老金,而这一次性养老金是相当低的。如果没有参加其他补充养老保险,其生活水平会大幅度下降。

相关政策

(1)《国务院关于完善企业职工基本养老保险制度的决定》(国发[2005]38号)第三条规定:“扩大基本养老保险覆盖范围。城镇各类企业职工、个体工商户和灵活就业人员都要参加企业职工基本养老保险。当前及今后一个时期,要以非公有制企业、城镇个体工商户和灵活就业人员参保工作为重点,扩大基本养老保险覆盖范围。要进一步落实国家有关社会保险补贴政策,帮助就业困难人员参保缴费。城镇个体工商户和灵活就业人员参加基本养老保险的缴费基数为当地上年度在岗职工年平均工资,缴费比例为20%,其中8%记入个人账户,退休后按企业职工基本养老金计发办法计发基本养老金。”

(2)《企业年金试行办法》(中华人民共和国劳动和社会保障部令第20号)第三条规定:“符合下列条件的企业,可以建立企业年金:(1)依法参加基本养老保险并履行缴费义务;(2)具有相应的经济负担能力;(3)已建立集体协商机制。”

(3)《国务院关于建立统一的企业职工基本养老保险制度的决定》(国发〔1997〕26号)第十条中规定:“实行企业化管理的事业单位,原则上按照企业养老保险制度执行。”

6

医疗保险

学习目标

通过本章学习，要求掌握医疗保险的基本原理、原则和内容，了解国外医疗保险运行情况和我国现行基本医疗保险制度的基本政策。熟悉医疗保险常规业务如参保、缴费等工作流程，掌握基本医疗保险制度的实务。

6.1 医疗保险概述

6.1.1 医疗保险的概念

医疗保险(Medical Insurance)是社会保障的主要内容之一。它是指以社会保险形式建立的，为居民提供因疾病所需医疗费用资助的一种保险制度。具体来说，医疗保险是通过国家立法，强制性由国家、单位、个人共同筹集资金而建立医疗保险基金，在个人遭遇疾病需要必需的医疗服务时，由社会医疗保险机构提供医疗费用补偿的一种社会医疗保险制度。

6.1.2 医疗保险的特点

1. 医疗保险具有普遍性

疾病风险是每个人都难以回避的，其后果可能造成人身暂时性或永久性劳动能力的丧失，甚至死亡。由于疾病风险的特点，医疗保险是社会保险各个项目中保障对象最广泛的一个保险项目，原则上其覆盖对象是全体公民，具有普遍性。

2. 医疗保险涉及面广，更具复杂性

人类已知的疾病种类繁多，每一种疾病又因个体差异而千差万别。此外，还有相当数量的未知疾病或潜在疾病等,使得疾病风险化解的难度更大,在对疾病的防范上也比其他风险更为复杂困难。医疗保险涉及医、患、保及用人单位等多方之间复杂的权利义务关系,为了确保医疗保险资源的合理利用,医疗保险还存在着对医疗服务的享受者和提供者的行为进行合理引导和控制的问题。医疗保险不仅与国家的经济发展有关,还涉及医疗保健服务的需求和供给。以上都是其他社会保险项目所没有的,因此,医疗保险成为一项最为复杂和困难的社会保险。

3. 医疗保险属于短期性、经常性的保险

由于疾病的发生是随机的、突发性的,医疗保险提供的补偿也只能是短期性的、经常性的。而不像其他社会保险项目,如养老保险或生育保险那样是长期的、可预测的或一次性的。

4. 医疗保险采用医疗给付的补偿方式

医疗保险资金的筹集和使用具有明确的目的性。为了确保医疗保险资金专款专用,医疗保险对享受医疗保险待遇者主要采取医疗给付的补偿形式,补偿多少,与享受医疗保险待遇者所缴纳的医疗保险费无紧密关系,而与实际病情的需要关系更大。这与其他社会保险项目实行定额现金给付,而对其最终用途没有明确限定的做法是明显不同的。

5. 医疗保险的发生频率高,且费用难以控制

每个人都会遇到疾病风险,有的人甚至会多次遇到这种风险。每个人每次医疗开支的费用都不会相同,发生的数额差额较大,低时不会影响基本生活,高时又足以致患者于困境。因此,医疗保险相对于其他社会保险项目来说,其风险的预测和费用的控制是一个重要问题。

6.1.3 医疗保险的原则

1. 强制性原则

医疗保险由国家立法,强制实施。即医疗保险是由国家立法规定享受范围、权利、义务及待遇标准,强制执行的社会保障制度。在国家法律规定范围内应该参保的用人单位和个人,皆必须参加医疗保险,并按规定缴纳医疗保险费,按规定享受医疗保险的待遇,不允许自愿。没有强制性就没有保障性。

2. 全员参保原则

医疗保险的对象为全体劳动者和社会成员。故全员参保原则应包括两层意思:一是所有的用人单位都必须参保;二是所有的劳动者和社会成员都必须参保。医疗保险以法律手段要求全社会劳动者和社会成员来共同承担责任,这就使得抵御疾病风险的能力得到极大地增强。

3. 保障性原则

医疗保险是以保障人们平等的健康权利为目的。参加医疗保险的每个成员,不论其缴费多少,都有权得到医疗保险规定的医疗服务。缴费多少通常与个人的支付能力有关,而与个人年龄、性别、身体健康状况及家庭人口无关。

4. 共济性原则

医疗保险是按照风险分担、统筹互助、所得再分配原则进行组织管理的,依靠社会力量举办,医疗保险费由大家共同筹集,社会医疗保险经办机构统一调剂,支付医疗保险金和提供服务,互助互济,为全体劳动者及社会成员提供基本医疗保障。

5. 费用分担原则

一方面医疗保险基金由国家、用人单位、个人三方面共同筹措;另一方面在遇到特大的疾病风险时,超过一定金额的医疗费用由国家、用人单位、个人三方共同负担;同时,在医疗保险的实施中,除了由医疗保险基金支付的医疗费用外,个人也负担一定比例的医疗费用。

6. 公平与效率相结合原则

公平与效率相结合,即医疗保险既要体现公平,又要兼顾效率,公平为主,效率为辅,公平与效率相结合。公平是指无论患病大小,缴纳的医疗保险费数额多少,患者是何身份,其享受的基本医疗保险待遇是一致的。效率主要是指筹集医疗保险基金的效率和节约卫生资源、减少浪费的效率。

6.1.4 医疗保险的内容

医疗保险的基本内容一般包括以下几方面。

1. 覆盖范围

我国传统公费、劳保医疗制度的覆盖范围为机关事业单位的职工及国营、集体企业的职工。1998 年国务院颁布《关于建立城镇职工基本医疗保险制度的决定》中明确了医疗保险制度的覆盖范围为:所有城镇用人单位及其职工,即企业(国有企业、集体企业、外商投资企业、私营企业等)、机关、事业单位、社会团体、民办非企业单位及其职工。乡镇企业及其职工、个体经济组织及其从业人员,也可以纳入医疗保险的覆盖范围。

之后国家又先后实施了新型农村合作医疗制度和城镇居民基本医疗保险制度,把医疗保险的覆盖范围进一步扩大到了农村居民及城镇居民。

2. 基金筹集及费用负担方式

医疗保险基金的筹集渠道主要有:①国家税收或专项税;②用人单位和个人的强制性缴费;③投资收益;④其他资金来源(如行政罚款或者从其他渠道转移来的资金等)。我国目前采用的是强制性缴费的筹资方式,在实施中主要通过两种形式来实施:一是由税收部门代征收;另一是由医疗保险经办机构负责征收。

我国医疗保险基金采用国家、单位和个人三方负担的方式。

3. 待遇及支付

我国目前医疗保险的待遇仅局限在对患病参保人提供基本的医疗服务上。随着医疗保险制度的发展及完善,医疗保险待遇的项目将会得到逐步的增多。

医疗保险的支付是指参保患者在获得医疗服务后,向医疗服务供方偿付医疗费用的行为。医疗保险的支付在实施中,一般可理解为两种支付形式:一是参保患者的医疗保险支付,其主要是指参保患者在医疗保险过程中承担一部分医疗费用的行为;二是医疗保险机构的医疗保险支付,其主要是指医疗保险机构作为第三者代替参保人向医疗服务供方支付医疗费用的行为,这是医疗保险主要的支付方式。我国自医疗保险制度改革后,各地结合本地的实际,不断地研究和探索,主要采用的医疗保险支付方式有:按服务单元支付、按人头支付、按病种支付及总额预算支付等几种支付方式。更多的是汲取几种医疗保险支付方式的长处,形成一种混合式的医疗保险支付方式。

4. 享受条件

享受医疗保险的待遇,需要有一定的前提条件:受益人必须是依法已经参保的本人;受益人必须依法缴纳规定的医疗保险费;受益人必须达到一定的缴纳医疗保险费的期限。例如我国许多城市规定,参保人员享受医疗保险待遇应在自缴费起的六个月后,方能享受医疗保险待遇;以居住在该地满一定期限为条件。即规定只有居住在本地,持有本地户口的居民或者暂居本地,持有一年以上暂居户口的居民,才能参加当地的医疗保险并享受医疗保险待遇。

5. 基金运营

医疗保险基金的运营,主要是指对医疗保险收支运行中暂时结余和积累下来的基金,通过投资运营而达到保值增值的目的,以应付人口老龄化、医疗卫生事业的发展等而带来的医疗保险基金支出的风险。医疗保险基金的投资运营旨在用好这笔基金,提高基金运营的效益。在国外,社会保险基金投资运营是通过多种途径来组织运营的,没有固定的模式。我国目前医疗保险基金的投资运营还未真正开展,现阶段一般通过银行储存、购买国债等方式来运营,由于其投资运营范围狭窄、投资回报极小。

6.2 国外医疗保险

6.2.1 国外医疗保险的历史与改革

1. 国外医疗保险的形成与发展

国外医疗保险制度是在传统医疗制度和医疗互助的基础上建立起来的,经历了一个长期的演变和发展过程。大致经历了以下几个阶段。

(1)传统医疗制度阶段。传统的医疗制度是自由行医、自费看病,其医疗费用主要由个人和家庭提供,这种制度在各国延续了千百年。在这种自费医疗制度下,一切生活和医疗保障只能依靠家庭,政府则不加过问。有钱人能看得起病,穷人和低收入者则难以支付医疗费用。这是一种不公平、不合理的医疗制度。

(2)医疗互助和医疗保险的兴起阶段。医疗上的互助活动首先从民间社团组织中逐渐发展起来。早在17世纪,在欧洲一些国家就出现过医疗费用的互助形式。到19世纪末和20世纪初,老牌资本主义的英国就陆续出现地区性的"自愿健康保险",由一些熟练工人团体成立的非营利性保险组织,自己筹集资金,自己管理,团体成员生病时支付一定数量的医疗救济金。由于这种自发性医疗互助缺乏专门管理，所以很不稳定，随时都有可能解散或重新组合。

（3）政府参与医疗保险制度的建立阶段。资本主义工业化促使人口大量增长，由于人口迅速集中，工人劳动条件差，劳动强度大，卫生状况恶劣，使各种疾病流行，工伤事故、职业病增多，劳动者的基本生活得不到保障，从而激化了阶级矛盾。与此同时，随着资本主义工业的发展，资本家的资本积累逐渐增多，他们为了确保资本主义再生产所必需的劳动力，以获取更多的利润，不得不考虑劳动者的某些合理要求，部分介入工伤事故的医疗保险事业，为雇员负担部分医疗费用。为了缓和阶级矛盾，1881 年俾斯麦政府着手建立疾病和工伤保险制度，并于 1882 年正式推行疾病保险，疾病保险金由雇主和雇员各负担 50%。这是政府参与建立的第一个医疗保险制度。此后，欧洲大陆其他国家也逐步学习俾斯麦的做法，推行医疗保险制度。在第二次世界大战结束以后，医疗保险开始在世界各国广为流传。

2. 国外医疗保险制度的主要问题及改革

20 世纪 50 年代后，西方各国普遍建立起比较完善的医疗保险制度。对于平等地解决国民的医疗保障，促进劳动力的再生产，缓和劳资矛盾，稳定社会环境，起到了积极的作用。但是，自 20 世纪 70 年代中期以来，整个西方世界出现了通货膨胀加剧、经济增长停滞等一系列经济问题。使主要依靠政府财政支持的社会保险制度随着经济承受能力的下降而出了一系列的问题。特别是 20 世纪 80 年代以来，西方国家医疗保险制度存在的问题逐渐暴露且日益加深。这些问题主要反映在医疗保险费用的支出过度膨胀、医疗能力和资源浪费严重以及医疗服务质量低下等方面。

20 世纪 80 年以来，各国普遍开始采取各种措施试图解决上述主要问题，主要改革措施如下。

（1）增加税收及医疗保险费收入。一方面是靠扩大征收范围，另一方面是靠提高税率。例如，法国从 1991 年起开始征收“社会共同救济税”，扩大了医疗保险费的缴费范围。“社会共同救济税”全部用于医疗保险，同时，取消过去的医疗保险缴费。日本从 1999 年 9 月起，将政府管理的健康保险费率从月工资的 8.2% 提高到 8.5%。

（2）强化个人对健康的责任，以各种方式增加病人自付医疗费用的比重。如英国自 1979 年起增加了配眼镜和牙科治疗的自付费用。1987 年规定，医疗保险的牙科治疗费用最高支付限额为 115 英磅，常规治疗费用超过 17 英磅的部分自己要负担医疗费用的 40%。日本从 1999 年起开始在政府健康保健制度中增加被保险者自己负担的医疗费用部分，其负担比例从 10% 提高到 20%。

（3）加强对医疗保险服务机构的管理和监督。具体办法是：政府统一规定或限制药品的使用范围和医疗价格，如果超过此限制条件，医疗机构将受到质询，或对于超过的部分，医疗保险机构不予支付。规定医院每年总支出的最高限额，即实行总量控制。医院采取的医疗方案或医生开具的处方单要接受专门的监督委员会的审查，如果包括了不必要的医疗项目或药品等，该医院或医生要受到处罚。加强医院之间的竞争。一些医疗保险机构不再同医院长期挂钩，而是签订一般为一年期的合同。如果医院的医疗项目及费用合理，病人对医院的效率和服务质量满意，则续签合同，否则中断合同。这样就使医院有了外部压力，医院之间出现了竞争。

(4)社会医疗保险机构直接自己办医院。这是更直接更彻底的改革措施。

总之，自20世纪80年代以来兴起的医疗保险制度的改革浪潮，其宗旨是“寻求国家行动与私人行动的新关系，加强个人对自己和对他人的责任”。这种趋势不仅在医疗保险制度上适用，也同样适用于其他社会保险制度。

6.2.2 国外医疗保险的制度比较

按照医疗保险基金的筹集方式，医疗保险制度可以分为四种类型：国家保障型、社会保险型、商业保险型和储蓄型。

1. 国家保障型医疗保险

国家保障型医疗保险制度是一种直接免费性的国民医疗保障制度，也称政府医疗保险。是指由政府直接举办医疗保险事业，通过税收形式筹集医疗保险基金，并采用国家财政预算拨款的形式将医疗保险资金分配给医疗机构，向国民提供免费或低收费的医疗服务，医疗服务的所有权及控制权为政府所有。

国家保障型医疗保险具有以下特点：①医疗保险基金绝大部分来源于国家财政预算，政府可以根据资金投入量来控制医疗费用总量；②政府卫生行政部门直接参与医疗服务的计划、管理、分配与提供，医疗保险基金往往通过预算下拨给政府主办的医疗机构，或是通过合同购买民办医疗机构、私人医生的医疗服务，医疗服务具有国家垄断性；③向全体国民提供免费或低收费的医疗服务，体现了社会分配的公平性和福利性；④医疗卫生资源的配置、医疗服务价格等具有较高的计划性，市场机制对其基本不起调节作用。

国家保障型医疗保险制度的优点是：医疗费用的增长能得到较好的控制，有利于初级卫生保健的实施和实现有计划的疾病预防措施，医疗消费体现了一定的平等原则。

国家保障型医疗保险制度的突出问题在于：医疗机构微观运行缺乏活力，卫生资源配置效率低下，难以满足国民不断增长的医疗需求。

国家保障型医疗保险制度在管理运行体制上属计划机制。代表国家有英国、朝鲜、前苏联以及北欧一些福利型国家。其中英国医疗保险制度的建立、运行和改革等具有明显的典型性和借鉴意义。

2. 社会保险型医疗保险

社会保险型医疗保险制度是指由国家通过立法形式强制实施的全面保险中的一种保险制度，又称“法定医疗保险”制度。即是指医疗机构由政府或私人拥有，雇主和个人(或由政府、雇主和个人三方)按一定比例缴纳保险费，参保人(有时可包括家属)的医疗费用由社会医疗保险基金予以支付的一种医疗保险制度。

社会保险型医疗保险制度具有以下主要特征。①医疗保险基金的筹集得到法律的保证。②医疗保险基金由医疗保险机构统一筹集、管理和使用,以达到互助共济之目的。其实质是个人收入的再分配,或者说是个人收入的横向转移,即健康者的一部分收入向病患者转移,高收入者的一部分收入向低收入者转移等,以求实现社会共济和稳定的目标。③医疗保险基金管理的原则是“以支定收、以收定付、收支平衡”。由于是现收现付,故基金一般不会有积累。④实施社会保险型医疗保险制度的各国所提供的医疗服务内容各不相同。医疗服务项目一般包括基本门诊医疗服务、大多数病种的住院治疗及必要的药品费用,大多数国家还包括专科医疗服务、外科手术、孕产保健、某些牙科保健服务及某些医疗服务设施,筹资与偿付水平较高的国家还包括病人的交通与家庭护理服务等。⑤社会保险型医疗保险制度对参保人的保障方式一般分两种方式:一是直接向病患者提供免费或部分免费的医疗服务;二是病患者垫付医疗费用后由医疗保险机构予以补偿(报销)。

社会保险型医疗保险制度的优点在于:能达到整个社会人群的互助共济、风险共担;医疗保险机构与医疗机构建立契约关系,能促使医疗机构提供优质的医疗服务,对控制医疗服务提供者的垄断行为较为有效。

其缺陷在于:这种医疗保险制度实行现收现付,当年平衡,没有纵向积累,不能较好地解决两代人之间医疗保险费用负担的代际转移问题,随着人口老龄化这种矛盾将日趋尖锐。

世界上实行社会保险型医疗保险制度的国家有德国、日本、法国、加拿大、澳大利亚及西欧一些国家。其中德国的医疗保险制度历史最悠久,最具有代表性。

3. 商业保险型医疗保险

商业保险型医疗保险制度是指由商业保险公司承办,以营利为目的,按市场法则自由经营的一种医疗保险制度,即私营性医疗保险制度。其筹资不是强制性的,而是由投保人自愿选择保险项目,并自愿缴纳相应的医疗保险费,故也叫自愿医疗保险。

商业保险型医疗保险制度的主要特征为:①社会人群自愿投保,共同分担由意外事故(疾病等)所造成的经济损失;②保险人与被保险人签订合同,缔结契约关系,双方履行权利和义务;③医疗保险作为一种特殊的商品,其供求关系由市场进行调节,保险机构根据社会的不同需求开展业务;④除一些非营利的保险组织外,大多数医疗保险机构以营利为目的。

商业保险型医疗保险制度,其优点是形式灵活,多样化,能够满足不同社会阶层对医疗服务的需求。同时,在这种医疗保险制度下,医疗消费者的自由选择迫使保险机构在价格和服务质量上进行竞争,提供低价优质服务;也迫使医疗服务的提供者降低医疗服务成本,从而控制医疗费用。

商业保险型医疗保险制度也存在着一些弊端。一是由于低收入者难以支付昂贵的医疗保险费,因而只能得到较低水平的医疗服务,社会公平性差;二是医疗消费主要通过市场来调节,缺乏有力的制约,容易造成费用的失控;三是保险机构主要以营利为目的,对参保人的身体条件要求十分严格,体弱多病者和老年人往往被排除在外。

商业保险型医疗保险制度的医疗服务供给、医疗服务的价格等是通过市场竞争和市场调节来决定的,政府基本不干预或很少加以干预,在管理体制上属于市场体制型。实施此种类型医疗保险制度的代表性国家有美国、菲律宾等。

4. 储蓄型医疗保险

储蓄型医疗保险制度也即个人积累制医疗保险制度。这种模式起源于英国18世纪产业时期的"职业保障基金",后来流传到新加坡、马来西亚、印度等国家。目前采用这种类型制度的国家极少,新加坡是代表。

储蓄型医疗保险制度的医疗保险基金的筹集,既不是强制纳税,也不是强制性地缴纳保费或自愿购买医疗保险,而是根据法律规定强制性地储蓄医疗保险基金。国家保障型、社会保险型或商业保险型医疗保险制度都是"横向"筹资,通过参保人群的统筹共济来分担疾病引起的费用风险,而储蓄型医疗保险制度是以家庭(或个人)为单位的"纵向"筹资,储存一定额度的医疗保险基金延续使用,以缓解未来家庭(或个人)的疾病费用负担。

储蓄型医疗保险制度的主要特征及优点为:①强调以个人责任为基础,有利于提高个人的责任感,激励人们审慎地利用医疗服务,尽可能减少浪费;②病人必须支付部分医疗费用,而且享受医疗服务的水平越高,个人付费也越多,以避免过度的医疗服务利用;③可以较好地解决青年人与老年人之间在医疗费用负担上的"代际"问题。强制性储蓄型医疗保险制度要求每个有收入的居民为其终生医疗保健的需要而储蓄,每一代人都要解决自身的医疗保健需要,以避免老一代人的医疗保健费用负担转移到下一代人的身上。

国外医疗保险制度的各种类型大多是各有利弊,故目前大多数国家都是从本国国情出发,探索借鉴各种类型医疗保险制度之精华,以建立一种符合本国国情的较为完善的医疗保险制度,如我国的城镇职工基本医疗保险制度(个人账户与社会统筹结合型)等。

6.3 中国医疗保险

6.3.1 中国医疗保险的历史沿革

我国的医疗保险制度是在计划经济体制下建立的职工医疗保障制度(公费医疗和劳保医疗制度)和农村合作医疗制度基础上发展而来的。随着我国经济体制市场化改革的逐步深入,自20世纪80年代以来,我国对传统医疗保障制度进行了一系列的改革。1993年党的十四届三中全会明确要把"社会统筹和个人账户"相结合的部分积累制医疗保障模式,作为城镇职工基本医疗保险的基本目标和原则,经过20世纪90年代中期的改革试点,1998年底国务院颁布了《关于建立城镇职工基本医疗保险制度的决定》,构建了新的医疗保险制度的框架。2003年1月国务院办公厅转发了卫生部等部门《关于建立新型农村合作医疗制度的意见》,规划了建立农村医疗保障制度的构想。一个覆盖城乡的全民医疗保险体系已基本建立起来。

1. 传统医疗保障制度及其存在的问题

1)公费医疗制度

公费医疗制度是特指我国为保障国家工作人员身体健康而建立的,通过医疗卫生部门向享受人员提供制度规定范围内免费医疗预防服务的一种医疗保障制度。

1952年国家政务院发布《关于全国各级人民政府、党派、团体及所属事业单位的国家工作人员实行公费医疗预防措施的指示》,正式确定了我国的公费医疗制度。

公费医疗制度覆盖的范围和对象主要是各级政府、党派、人民团体及文化、教育、科研、卫、经济建设等事业单位的国家工作人员和离退休人员,二等以上革命伤残军人、高等院校在校学生等。公费医疗经费由国家财政预算拨款,由各级政府的卫生行政部门按照各单位编制人数比例分配,实行专款专用、单位统一使用的原则。列入公费医疗经费报销的医疗费用主要有:在指定医疗单位就诊的医药费(含床位费、检查费、药品费、治疗费、手术费等);因公外出或假期探亲,在当地医疗单位就诊的医药费;根据规定转外地医疗单位治疗的医药费;计划生育手术的医药费;因公负伤、致残的医药费用;因病住院后,在恢复期进行短期疗养或康复治疗的医药费等等。

2)劳保医疗制度

劳保医疗制度亦称企业医疗保险制度,是我国为保障企业职工的健康而建立的,对企业职工因病或非因工伤残可按规定享受医疗费用补助的一项社会保障制度。

我国的劳保医疗制度是根据政务院1951年2月公布试行,1953年1月修订的《中华人民共和国劳动保险条例》建立的。劳动保险条例对企业职工劳保医疗作了明确的规定,其保险项目与待遇标准与公费医疗基本相同,但是管理体制、经费来源和开支范围上与公费医疗有所不同。

劳保医疗制度的覆盖范围主要是全民所有制企业的职工及其供养直系亲属。此外,区、县以上的城镇集体所有制企业及一部分乡镇企业,也可按照或参照劳保条例,给职工及其供养直系亲属提供劳保医疗待遇。劳保医疗由企业行政自行管理,经费是按企业工资总额的一定比例连同职工福利基金一并提取,实行专款专用,单位统一使用的原则。劳保医疗经费的支付范围,除了规定的职工医药费外,还支付职工供养的直系亲属的医疗补助费、企业医务人员工资、医务经费等。享受劳保医疗待遇的企业职工在患病时享受免费医疗,企业职工所供养的直系亲属在指定医疗单位就诊,则享受半付费劳保医疗待遇。企业职工的医疗费用,除挂号费、出诊费、营养滋补药品以及整容、矫形等少数项目自负其费用外,绝大部分医疗费用都由企业负担。

3)农村合作医疗制度

农村合作医疗制度是指以农村居民为对象,实行集体和个人共同筹集资金,由合作医疗基金组织和个人按一定比例共同负担医疗费用,即为农村居民提供低费的医疗保险服务的一种医疗互助互济制度。

合作医疗起源于20世纪40年代陕甘宁边区的“医药合作社”。新中国成立以后,随着农业合作化运动的发展,1955年在山西、河南、河北等省的农村出现了一批由农业生产合作社举办的医药保健站,这即是我国农村正式出现具有保险性质的合作医疗制度的雏形。到1976年,全国已有90%的农民参加了合作医疗,从而基本解决了广大农村社会成员看病难的问题。但是,20世纪70年代末期,农村合作医疗制度遭到了破坏,并开始走向低潮。到1986年,合作医疗的人口覆盖率降到了5.5%。进入20世纪80年代后期,农村居民的医疗问题又引起了有关政府部门的重视,一些地方在总结历史经验的基础上,根据农村的发展变化,对传统的合作医疗制度进行了改进,从而使其呈现出不同的模式,农村合作医疗的覆盖率有所回升。

4)传统医疗保险制度存在的问题

我国传统医疗保险制度对维护、恢复和增进国民的身心健康,减轻国民因病伤而增加的经济负担,保障劳动力的再生产,促进经济发展,维护社会稳定发挥了十分重要的作用。但是,随着国家经济体制改革的深化,原有的制度已难以适应现行体制的需求,其存在的缺陷和矛盾日益突出,主要表现在:医疗费用增长过快,超出了国家财政和企业的负担能力;医疗保险筹资机制不健全,职工医疗费用无稳定来源;医药不分的管理体制,造成卫生资源的浪费等。

2. 中国医疗保险制度改革的探索与实践

1)职工医疗保险制度的改革

20世纪80年代,随着经济体制改革的深入,我国职工医疗保险制度也开始了改革。1988年3月,经国务院批准由卫生部牵头,财政部、人事部、国家体改委、全国总工会、保险公司等8个部门,成立了国家医疗制度改革研讨小组。在广泛调查研究、论证的基础上,起草了《职工医疗保险制度改革设想(草案)》。1989年3月,国务院批转国家体改委关于《1989年经济体制改革要点》,其中第15条是加快社会保险制度改革,指出在“丹东、四平、黄石、株州进行医疗保险制度改革试点;在深圳、海南进行社会保障综合改革试点”。1992年劳动部颁布了《关于试行职工大病医疗费用社会统筹的意见》,要求各地结合实际情况试行。1994年国务院确定江苏省镇江市和江西省九江市(简称两江)进行医疗保险制度改革试点。1998年12月,国务院颁布了《关于建立城镇职工基本医疗保险制度的决定》(以下简称《决定》),该决定基本上确定了新的城镇职工基本医疗保险制度的大致框架,奠定了未来统一的全国医疗保险制度的基础。

国务院《决定》的下发,推动了全国各地职工基本医疗保险制度改革的深入开展,截止2006年底,全国所有的地市基本上都启动实施了基本医疗保险制度,覆盖职工人数达1.2亿多人,一个新的以统账结合为特征的社会医疗保险制度已在我国基本确立。

2)新型农村合作医疗制度的建立

农民的医疗卫生问题一直是各级政府所关注的重要问题,特别是在建设社会主义市场经济的新的形势下，面对原农村合作医疗的衰落，如何减轻农民的就医负担，缓解农民因病致贫、因病返贫的问题已成为全社会关注的焦点。

2002 年 10 月，中共中央、国务院做出了建立与完善新型农村合作医疗制度的决定，明确要求各地要在地方政府的统一领导下，先行试点，总结经验，逐步推广，至 2010 年基本覆盖全体农民。2003 年 1 月 16 日，国务院办公厅转发了卫生部、财政部、农业部等部门《关于建立新型农村合作医疗制度的意见》(以下简称《意见》)，《意见》指出：建立新型农村合作医疗制度是新时期农村卫生工作的重要内容。同时，《意见》还对建立新型农村合作医疗制度的重要意义、目标原则、组织管理、筹资标准等都作了详细的阐述，为建立新时期的新型农村合作医疗制度奠定了坚实的基础。

此后，在中央的统一部署下，各地从 2003 年开始推进建立新型农村合作医疗制度的试点工作，得到了各级地方政府和广大农民的积极响应，试点范围不断扩大。截止 2006 年 6 月，全国已有 30 个省、自治区、直辖市先后启动了 310 个县(市)的新型农村合作医疗制度的试点，覆盖农业人口 9 504 万，实际参加农民 6 899 万。试点地区农民 27.5% 的住院费用得到了报销。近两年，新型农村合作医疗制度的发展势头更为迅猛，不仅覆盖面越来越大，已基本覆盖全国，而且其医疗待遇也随着农村经济的发展不断得到提高。

6.3.2 基本医疗保险面临的问题

(1)法律地位不明确。至今为止，国家还没有专门针对医疗保险予以立法，基本医疗保险制度改革的推进目前最权威的依据还是国务院第 44 号文《关于建立城镇职工基本医疗保险制度的决定》所做出的政策规定，这就使得基本医疗保险制度的法律地位处于极为不明朗的状态，给基本医疗保险的许多工作带来了很大的困难，成为推进及发展基本医疗保险制度的“瓶颈”。

(2)覆盖面难以扩展。从保险的共济性来讲，覆盖的人群越广，保险的共济性越强。从适应市场经济体制改革，促进现代企业制度建立的角度来讲，基本医疗保险必须覆盖不同所有制的所有企业、行政事业单位的职工及其他劳动人群，只有这样，才能促进劳动人员的流动和劳动力市场的形成，从而保障公民的合法权益。但是从目前各地的状况来看，扩大覆盖面的工作虽然在不断推进，但进展始终不能到位。

(3)政府责任不明确。在推进基本医疗保险制度改革的进程中，政府有责任、有义务为老年人、困难人群等特定群体提供医疗补贴和医疗救助，但是，如何明确特定的社会群体、如何确定补贴和救助的条件和标准及通过什么方式来提供等问题，在基本医疗保险制度的层面上并没有予以明确及安排，更没有配套的政策规定，因此，由于在基本医疗保险制度的改革中没有明确政府的责任，这就使得特定社会特困群体难以进入基本医疗保险制度的覆盖范围内，故不利于体现基本医疗保险制度的普遍性和公平性。

(4)筹资机制不稳定。从基本医疗保险制度改革的实际情况看，用人单位和个人缴费已成为医保基金的主体,除少数经济效益较差的企业缴费仍有困难外,绝大多数还是相对稳定的。但是财政的筹资机制仍相对乏力,目前一些统筹地区出现医保基金当期收不抵支,多数情况是财政拨付不到位而造成的,这给医保基金的收支平衡带来了很大的困难。

(5)个人账户使用面窄,统筹基金互济性差。个人账户仅局限于在门诊医疗费用中使用,而不能支付其他医疗费用,其使用范畴受限,个人账户资金的积累则相对较多。而占医疗费用60%以上的门诊医疗费用完全由个人账户和个人支付,统筹基金的共济作用仅限在住院医疗费用中,共济性较差。

(6)"三医"改革不配套。由于医疗保险、医疗卫生和药品流通体制改革的联动机制没有完全建立,改革的合力始终难以形成,以至于目前存在的老百姓"看病难、看病贵"的现象,很大一部分是因为医疗卫生和药品流通体制改革滞后所造成的,从而也使医疗保险制度改革所产生的积极效应受到了相当大地制约和冲抵。

6.4 基本医疗保险实务

我国的基本医疗保险制度改革已经历了10多年的实践历程,目前已基本形成了一套比较完善的操作实务模式,在基本医疗保险基金的筹集与支付、定点医疗机构的管理和监督等方面都积累了比较丰富的实务经验。

6.4.1 基金筹集

1. 缴费比例

根据《决定》规定:基本医疗保险费由用人单位与个人共同缴纳,用人单位的缴费率应控制在个人工资收入的6%左右,个人缴费率一般为个人工资收入的2%。退休人员参加基本医疗保险,个人不缴纳基本医疗保险费。在基本医疗保险制度的实施进程中,由于考虑到我国东西部地区的经济差异,故在实施中,东部不少省、市把用人单位的缴费比例基本确定在8%左右,如江苏、湖南等省,个人的缴费比例基本不变。

2. 筹集程序

基本医疗保险基金的筹集程序一般由缴费登记和缴费申报两部分构成。

(1)缴费登记。根据《社会保险费征缴暂行条例》规定:用人单位自依法成立之日起30日内,应持有关证件和材料到当地社会保险经办机构办理缴费登记,社会保险经办机构审核确认后发给社会保险缴费登记证件。缴费单位在办理基本医疗保险缴费登记时,应认真填写"基本医疗保险单位登记表"、"基本医疗保险职工花名册"以及本单位的财务报表、职工工资表等。

(2)缴费申报。基本医疗保险的缴费单位必须从每月1日起,在15日内向当地医疗保险经办机构如实申报并以货币形式缴纳基本医疗保险费。基本医疗保险费一般是每月申报缴纳一次,但在实际过程中,有规定按季申报并缴费的,也有规定按年申报并缴费的。基本医疗保险基金的缴纳形式一般采取由医疗保险机构根据用人单位填报的"委托缴纳基本医疗保险费协议书",按参保人数及金额直接委托银行采取"特种委托收款"结算办法办理,也可由用人单位持转账支票或现金予以缴纳。逾期未缴纳的,由医疗保险经办机构发出"医疗保险催款单",予以催缴。如逾期仍迟缴、少缴、不缴的,除追收欠缴的医疗保险费外,应同时加收滞纳金,目前滞纳金一般规定按欠缴日每日加收所欠缴费金额的2‰。

6.4.2 统筹基金和个人账户

个人医疗账户是医疗保险机构为每位参保人所设立的一种特殊账户。医疗保险机构根据规定将全部个人缴纳的医疗保险费和一部分用人单位缴纳的医疗保险费划入这个账户,个人账户资金不能取做它用,只能用于参保人员的医疗费用。建立个人账户的目的在于鼓励多缴保费,多结余,为年老、休弱、多病时积累一笔医疗保健资金,以减轻国家财政、用人单位及个人的经济负担从而促进国家社会经济的发展和稳定。

《决定》规定:个人缴纳的医疗保险费全部记入个人账户,用人单位缴纳的医疗保险费按30%记入个人账户,其余部分建立社会统筹基金。个人账户的本金和利息归个人所有,可以结转使用和继承。

6.4.3 基金的支付

基本医疗保险制度规定,统筹基金和个人账户要明确各自的支付范围,分开管理。其目的是明确各自的责任,避免统筹基金挤占个人账户,同时也便于管理。这也是总结吸取过去各地不同的"统账结合"方式的经验教训所明确的一项政策。

统筹基金和个人账户如何分开管理和使用,从各地改革的经验看,主要有以下几种方式。

(1)按发生医疗费用的数额划分支付范围,个人账户主要支付小额医疗费用,统筹基金支付大额医疗费用。这种方式在实际应用中,需要确定小额、大额医疗费用的合理界限,而这个界限确定的"度"不太好掌握,偏高偏低都会对基本医疗保险制度的运行产生负面影响,故目前使用这种方式的地区较少。

(2)按门诊和住院划分支付范围,个人账户支付门诊医疗费用,统筹基金支付住院医疗费用,有些城市也将一些在门诊就医的、医疗费用较高的慢性病纳入统筹基金的支付范围。这种方式由于界定个人账户和统筹基金的支付范围较为容易且清晰,故我国绝大多数地区皆采用这种方式予以运行。

(3)按病种划分个人账户和统筹基金的支付范围。这种方式难度较大,需要制定较为规范的病种目录、用药目录、治疗项目目录,而且还要根据实际情况不断加以调整。但是这种方式由于个人账户和统筹基金之间的支付方式没有通道,故便于分清两者之间各自的责任,有利于控制和节约医疗费用。这也是国际上尤其是商业医疗保险中比较流行的做法之一。这种方式的难点是如何确定比较合理的"目录"与诊费标准,如何在医疗技术不断进步的情况下,控制和约束医疗费用。

(4)个人账户和统筹基金均可用于支付门诊医疗费用和住院医疗费用。即发生门诊或住院医疗费用后,先用个人账户支付,其不够支付时,由参保人自付,按年度计算,年度内参保人在个人账户之外的自付医疗费用超过本人年工资收入10%以上的部分,则由统筹基金予以支付。国务院医改试点城市之一的镇江市就是采用这种方式,亦称为"三段通道式"。

6.4.4 医疗管理

传统医疗卫生体制的弊端,是导致医疗费用迅猛上涨的主要原因之一。因此,在医疗卫生和药品流通体制改革滞后的态势下,必须建立较为健全的医疗管理机制,并使之与基本医疗保险制度相适应,才能使基本医疗保险制度的运行能健康平稳。医疗管理机制的主要内容有以下几方面。

1. 定点医疗机构和药店的管理

定点医疗机构和药店是指通过医疗保险行政部门资格审定,并与医疗保险经办机构签订合同,为基本医疗保险参保人员提供医疗、药品零售服务并承担相应责任的医疗机构和药品零售店。

实行定点医疗机构、药店管理主要是为了促进医疗卫生资源的优化配置,提高医疗卫生资源的利用效率;促进医疗机构、药店的公平竞争,规范医疗行为,合理控制医疗服务成本和提高医疗服务质量。

2. 基本医疗保险服务范围和标准的管理

确定基本医疗保险服务范围和标准,主要应确定基本医疗保险用药范围、诊疗项目和医疗服务设施范围及标准。对此,国家专门颁布了《国家基本医疗保险药品目录》、《基本医疗保险诊疗项目范围》以及《基本医疗保险医疗服务设施范围和支付标准》,其目的是在维护医疗保险基金收支平衡的前提下最大可能地发挥医疗保险基金的利用效率。

3. 基本医疗保险的医疗管理

基本医疗保险的医疗管理除了做好上述两项主要的管理工作外,还应会同卫生等行政管理部门实施以下四项医疗管理工作。

(1)对医疗机构进行经济运行分析和成本核算,实行医药分开核算、分别管理。同时在此基础上,合理提高医疗技术收费价格;医疗机构向社会和患者公开承诺病种最高限价。为患者提供住院医疗明细清单,允许患者选择医生和药品等。

(2)实行药品集中招标采供。即由基本医疗保险经办机构建立集中统一的药品招标采供机构。定点医疗机构不再单独购药,统一由药品集中招标采供机构按各定点医疗机构的采供计划,实施药品招标、采供,并分配给各定点医疗机构。

(3)制定基本医疗保险与定点医疗机构之间的科学合理的医疗费用结算办法。即对基本医疗费用实行总量控制,保证基本医疗保险基金的收支平衡,同时方便管理,简化手续。

(4)发展社区卫生管理。发展社区卫生服务,既可以降低医疗服务成本,方便参保人员就医,也有利于改善医疗机构结构,完善医疗服务体系,有效地利用医疗卫生资源。为鼓励社区卫生服务的发展,使之形成基本医疗保险社区卫生服务体系,基本医疗保险的政策应对社区卫生服务予以倾斜。在基本医疗保险的政策中应明确,社区卫生服务中的基本医疗服务项目应纳入基本医疗保险范围;要提高社区卫生服务的基本医疗保险待遇,要建立基本医疗保险的社区卫生服务平台等。

本章小结

医疗保险是指通过国家立法,强制性由国家、单位、个人共同筹集资金而建立医疗保险基金,在个人遭遇疾病需要医疗服务时,由社会医疗保险机构提供医疗费用补偿的一种社会医疗保险制度。

医疗保险具有以下一些特点:医疗保险具有普遍性;医疗保险涉及面广,更具复杂性;医疗保险属于短期性、经常性的保险;医疗保险采用医疗给付的补偿方式;医疗保险的发生频率高,且费用难以控制。

医疗保险应坚持强制性原则、全员参保原则、保障性原则、共济性原则、费用分担原则以及公平与效率相结合的原则。

按照医疗保险基金的筹集方式,国际医疗保险制度可以分为四种类型:国家保障型、社会保险型、商业保险型和储蓄型。书中对各种模式利弊进行了比较。

我国的医疗保险制度是在计划经济体制下建立的职工医疗保障制度(公费医疗和劳保医疗制度)和农村合作医疗制度基础上发展而来的。随着我国经济体制市场化改革的逐步深入,自20世纪80年代以来,我国对传统医疗保障制度进行了一系列改革。到目前为止,一个覆盖城乡的全民医疗保险体系已基本建立起来。

思考题

1. 医疗保险的基本含义是什么?
2. 不同医疗保险制度模式各有什么利弊?
3. 我国现行基本医疗保险制度所面临的主要问题是什么?
4. 基本医疗保险制度的医疗管理包括哪些内容?

案例 异地就医何时能够享受医保?

异地医保报销的问题,一直困扰着许多老年人。近些年城市人口的流动越来越频繁,退休后的老人跟着子女养老的逐渐增多,他们的医疗如何保障?总不能得了病再回去治吧?医保是国家规定的一项保障措施,为什么不能像银行卡那样可以在全国通存通兑?难道医保只能充当"本地粮票"?

异地就医,成了老人们最大的负担

王老师和老伴儿都是北京市教育系统退休的中学老师。孝顺的子女为他们在河北省地界的小镇购买了一套大房子让他们安度晚年。这里远离喧嚣的环境,满足了他们渴望安逸、静谧晚年生活的心愿。老年人无欲无求,事事好将就,可有一件事却丝毫将就不得,那就是医疗看病。王老师不无担忧地说:"当地医院、药房和北京医保不对接,医药费用无法报销使我们负担大多了。"

无独有偶,南京市民陈女士也遇到类似的难题。她的哥哥自合肥一家单位退休后不幸中风偏瘫,而哥哥的独生儿子又在北京工作。陈女士便把哥哥接到南京来,以便治疗和照顾。但因医保无法转到南京来,只能自费治疗,这笔费用越来越大,真让两家人吃不消……

异地看病限制诸多报销手续繁琐

北京市朝阳区的李阿姨讲述她经历的故事:去医保所帮一位已退休的同事报销药费,真是足足地品尝了机关单位的办事效率。李阿姨的这位同事退休后一直居住在外地女儿家,都快3年了,每次医药费都是李阿姨帮她报。今年这位同事总共生了两回病,一次感冒,一次支气管炎,这等小病当然选择就近治疗了,但她并未在当地办理医疗定点医院,按照规定,她要么只能看急诊,要么必须有原医保医院的转诊单,医药费才能报销。

王女士在北京生活已有4年,由于黑龙江省牡丹江农垦某农场的医保卡在北京无法使用,生病就得自己掏钱看,若是在黑龙江医保办办理异地就诊手续,那么回黑龙江居住时又无法看病,况且生病是不会选择时间和居住地的。王女士说,退休工资打到银行卡,在哪里都可以取,为什么医保不能联网"互通"呢?而她委托那边的朋友给她报销,那边一会儿要委托书,一会儿要医院病历……每次报销医药费不拖上一年,就是找一大堆需要开各种证明的理由……

有的老人就说:"要去异地看病,特别是长期在异地看病吃药,那简直比登天还难。"现在医保卡的使用限制条件很多,要想到非指定医院看病,要本人申请、单位盖章、主治医师签字、本地医疗保险管理处批准……手续之繁琐令人头痛。

[案例来源:民主与法制网]

分析

(1)由于我国现行的医疗保险的属地管理以及定点医疗机构的地方管理，医保待遇的标准在各省、市不一样，且结算关系也是由当地各自完成，使得医保卡不能在全国范围内通用，医保参保人员跨地区就医十分困难，社会保障的福利性和保障性得不到体现。

(2)出于方便就医，保障老百姓权益的目的，政府以及劳动保障相关部门应尽快进行异地就医医保政策方面的专题调研，建立全国医疗保险一卡通制度，由国家投资建立各市、县统一的信息管理系统，利用互联网平台，实现资源共享互用。收缴和支付平台一旦建立，保险卡就随人流动、终身拥有、全国通用。社会保障关系在更大的范围内统筹、畅通接转，将有利于老百姓的流动和社会稳定。

相关政策

(1)建立城镇职工基本医疗保险制度的原则是：基本医疗保险的水平要与社会主义初级阶段生产力发展水平相适应；城镇所有用人单位及其职工都要参加基本医疗保险，实行属地管理；基本医疗保险费由用人单位和职工双方共同负担；基本医疗保险基金实行社会统筹和个人账户相结合。

——《国务院关于建立城镇职工基本医疗保险制度的决定》(国发〔1998〕44号)

(2)合理确定筹资标准。要根据农民收入情况，合理确定个人缴费数额。原则上农民个人每年每人缴费不低于10元，经济发达地区可在农民自愿的基础上，根据农民收入水平及实际需要相应提高缴费标准。

——《关于进一步做好新型农村合作医疗试点工作的指导意见》(国办发[2004]3号)

7

失业保险

学习目标

通过本章的学习，要求了解市场经济国家通行的失业保险制度，全面认识现代失业保险制度的基本构成，清楚我国现行的失业保险制度规定。熟悉我国失业保险工作流程，掌握失业保险管理机构和企事业单位人力资源部门失业保险事务管理的岗位技能。

7.1 失业保险概述

7.1.1 失业保险的含义

失业是指在劳动年龄内有劳动能力的人员，目前无工作，并以某种方式正在寻找工作的状态。成为失业者必须同时具备以下几个条件：一是劳动年龄内；二是有工作意愿；三是有工作能力；四是在一定期限内没有工作。

由于各国的社会经济条件不同，劳动年龄的规定不尽相同。多数国家把劳动年龄的下限规定为 15 岁，上限规定为 64 岁。我国招收员工规定一般要年满 16 周岁，员工退休年龄规定男性为 60 周岁（到 60 岁退休，不包括 60 岁），女性为 55 周岁（不包括 55 岁），所以我国劳动年龄区间应该为男性 16 – 59 岁，女性 16 – 54 岁。有工作意愿的标准一般以在此前 4 周内积极找工作，期待着在 30 天内开始新的工作。有工作能力指身体条件允许其工作，严重残疾或丧失劳动能力者除外。

失业保险（Unemployment Insurance）是指国家通过立法筹集基金，对因失业而暂时中断生活来源的劳动者提供基本生活保障，并通过职业培训、职业介绍等手段帮助其实现再就业的社会制度。它是社会保障体系的重要组成部分,是社会保险的主要项目之一。

失业保险大体可以归纳为以下三种类型。

(1)强制性失业保险。凡在规定范围内的雇员都必须参加。

(2)补贴性的自愿失业保险。除某些情况下规定工会会员必须参加外,一般可自愿参加。

(3)失业援助。对家庭收入调查,符合国家规定标准的失业者给予救济。这种方式通常作为失业保险的补充措施,对于那些不符合失业保险条件或享受失业保险救济金的期限已过的失业者提供援助。

目前,世界上已有70个国家和地区建立了失业保险,其中绝大多数国家和地区实行强制性保险,自愿性保险的范围只限于工会已建立失业保险基金的产业,失业援助也仅有少数国家单纯实行这种制度。

7.1.2 失业保险的特征

失业保险与其他社会保险相比较,除了具有一般特点外,还具有一些独有的特点。

1.应对风险不同

失业保险应对的风险是劳动者因各种原因失去工作而失业,劳动者的劳动能力并未丧失,这与养老保险、疾病保险、工伤保险等所应对的劳动者暂时或永久丧失劳动能力而面临的风险有所不同。其他社会保险项目中的风险,主要是由于劳动者个人的生理原因或意外伤害所致。而失业保险的风险是由于社会经济原因所致的职业风险。经济低迷、产业结构调整、就业政策变化等都能成为失业的原因。

2.目的不同

失业保险除了同其他社会保险一样具有保障劳动者基本生活的目的外,还兼具有提高劳动者就业能力和工作机会,促进劳动者再就业的目的。失业保险通过专业培训、在职培训、职业介绍等提高失业者的就业能力,为失业者谋求新职业创造条件,使其尽快实现再就业。

3.享受条件不同

失业保险的享受条件不仅同劳动者的工龄、保险费缴纳情况有关,而且还取决于劳动者的就业意愿。享受失业保险必须有就业意愿,对于不想就业或者失业后持消极态度的劳动者,一般被排除在失业保险之外。

4.属于短期保险项目

相对于养老保险、医疗保险而言,失业保险的待遇领取期限较短。失业保险的待遇享受者,超过一定期限,如果还没找到新的工作,就将纳入社会救助体系,按社会救助制度给予生活补助,不再属于失业保险的享受范围。

7.1.3 失业保险的原则

1.准确确定失业保险对象的原则

准确保障对象是失业保险的前提,失业保险仅保障非自愿失业者,对于因个人原因放弃工作的自愿失业者不在失业保险的范围。按照国际惯例,无正当理由自动离职者、因过失被革职者、直接参与劳资纠纷的罢工者、拒绝接受为其提供适当工作者不属于失业保险的保障对象。

2. 广覆盖的原则

失业保险需要在较大范围内实行社会统筹。失业保险基金是专门给付职工在失业期间保障基本生活的资金。如果在较大范围内做到社会统筹,将有利于失业保险基金的平衡和调剂,避免出现地区或行业间负担畸轻畸重,体现社会保险的共济性。

3. 适度原则

失业保险不但要保证失业者在失业期间的基本生活需要,而且还应有利于促进失业人员积极寻找工作,尽快实现再就业的需要。失业保险应制定适度的失业保险待遇标准和适度的享受期限。保障失业人员的基本生活,这是确立失业保险待遇标准的一个基本原则,这一待遇标准既要适度低于本人失业前的工资水平,又要适当高于社会救济金的标准。对于领取失业保险的期限既不能太长,也不能太短。失业金的领取期限太长会加大失业者对失业保险的依赖,不利于重新就业;失业金的领取期限太短,又不能起到保护失业者的作用。

7.1.4 失业保险的内容

失业保险的基本内容包括:失业保险的覆盖范围、享受失业保险的资格规定、失业保险的给付、失业保险基金的筹集和失业保险管理等。

1. 失业保险的覆盖范围

失业保险是为那些遭遇失业风险、收入暂时中断的失业者提供的一种收入保障,是社会稳定的一种安全阀。因为在社会经济活动中,每一个劳动者都有可能成为失业者。所以,从理论上说,失业保险的覆盖范围应该包括社会经济活动中的所有劳动者。

但是,纵观世界各国失业保险制度的发展,失业保险的覆盖范围最初都仅仅覆盖职业比较稳定的工薪收入者。而那些职业不稳定的季节工、临时工、家庭雇工、农业工人以及职业非常稳定的政府公务人员和自我雇佣的个体业主不在失业保险的覆盖范围。随着社会经济的发展以及世界各国对失业理解的变化,覆盖范围逐步扩大。目前实施失业保险的国家中,约有半数国家的失业保险覆盖范围已经包括了几乎所有行业的大多数工薪劳动者。其他国家的失业保险范围只限于工业和商业工人。少数国家的失业保险覆盖范围不包括收入超过一定金额的雇员。有些国家对于临时工和季节工的失业保险另有规定。有些国家对于建筑工人、码头工人、铁路工人和海员等特别行业的雇员实行专门的失业保险。

2. 享受失业保险的资格条件

参加了失业保险的劳动者领取失业保险金必须符合一定的规定条件。各国享受失业保险的资格条件不尽相同,概括起来共同的条件有以下几条。

(1)失业者必须是非自愿失业。即必须是非本人原因而引起的失业,才能申请领取失业保险金。为了防止失业者养成懒惰及依赖的习惯，凡是无充分理由自动离职者、因个人过失被革职者，拒绝接受适当的工作安排者、劳资纠纷罢工的失业者，均属于自愿失业，没有领取失业保险金的资格。例如：英国规定，因直接参与劳资纠纷而失业者没有领取失业津贴的资格；瑞典规定，因参与罢工或其他劳资纠纷的失业者不能领取失业救济；德国规定，由于本人违背合同条约而被解雇者不能领取失业津贴；美国规定，无正当理由而自动辞职，因不正当行为被雇主辞退、因劳资纠纷而离职、拒绝接受适合的工作、没有采取合理的行动去谋职以及故意隐瞒或虚报事实等等，不能领取失业保险金。

(2)失业者必须处于劳动年龄并具备劳动能力。失业者的年龄必须大于法定最低劳动年龄，小于法定退休年龄。未成年人和超过法定退休年龄的人都不具备享受失业保险待遇的资格。这样规定是因为：为了保护未成年人，各国均禁止使用童工。未成年人没有从事工作的义务，也就不存在失业问题。超过退休年龄的老年人，已为社会做出了自己的贡献，社会已解除了其劳动义务，应该享受老年社会保障，所以也不在失业保险的保障范围。身体严重残疾或丧失劳动能力者，身体条件不允许其工作，从人道主义出发，社会并没有赋予其劳动义务，因此也不在失业保险的保障范围。

(3)失业者必须具有就业意愿。由于失业保险保障的是为社会积极工作的失业者，因此必须具有就业意愿的失业者才有资格领取失业保险金。但是，就业意愿是属于人们的主观意愿，难以确定，必须使用相对客观的标准来测定。为了检验失业者的就业意愿，一般规定：失业后必须在指定的期限内到就业管理部门登记失业，要求重新就业。失业期间须定期与社会保险机构联系并汇报个人情况。接受职业培训和合适的就业安置。若失业者不能按时接受职业培训，或拒绝合适的就业安置，则认定其无就业意愿，停止失业保险金的发放。对“合适的”就业安置的规定一般从失业者接受的教育培训、身体条件和工作经历三方面来考虑。如果安置的岗位与被安置者在这三方面都没有明显的差距，就视为合适的就业。

(4)依法履行被保险人的义务。为了贯彻社会保险权利与义务对等的基本原则，失业保险规定失业者必须达到一定的就业年限或交足一定期限、数额的失业保险费，或在失业援助的国家居住到一定的期限，才具有领取失业保险金的资格。

3. 失业社会保险的给付

失业保险的给付包括失业保险金的给付标准和失业保险的给付期。在失业保险金的给付过程中，要严格遵守待遇资格条件的规定，不符合待遇资格条件的失业者将得不到失业保险的给付。

(1)失业保险金的给付标准是失业保险给付中一个重要的内容。给付标准一般取决于一个国家的社会经济发展水平和社会的生活水准，在确定失业社会保险给付水平时应保证该水平能满足失业者及供养直系亲属的基本生活需要，但给付标准应不高于失业者原有的工资水平。考察各国的情况，归纳起来失业保险金的给付有两种方法。

①薪资比例给付。即按失业者失业前最近一个时期的本人工资的一定百分比给付。在具体实施中确定失业者本人工资基数的方法各不相同,可以按失业前最后一个月的工资;或失业前一定时期的最高月工资;或失业前一定时期的平均月工资;或受保期内的平均工资。使用这种方法给付时,一般给低收入者确定的比例要高一些,给高收入者确定的比例要低一些。目前,使用这种给付方法的国家较多,一般情况失业金的替代率在40% ~75%之间。

②定额均一给付。对符合条件的失业者,一律按相同的绝对额给付失业保险金,不与失业前的工资收入相联系。具体定额的确定,有的国家按社会平均工资的一定比例给付,有的国家按法定最低工资的一定比例给付,有的国家按最低生活保障标准的一定比例给付。如波兰,按全国平均工资的36%计发失业津贴,不考虑失业者本人过去工资多少及其他情况,均发给同一标准的失业津贴。吉尔吉斯斯坦按法定最低工资的100%发放失业津贴,格鲁吉亚按最低生活保障标准的200%发放失业津贴。

(2)给付期是失业保险给付中另一重要内容。失业保险的给付期包括给付期限和给付等待期两方面的内容。对于给付期限,即给付失业金最长的期限,国际劳工组织综合各国失业情况和工人生活状况,规定失业保险金给付期上限为156个工作日,下限为78个工作日。给付期限的规定各国差异较大,短的8周,长的两年以上,多数定为13 ~36周。而且还根据缴费或参保时间、失业者年龄、失业率等因素,把给付期限分为多个档次。

另外,为了排除期限很短的给付,免去处理短期、小额失业津贴申请的负担,减轻工作量,节约管理费,留给失业保险管理机构调查情况的时间,防止冒领和有意制造非自愿失业的行为发生,失业后不能立即给付失业保险金,在支付失业保险金前,通常有几天的等待期。等待期的长短,取决于各国的就业政策、经济状况。20世纪50年代初期,多数工业化国家的失业保险等待期为7天。70年代后等待期有缩短的趋势,甚至一些国家取消了等待期。但在发展中国家,由于刚刚建立失业保险,财政承受力较弱,社会保险管理不太成熟,一般把等待期定得比较长。如厄瓜多尔的失业保险给付等待期为60天。

除失业保险金外,有些国家还提供失业援助或提供以失业人员家庭经济状况为条件的其他待遇作为补充。例如,失业人员领取失业保险金期满后仍未实现再就业的,若符合一定条件,还可以继续得到其他方面的一些救助。如果失业人员已成家,除发给失业保险金外,还要对其配偶及子女加发一定的补助金。

4. 失业保险基金的筹集

失业保险基金的筹集关系到整个失业保险制度的成败。目前世界各国失业保险基金筹集来源多为雇主、雇员、政府三方或其中的两方来负担,其中以三方负担方式为最流行,约占到实行失业保险制度国家总数的40%左右。比如,加拿大、日本、德国等为三方负担;法国、荷兰、希腊为雇主和雇员双方共同负担;意大利、美国为政府和雇主共同负担。在基金来源上,尽管由雇主、雇员和政府三方或两方分担的较多,但也有些国家规定失业保险费全部由一方缴纳。比如,印度尼西亚为雇主全部负担;南斯拉夫为雇员全部负担;澳大利亚、巴西、新西兰为政府全部负担。不论实施哪种失业保险制度,政府通常都会提供必要的财政支持。

5. 管理体制

失业保险的管理体制主要有以下三种。

(1)由政府部门直接管理。一般由劳动保障部门实施保险、就业、就业培训三位一体的管理。

(2)政府监督下授权自治机构或半官方自治机构实施管理。这种自治机构一般由劳方(工会)、资方(雇主)和政府三方代表组成,政府权力下放,充分利用民间力量,与各个方面协调配合。

(3)政府监督下由工会负责管理。如瑞典,国家劳工市场局监管失业法规的实施,工会失业基金会管理全国的失业保险业务,工会失业基金会各地分支机关负责失业津贴的发放。

7.2 国外失业保险

7.2.1 国外失业保险的历史与改革

1. 国外失业保险的历史

失业保险起源于欧洲。比利时于1901年最早实施失业保险,由地方财政提供资助,工会互助会管理资金,吸纳职工自愿参加。法国于1905年由工会建立失业基金会,政府给予一定补贴的公共资助的自愿失业保险制度。各工会组织可以决定是否建立失业保险基金,非工会成员可以自由选择是否参加失业保险。之后,挪威、丹麦也分别在1906年、1907年建立了失业保险。当时这几个国家实行的都是非完全强制性失业保险。

英国于1911年12月16日颁布《失业保险法》,在全国范围内的矿山、纺织、建筑、造船、铁路、木器等最易失业的行业内强制施行,所有16岁以上的员工均须参加失业保险,均可享受失业救济。之后经过修改,适用范围扩大。1920年法律规定,除农民、家庭佣工和机关职员外,受雇人都包括在失业保险适用范围之内。英国的失业保险法,是世界上第一个强制性的失业保险法,对许多国家的立法产生了重要影响。

继英国之后,意大利于1921年实施失业保险法,德国于1927年通过强制失业保险法。比利时、法国等国家也改变了原来的失业保险办法,转而采取强制性的立法手段。欧洲施行强制性失业保险法的国家,在20世纪20年代即达到19个。20~30年代,失业保险制度在欧洲的工业化国家相继建立。

在20世纪30年代的经济大萧条中,面对严重的失业,普遍的社会救济已不能满足社会的需要,资本主义各国不得不重新思考对失业者的救济。美国国民经济陷入困境,全国有1 500万~1 700万失业工人,约3 400万户农民陷入贫困境地。在富兰克林·罗斯福总统的领导下,美国联邦政府开始积极介入失业保险制度。罗斯福总统认为:建立失业社会保险制度不仅有助于避免个人在日后失业时去领取救济金,而且还可以通过领取失业金维持购买力来缓解经济困难。于是,美国1935年通过《社会保障法》,把失业社会保险制度的建立作为普遍福利政策的重点之一,各州政府在几年之内纷纷建立了失业保险制度。失业保险制度在欧洲之外的地区发展起来。第二次世界大战前后,一些新兴的工业化国家也相继建立了失业保险制度。

20世纪60年代以后,失业保险制度逐渐由单纯保障失业者的基本生活向失业预防、失业津贴、就业促进等方面发展。许多国家开始实行"经济的劳动力市场政策",以避免失业率过高,缩短失业周期。许多国家的立法宗旨由保障失业者的基本生活,开始转向鼓励企业招用失业人员,促进对失业人员的培训,提高再就业率。

2. 国外失业保险改革

进入20世纪90年代,失业保险基金支出结构已发生了很大的变化,加大了用于促进就业的比例。主要包括以下五方面内容。

(1)职业培训。对失业人员进行培训,以提高其再就业能力,这是促进失业人员重新回归劳动力市场的最有效的途径。因此,各国几乎无一例外地将职业培训作为失业保险基金投入的一个重点。如英国对参加培训并取得资格证书的失业人员,分别按资格等级增加失业保险给付标准。

(2)职业介绍。法国通过全国700多所职业介绍机构为失业人员提供再就业服务帮助,并规定其26%的工作经费由失业保险基金提供。

(3)就业补贴。为鼓励企业招聘失业人员,对企业提供补贴,也是一种比较通行的办法。这方面日本的做法比较典型,其就业补贴项目包括:对因经营不景气而被迫缩小经营规模的企业给予为期1年的工资补贴,以鼓励安置内部富余人员;对转产、重组企业提供一次性就业稳定特别补贴;对再就业特别困难地区开办的企业给予奖励性补贴;对创造出大规模就业岗位的企业给予岗位开发补贴。

(4)鼓励创业。如西班牙规定,失业者如参加生产合作社或自谋职业,可以一次性领取其全部失业津贴作为创业本金。

(5)鼓励提前就业或从事临时性工作。如日本规定,失业保险金支付期限为300天,但如果提前重新就业,其剩余支付期限在200~300天者,可以继续领取120天的再就业补助金;剩余支付期限在150~200天者,可领取70天的再就业补助金;如果失业者在其失业津贴领取期结束前100天或还剩一半的时间就找到合同在1年以上的相对稳定的工作,则可领取30天~120天再就业补助金。

目前,失业保险由保障基本生活转向促进就业,已成为多数国家在劳工领域的一个共识,成为失业保险改革的原则。有些国家已将"失业保险"改为"就业保险"。

7.2.2 国外失业保险制度

1. 英国失业保险制度

英国1911年开始立法实施失业保险，它是第一个实施强制性失业保险的国家，对世界其他国家的失业保险影响很大。具体内容有以下几方面。

(1)失业保险资金的筹集。英国失业保险金筹集方式为现收现付式，资金来源是国民保险基金收入和政府拨付。国民保险基金由雇员和雇主双方缴纳。雇员、雇主缴纳是按雇员周工薪收入的一定标准比例缴纳。国家财政负担的部分主要是用于失业津贴发放的调查费用等。

(2)失业保险的领取条件。英国规定以工资收入为主要生活来源的非自愿失业者，在失业之前已付失业保险费26周，才有资格申请领取失业保险津贴。国家要求失业工人在领取失业津贴之前，必须在公共职业介绍所登记要求就业，并依法接收公共职业介绍所的失业认定，只有在取得领取资格后，才可按期领取失业津贴。而且，只要领取失业津贴，就必须向该职业介绍所定期汇报情况。对找不到工作的新毕业的大、中学生，另有特殊照顾。

(3)英国失业保险的待遇标准是定额发放，符合失业保险津贴领取条件者，每周可得到一定数额的失业津贴，最高数额为年度周收入的85%。最长支付期限为52周。一年后如仍找不到工作，转而领取社会救济。

(4)失业保险的管理。英国的失业保险基金由社会保障部和就业部共同负责。就业部负责失业情况的登记调查和以后的培训计划工作，社会保障部负责失业基金的管理和发放。

(5)为了促进失业者再就业，2002年英国成立了隶属于就业和退休金部的就业服务中心。就业服务中心为求职者提供免费的就业服务。包括：每两周与求职者进行一次面对面接触，为求职者发布网上的职位空缺信息，与一些公司签订协议，为求职者提供多方位的就业服务，为雇主发布用工信息，对6个月或6个月以上的长期失业者提供特殊帮助和服务，如支持、培训、教育和工作经验，并由个人指导师提供建议和指导。

2. 德国失业保险制度

德国从1927年开始实行法定的失业保险。目前所有的职员、工人和学徒都必须参加失业保险。具体内容有以下几方面。

(1)失业保险金的筹资方式。失业保险金由雇员和雇主各付一半。雇员应当缴纳的一半，由雇主从雇员的工资中扣除，连同雇主自己应当缴纳的一半，一起上交给失业保险机构。失业保险金的筹资标准根据基金平衡状况进行调整，2007年10月以来雇员缴纳的失业保险金为净工资收入的3.5%。

(2)失业保险金的享受条件和标准。在德国失业者要想获得失业保险金，首先至少参加了一年的失业保险，其次要具有在一般劳动力市场条件下从事某一工作的能力，并到劳工局报到，参加职业培训，愿意接受劳工局介绍的合适工作，如果劳工局找不到合适他的工作，才可以领取失业保险金。

失业保险金的标准是失业前最后52周每月平均工资的60%，若失业者有孩子，待遇率可提高到工资的67%。一般失业者可以领取失业保险金的时间为1年，年满57周岁的受保险人，可以领取32个月。1年或32个月后，如果继续失业，可以申请失业救济金。失业救济金只提供360天。失业救济金的标准为以前毛收入的53%，失业者有孩子的为57%。但与失业保险金不同的是，一个失业者能否领取失业救济金，取决于他家庭的总收入。如果失业者的其他家庭成员有收入，并达到一定的水平，失业者就不能领取失业救济金。

领取失业保险金、失业救济金期间劳工局为失业者缴纳其参加的疾病保险、护理保险和年金保险的保险费。

(3)失业保险的管理。失业保险由联邦、州、地方劳工局承办。所有的失业保险金，包括雇员和雇主上交的部分，都由劳工局统一管理。劳工局的责任不仅包括失业保险金的收取和发放，还包括对失业者的职业介绍和职业培训。为了增加就业，从而减少失业保险金的支出，劳工局还负责调查劳动市场情况，参与劳动市场政策的制定。联邦劳工局自身的财政原则是以收抵支，自求平衡。如果当年入不敷出，它可以向联邦贷款。如果贷款也不够弥补收支缺口，则可以由联邦政府补贴。

3. 美国失业保险制度

美国1935年建立社会保险制度，联邦政府授权各州政府建立失业保险制度。联邦政府只制定有关政策，具体实施则由各州自主进行。目前，美国失业保险体系已涵盖了97%的工薪阶层。具体内容有以下四方面。

(1)失业保险的筹资。失业保险通过失业保险工薪税来筹集资金。在大多数州，失业保险工薪税全部由雇主负责。美国各州的失业保险费率根据各雇主的裁员人数确定，即根据各雇主被裁员的享受失业保险待遇的前雇员人数的多少而上下浮动，也称“经历税率”。如密歇根州新办企业头两年的费率为2.7%，即州基准费率的50%，而建筑业雇主必须外加建筑行业的平均费率；但雇主第三、第四年的费率部分地取决于其前雇员的保险待遇领取和缴费的历史记录，称为雇主失业保险经历；从第五年起，完全根据雇主的失业保险经历确定各雇主的各年度缴费率。失业保险税的数额是雇主的失业保险税率与失业保险税限额下的雇员年收入的乘积。联邦法律要求失业保险税的税基至少包括雇员年收入的前7 000美元。目前，80%的州的失业保险税基都高于联邦政府的规定，阿拉斯加州甚至高达23 200美元。按照这样征收，失业保险工薪税的税率各个雇主都不相同。税率的高低取决于企业解雇雇员的经历，解雇率越高，税率也越高。

(2)失业保险金的享受条件和标准。失业者领取失业保险金的时间长度取决于本人工作的年限，计算公式各州也不相同。在多数州中，最长的期限为26周，但是，如果本州的失业率高于某个因素一定水平，这个期限也可延长。失业者按照正常的失业保险规定，领取26周的失业保险金之后，仍然没有找到工作，可以继续领取13

个月的失业救济金。另外，各州还可以根据本地的财政状况，决定是否再延长失业救济金的发放期，但最长不能超过 20 个月。

失业保险金一般按周计发，每周保险金金额根据失业者以往的工资水平计算，并定有上下限。大部分州失业保险金的上限定为全州平均周薪的 50% ~70% 之间。下限为固定的保险金金额，具体金额各州不等。如，在 1998 年，每周失业保险金金额下限最低的夏威夷州为 5 美元，最高的印第安那州为 87 美元。

失业救济金的发放，是按照失业者失业时工资额的百分比来定的，比如年薪 8 万美元的雇员被解职，每月可获得 2 000 美元的失业救济金，其数额是原工资的 25% 左右，可基本保持失业者的生活水平。

(3)失业保险的管理。美国失业保险实施的是政府分权管理模式。联邦政府的劳工部负责每年核实各州所推行的失业保险计划，以确定该计划是否符合联邦规定、为州立机构提供技术上的协助以及作为统计数据的信息服务中心。各州负责执行本区的失业保险条例、备存失业保险的纪录、征集工薪税、决定领取失业保险金的资格、处理保险金的申请以及支付失业保险金。

(4)再就业补贴激励政策。2004 年，美国大约有 40% 的失业保险待遇领取者在 26 周的待遇给付期内没有找到工作。为了促进经济发展，维护社会的稳定，争取连任，布什总统提议加强和保护美国的劳动力，重整美国的就业和工作培训项目。布什提议向失业者提供再就业补贴，这些补贴存在个人再就业账户中，旨在激励待遇期满的失业者积极重新就业。补贴标准由州确定，最高可达到 3 000 美元，如果失业者在享受失业保险的 13 周内找到工作，可以保留补贴作为再就业的奖励。

4. 国外失业保险制度的经验与借鉴

纵观西方主要国家，他们在实施失业保险的过程中积累了宝贵经验，值得我国借鉴。

(1)实施失业保险和失业救济相结合的多重保障，扩大失业保险的覆盖面，提高对失业者及其家庭的生活保障程度。失业者在规定的失业保险给付期间仍未找到工作而发生生活困难时，并未直接被归入社会救济系统，而是被归入领发失业救济金之列。由于失业救济金来自国家财政，因此失业者不承担缴费义务，其待遇水平要低于失业保险给付标准，高于社会救济标准。失业保险与失业救济的衔接，为失业人员又提供了新一层的保障，为其继续寻找工作提供资本，避免了部分失业者因未能及时再就业而陷入难以维生的贫困境地，有利于促进再就业。

(2)美国的失业保险“经历税率”是根据企业以前解雇员工的情况来计算现在应付税率。虽然联邦政府规定失业保险税率为应税工资总额的 5.4%，但美国大多数州的企业都是按各自的就业稳定记录缴税，解雇员工少的企业失业保险税率可以下浮，解雇员工多的企业，失业保险税有的高达职工工资总额的 10.5%。经历税率鼓励企业尽量保留雇员，利用经济手段限制企业的解雇行为。这种通过失业保险制度，抑制企业的解雇行为，既减轻失业保险的负担，又促进就业，对我国的失业保险制度也是一种启示。

(3)对失业人员进行培训，提高其再就业能力，加强职业介绍，设置就业补贴鼓励企业招聘失业人员，多方位促进再就业。像英国那样，以实现充分就业为目标，不断提高劳动力参与率，实现劳动者就业权利，最大限度地利用劳动力资源，不断改善劳动者生活质量，增加社会财富，减少福利性开支等，对我国具有积极的借鉴意义。

7.3 中国失业保险

7.3.1 中国失业保险制度建设

由于连年战争，建国初期，我国的城市失业人员达到400万人，而1949年年底在职职工人数为780万人，失业人数是在职职工的50%。为解决这一关系共和国生存和发展的重大政治问题，1950年6月当时的劳动部经政务院批准发布了《救济失业工人暂行办法》，1952年8月又发布了《关于处理失业工人的办法》。采取以工代赈、生产自救、转业训练、动员失业人员还乡生产、移民垦荒和发放失业保险金等救济与安置相结合的办法，到1956年，基本解决了我国严重的失业问题。计划经济时期，我国实行统包统配的劳动就业制度，普遍就业、固定工制，基本上不存在失业的问题，失业救济制度也逐渐取消。

改革开放以后，由于经济运行机制的改变，出现了待岗失业人员。1986年7月国务院颁布了《国营企业职工待业保险暂行规定》(以下简称《暂行规定》)，标志着我国失业保险制度的建立。继此《暂行规定》之后又颁布了《国有企业职工待业保险规定》、《失业保险条例》等法规，逐渐完善了失业保险制度。

1. 待业保险

1986年7月，国务院颁布《暂行规定》为初创期的失业保险构建了制度框架，对构成我国失业保险制度的一些最基本内容做出了原则规定。《暂行规定》将失业保险的覆盖范围限定为“四种人”：一是宣告破产的企业职工；二是濒临破产的企业法定整顿期间被精减的职工；三是企业终止、解除劳动合同的工人；四是企业辞退的职工。并确定以基金制方式筹集保险费，规定企业按全部职工标准工资总额1%缴纳保险费。将保险待遇定义为“待业救济金”，同时规定了领取救济金的资格条件和待遇水平。待业救济金以职工离开企业前两年内本人月平均标准工资额为基数，按以下办法发放：宣告破产的企业职工和濒临破产的企业法定整顿期间被精减的职工，在宣告破产和宣告濒临破产法定整顿期以后，工龄在5年和5年以上的，最多发给24个月的待业救济金，其中：第1至12个月，每月为本人标准工资的60%至75%，第13至24个月，每月为本人标准工资的50%；工龄不足5年的，最多发给12个月的待业救济金，每月为本人标准工资的60%至75%。各地劳动行政主管部门设立专职机构或配备专职管理人员，管理待业职工和职工待业保险基金。管理经费在职工待业保险基金中列支。

从这些基本内容中可以看出,1986 年建立的“待业保险”制度,是一种覆盖范围仅限于国营企业且保障层次很低的失业救济制度,失业者个人不承担缴费义务,所享受的待业救济金仅仅只能解决失业者最基本的生活困难。当时的待业救济金标准若以实际工资计算,替代率大约为 40%,人均待业救济金约为 40 元,仅相当于国营企业平均工资的 25%,比当时国家规定的生活困难补助标准的 50 元还低。尽管《暂行规定》是一种范围小、层次较低的失业保障制度,但它为劳动制度从计划经济向市场经济过渡创造了条件。

针对《暂行规定》实施范围窄、保障水平低、基金承受能力弱等方面的不足,1993 年 5 月国务院颁发了《国有企业职工待业保险规定》(以下简称《规定》)。该《规定》在失业保险制度的组织管理模式、资金筹集等方面沿用了《暂行规定》的设计框架,但扩大了适用范围,调整了企业缴费基数,改变了待遇计发办法。将失业保险的适用范围由《暂行规定》的“四种人”扩大到七类人员:一依法宣告破产的企业职工;二濒临破产的企业在法定整顿期间被精简的职工;三按照国家有关规定被撤销、解散企业的职工;四按照国家有关规定停产、整顿企业被精简的职工;五终止或解除劳动合同的职工;六企业辞退、开除或除名的职工;七依照法律、法规规定或按省、自治区、直辖市人民政府规定享受待业保险的其他职工。企业缴费基数由按标准工资总额改为按职工工资总额;给付标准将过去按职工标准工资的一定比例改为按相当于当地民政部门规定的社会救济标准的 120% ~150% 计发。此外,还要求县级以上政府成立待业保险基金委员会,对基金的管理和使用进行监督。

2. 失业保险

尽管《规定》在多个方面对原有待业保险制度进行了改进,但并没有从根本上改变制度的框架。随着社会主义市场经济体制的确立和现代企业制度的形成,以待业救济为特征的失业保险制度显然无法满足建立统一劳动力市场、实现劳动力资源合理配置和社会保障社会化的需要。1999 年 1 月 22 日,国务院发布第 258 号令,颁布了《失业保险条例》(以下简称《条例》),进一步完善了失业保险制度,它为失业保险事业持续健康发展提供了强有力的法律保障,是我国失业保险制度发展的一个重要里程碑。《条例》在《规定》的基础上,对原制度框架在若干重要方面进行了关键性的修改,主要体现在以下几个方面。

(1)将制度正式命名为“失业保险”,相应地,将“待业救济金”正式改为“失业保险金”。这表明我国已经承认失业是社会主义市场经济中的客观经济现象并将长期存在下去,必须以完善的制度加以治理。

(2)失业保险覆盖范围扩大至城镇各类企事业单位。失业保险覆盖范围的扩大,一方面使城镇各类企事业单位的全体劳动者都能享有平等的参加失业保险的权利,使其在失业期间能够得到基本的生活保障和再就业服务;另一方面也为各类企事业单位改革用人制度提供了良好的外部条件,进而促进劳动力流动和统一劳动力市场的建立。

(3)调整了失业保险费的缴费比例,确立了单位与个人的保险费分担机制。一方面将单位承担的失业保险费率由1%提高到2%;另一方面,个人由原来的不缴费改为按本人工资的1%缴纳失业保险费。职工个人参与缴费的规定,强化了个人责任,体现了权利与义务相对等的社会保险原则。

(4)将失业保险金的给付标准与最低工资和城镇居民最低生活保障线挂钩。《条例》规定失业保险金水平低于当地最低工资、高于当地城镇居民最低生活保障线。具体给付标准由各地政府根据当地实际情况确定。

(5)对失业保险金的给付期限做出了明确规定。《条例》规定,根据失业者失业前单位和个人累计缴费时间长短,划分为三个给付期:累计缴费时间1~5年,失业后可领取最长期限为12个月的失业保险金;累计缴费时间5~10年,最长期限为18个月;累计缴费时间10年以上,最长期限为24个月。

(6)完善了失业保险管理。劳动保障行政部门负责贯彻实施失业保险法律、法规;指导社会保险经办机构的工作;对失业保险费的征收和失业保险待遇的支付进行监督检查。社会保险经办机构具体承办失业保险工作。财政部门和审计部门依法对失业保险基金的收支、管理情况进行监督。社会保险经办机构所需经费列入预算,由财政拨付。

3. 下岗职工基本生活保障制度

1993年以后,国家在建立和完善失业保险制度的同时,对国有企业中由体制转型和结构调整导致的大规模结构性失业现象,采取了特殊的应对措施,即建立相应的下岗职工基本生活保障制度,为转型时期这一特殊的失业群体提供过渡性的保障。

下岗职工基本生活保障制度作为一项过渡性政策,1993年出台,随后在全国范围内普遍开展,但未形成统一的制度。1998年5月,中共中央、国务院召开了全国国有企业下岗职工基本生活保障和再就业工作会议,并形成了统一制度规定,确立了下岗职工基本生活保障制度的主要内容:第一,凡是有下岗职工的企业都要建立再就业服务中心或类似机构;第二,资金来源采取“三三制”的办法解决,即原则上由财政负担1/3,企业负担1/3,社会筹集(主要来源于失业保险金)1/3;第三,下岗职工由再就业服务中心管理并提供保障的最长期限为3年,期间能够实现再就业的,其劳动关系转到新就业的单位,不能实现再就业的,3年期满后也要解除与原企业的劳动关系,转为正式失业。

下岗职工基本生活保障制度作为一种替代性的非正式失业保险制度,最终是要与失业保险制度并轨的。根据国务院制定的改革目标,2000年以后将不再产生大规模的下岗职工,已经进入再就业服务中心的下岗职工也要逐步解除与企业的劳动关系,到2007年上半年,国有企业下岗职工基本生活保障向失业保险并轨基本完成。

7.3.2 中国失业保险面临的问题

从1986年至今,我国失业保险制度,历经20多年的发展,已经形成了完整的体系。实践证明,改革开放以后,失业保险制度在保障失业人员的基本生活,促进再就业,健全劳动力服务市场体系,促进企业的经营机制和用人机制转变方面发挥了积极的作用。然而,随着社会的发展,经济体制改革的继续深化,现行失业保险制度存在的问题也日益显露出来。

1. 失业保险覆盖面较窄

《条例》将失业保险的覆盖范围扩大到城镇所有的企业和事业单位,但实际上参保率高的仅局限于国有企业职工,很多事业单位还未按照规定全部参加失业保险,而其他各类所有制经济单位"漏保"非常严重,尤其是个体经营者、私营企业的工人和农民合同制工人,大多处于无保障境况。2008年新的《劳动合同法》实施后会有所改善,但"漏保"率的高低,还要看相关的法律建设。目前的这种保障现状,使得失业保险的社会性弱化,违背了保险的大数原则,影响失业保险基金的平衡。

2. 失业保险费征收缺乏刚性

失业保险费征收缺乏刚性,欠缴、漏缴现象十分严重。首先,失业保险征缴手段乏力。各地都存在参保单位缴费不足问题。在实际工作中,参保单位隐瞒参保人数、降低缴费基数,缴费基数和人数不足成了缴费单位普遍存在的问题。按照《条例》、《社会保险费征缴暂行条例》的规定,用人单位未按照规定申报应缴纳失业保险费的,应由劳动保障行政部门责令单位限期改正;情节严重的,对直接负责的主管人员和其他直接责任人处1 000元以上5 000元以下的罚款;情节特别严重的,可处5 000元以上10 000元以下的罚款。但由于种种原因,应处罚的大多没有处罚,法律法规的严肃性、约束力没能得到切实体现。其次,单位经济状况的差异及部分单位缴费意识淡泊,本位思想严重。经济效益差的单位想缴没有钱,效益好的单位有钱不想缴,事业单位相对稳定,职工失业风险意识差,不愿意缴。再次,失业保险金领取与个人缴费多少缺少关联性,缴多缴少一个样。这也导致许多单位千方百计降低缴费基数,隐瞒参保人数,出现单位缴的养老保险、医疗保险、失业保险基数不尽一致,相差悬殊的现象。

3. 失业保险金的领取标准过低

《条例》规定,失业保险金的标准,按照低于当地最低工资标准、高于城市居民最低生活保障标准的水平,由省、自治区、直辖市人民政府确定。目前我国的月平均失业保险金水平为各省、市最低工资的70% ~80%,大致在150到450元之间。如果将失业保险金与国有企业年平均职工工资做个比较,我国的失业保险金只能替代25%左右的工资,而大多数国家失业保险金的替代率为失业前工资的40% ~75%。失业保险金的标准过低,不能满足失业人员基本生活的保障,也不足以支付求职成本,不利于促进转岗就业,使得失业保险应有的保障功能和反失业功能都没有得到有效发挥。

4. 促进再就业的功能相对较弱

我国的失业保险制度,从建立伊始就明确了保障生活和促进就业的两项制度功能。然而在制度的具体实施过程中,失业保险制度对促进失业者再就业的功能相对较弱。现行失业保险虽然也规定了失业保险待遇中还包括职业培训和职业介绍的费用,但是费用的多少由省、自治区、直辖市人民政府规定。从实施《条例》以来各地的情况来看,提供给失业人员基本生活保障金的支付占了绝对的比重,提供失业职工的转业培训费,扶持失业职工生产自救等内容的支出得不到保证。失业保险基金中用于再就业的比例过低、再就业率低,反映出我国失业保险制度促进再就业功能的不足。

5. 现行失业保险缺乏对新增劳动力失业问题的制度安排

我国的失业保险制度,建立之初主要针对的是以企业裁员为主体形成的失业群体。但近几年来,又出现了以青年为主体的"新失业群体",他们中相当部分从学校毕业后直接加入了失业行列。根据教育部门的统计,近年来大学毕业生在离校前后的就业率为70%左右。也就是说,有30%的当期大学生在毕业离校时还没有找到工作。2006年我国大学毕业生是413万,30%没有找到工作,就是有120多万大学生在离校时还没有就业。这些新增劳动力因为从未工作过或仅从事过临时性工作,几乎都没有缴纳过失业保险费,按现行制度规定,也就无法获得制度化的失业保险。因而从目前来看,失业保险制度明显不能满足"新失业群体"的需要,而更加令人担忧的是,"新失业群体"的规模仍将呈持续上升之势。

6. 失业保险监督机制不完善

失业保险基金的管理缺乏有效监督,失业保险基金支出结构不合理,管理混乱、支出控制不严,甚至出现挪用和浪费现象。失业金发放中,部分以前失业但实际已就业的人员仍在不断地领取失业金。另外,我国在经济体制转轨过程中隐性就业现象较为严重。隐性就业者通常隐瞒其就业事实,他们在取得工资收入的同时也领取失业保险金。由于缺乏有效的审核监督机制使得这部分人的行为不仅影响了失业保险制度的公平,也造成了失业保险基金的流失。

我国失业保险制度才仅有20多年的历史,在保障失业者基本生活促进再就业上还任重道远。根据预测,21世纪前20年我国仍然面临较大的就业压力。由于受人口基数、人口年龄结构、人口迁移及社会经济发展进程等诸多因素的影响,未来十几年,我国16岁以上人口将以年均550万人的规模增长,到2020年劳动年龄人口总规模将达到9.4亿人。2006年前三季度,城镇登记失业率4.2%,登记失业人口835万。今后几年,全国城镇每年新增劳动力1 000万人,另外还有1 400万下岗失业人员,每年需要安排就业人员2 400万人,而社会新增就业岗位约900万,每年劳动力供大于求的缺口在1 400万人左右,整个社会就业形势比较严峻。

针对这一形势,结合我国失业保险制度中存在的问题,我国未来失业保险制度应进一步扩大覆盖范围,充分发挥失业保险的社会功能。以新《劳动合同法》的实施为契机,把覆盖面扩大到城镇所有企业职工,建立统一的劳动力市场,促使劳动力在企业间合理流动。另外,尽快建立新增劳动力失业扶助机制,充分利用人力资源。

通过职业培训、职业介绍、公益性岗位、职业技能鉴定补贴以及小额担保贷款贴息、劳动力市场信息系统运行等,强化失业保险促进再就业的功能。同时,适当地提高失业保险金标准,充分保障失业人员基本生活,满足失业者实现再就业的成本支出。

加强失业保险的法制建设,通过立法增强失业保险基金的征缴力度,规范失业保险金的使用、管理。依法加强监督力度,发挥失业保险法律的威慑力,维护失业保险法律的效力。

7.3.3 失业保险实务

1. 失业保险参保、变更登记

生产经营性单位自领取营业执照之日起 30 日内、非生产经营性单位自成立之日起 30 日内,应当向当地社会保险经办机构申请办理社会保险登记。经办机构为依法申报参加失业保险的单位办理参加失业保险登记手续,要求其填写"社会保险登记表",并出示营业执照、批准成立证件或其他核准执业证件;国家质量技术监督部门颁发的组织机构统一代码证书;经办机构规定的其他有关证件和资料。已经参加养老、医疗等社会保险的,参保单位只提交社会保险登记证,填写"社会保险登记表"及"参加失业保险人员情况表"。

经办机构审核通过后,为参保单位及其职工个人建立基本信息,并将有关资料归档。未通过审核的,经办机构应向申报单位说明原因。

参保单位的名称、住所或地址、法定代表人或负责人、单位类型、组织机构统一代码、主管部门、隶属关系、开户银行账号等发生变更时向原社会保险登记机构申请办理变更社会保险登记。

参保单位缴费单位发生解散、破产、撤销、合并以及其他情形,依法终止社会保险缴费义务时,应当及时向原社会保险登记机构申请办理注销社会保险登记。

由税务机关征收社会保险费的地区,社会保险经办机构应当按月向税务机关提供当月缴费单位社会保险登记、变更登记及注销登记的情况。

2. 失业保险费征收

失业保险费征收包括缴费申报受理、缴费核定、费用征收与收缴欠费等。失业保险费由税务机关征收的地区,经办机构应与税务机关建立信息沟通机制,并将税务机关提供的缴费信息及时记录。

(1)申报受理。参保单位按规定定期办理缴费申报,经办机构予以受理。参保单位需填报"社会保险费申报表",并提供失业保险费代扣代缴明细表、劳动工资统计月(年)报表及经办机构规定的其他相关资料。参保单位人员发生变化时,应按规定及时到经办机构进行人员变动缴费申报,填报"参保单位职工人数增减情况申报表",并提供相关证明和资料,办理缴费申报手续,经办机构予以受理。实行社会保险费统一征收的地区,在受理参保单位申报缴纳基本养老保险费、基本医疗保险费的同时,应当要求其必须申报缴纳失业保险费,并为其办理失业保险费缴费申报手续。

(2)缴费核定。经办机构审核参保单位填报的"社会保险费申报表"及有关资料，确定单位缴费金额和个人缴费金额。城镇企业事业单位按照本单位工资总额的2%缴纳失业保险费。城镇企业事业单位职工按照本人工资的1%缴纳失业保险费。城镇企业事业单位招用的农民合同制工人本人不缴纳失业保险费。审核通过后，在“社会保险费申报表”相应栏目内盖章，并由经办机构留存。对未按规定申报的参保单位，经办机构暂按其上年(月)缴费数额的110%确定应缴数额；没有上年(月)缴费数额的，经办机构可暂按该单位的经营状况、职工人数等有关情况确定应缴数额。参保单位补办申报手续并按核定数额缴纳失业保险费后，经办机构再按规定进行结算。办理参保人员增减变动缴费申报的，经办机构根据参保单位申报参保人员变动情况，核定其当期缴费基数和应征数额，同时办理其他相关手续，并为新增参保人员记录相关信息。经办机构根据缴费核定结果，形成“失业保险缴费核定汇总表”，并以此作为征收失业保险费的依据。

(3)费用征收。经办机构应以“失业保险缴费核定汇总表”作为征收失业保险费的依据。采取委托收款方式的，开具委托收款书，送“收入户存款”开户银行；采取其他方式征收的，以支票或其他方式实施收款。所收失业保险基金必须存入财政部门在国有商业银行开设的社会保障基金财政专户，依据实际到账情况入账，开具基金专用收款凭证，并及时记录单位和个人缴费情况。对中断或终止缴费的人员，经办机构应记录中断或终止缴费的日期、原因等信息，并办理相关手续。由税务机关征收失业保险费的地区，经办机构要与税务机关建立信息沟通机制。

(4)收缴欠费。参保单位办理申报后未及时缴纳失业保险费的，经办机构应向其发出“失业保险费催缴通知书”，通知其在规定时间内补缴欠费。对拒不执行的，提请劳动保障行政部门要求参保单位限期改正；对逾期仍不缴纳的，除要求补缴欠缴数额外，从欠缴之日起，按规定加收滞纳金。收缴的滞纳金并入失业保险基金。对因筹资困难，无法一次足额缴清欠费的企业，经办机构与其签定补缴协议。破产的企业，其欠费按有关规定，在资产变现收入中予以清偿；无法完全清偿欠费的部分，经经办机构提出，劳动保障部门审核，财政部门复核，报当地人民政府批准后可以核销。

3. 失业保险缴费记录

缴费记录包括建立记录、转出记录、转入记录、停保和续保记录及缴费记录查询等。

经办机构负责建立参保单位及职工个人基本信息及缴费信息。实行社会保险费统一征收的地区，经办机构应对参保单位及其职工个人缴纳的社会保险费根据规定的各险种费率按比例进行分账，并根据失业保险费的缴纳情况进行详细、完整地记录。

参保单位跨统筹地区转移的，转出地经办机构向转入地经办机构出具“参保单位失业保险关系转迁证明”，并提供转迁参保单位及职工个人的相关信息资料。转入地经办机构根据转入单位提供的“参保单位失业保险关系转迁证明”和信息资料，记录转入参保单位及职工个人的基本信息和缴费情况。参保职工个人在职期间跨统筹地区转换工作单位的，转出地经办机构向转入地经办机构出具“参保人员失业保险关系转迁证明”并提供转迁职工个人相关信息资料。转入地经办机构根据转入职工个人提供的“参保人员失业保险关系转迁证明”、个人基本信息及缴费信息资料，记录转入职工个人的基本信息和缴费情况。职工由机关进入企业或事业单位工作的，从工资发放之月起，所在参保单位应为其申报缴纳失业保险费。经办机构应按规定为职工个人核定视同缴费年限，建立缴费记录。

参保人员因出国（境）定居、退休、死亡等原因中断或终止缴费，经办机构根据变动信息，及时确认个人缴费记录，并将个人缴费记录予以注销或封存。

经办机构通过服务窗口、咨询电话等方式负责向参保单位及其职工个人提供缴费情况的查询服务。参保单位或职工个人对查询结果提出异议的，应根据参保单位和职工个人提供的有关资料予以复核，如需调整的，报经办机构负责人批准后予以修改，并保留调整前的记录。同时，将复核结果通知查询单位或职工个人。

4.待遇审核与支付

待遇审核与支付包括失业保险金等待遇审核与支付、职业培训和职业介绍补贴审核与支付、农民合同制工人一次性生活补助审核与支付、失业人员失业保险关系转迁后的待遇审核与支付以及待遇支付记录等。

1）失业保险金待遇审核与支付

失业人员失业前所在单位，应将失业人员的名单自终止或解除劳动合同之日起7日内报经办机构备案，并按要求提供有关终止或解除劳动合同、参加失业保险及缴费情况等材料。失业人员应在终止或解除劳动合同之日起60日内到经办机构按规定办理申领失业保险金手续。失业人员申领失业保险金应填写“失业保险金申领表”，并出示身份证明、所在单位出具的终止或解除劳动合同的证明、失业登记及求职证明、经办机构规定的其他材料。经办机构自受理失业人员领取失业保险金申请之日起10日内，对申领者的资格进行审核认定。对审核符合领取失业保险金条件的，按规定计算申领者领取失业保险金的数额和期限，在“失业保险金申领表”上填写审核意见和核定金额，并建立失业保险金领取台账，同时将审核结果告知失业人员，发给领取失业保险待遇证件。对审核不符合领取失业保险金条件的，告知失业人员，并说明原因。

失业保险金应按月发放，由经办机构开具单证，失业人员凭单证到指定银行领取。失业人员领取失业保险金，经办机构应要求本人按月办理领取手续，同时向经办机构如实说明求职和接受职业指导和职业培训情况。对领取失业保险金期限即将届满的失业人员，经办机构应提前一个月告知本人。

失业人员在领取失业保险金期间，如发生重新就业、应征服兵役、移居境外、享受基本养老保险待遇、被判刑收监执行或者被劳动教养的、无正当理由拒不接受当地人民政府指定的部门或者机构介绍的工作等，经办机构停止发放失业保险金和其他失业保险待遇。

失业人员在领取失业保险金期间,可以按照规定向经办机构申领医疗补助金。经办机构对失业人员按规定提供的相关资料进行审核,确认享受医疗补助金的资格及医疗补助金数额,并按规定计发。失业人员在领取失业保险金期间死亡,其家属可提出享受丧葬补助金和抚恤金的申请,经办机构参照当地对在职职工的规定,对其家属发放一次性丧葬补助金和抚恤金。

2)职业培训和职业介绍补贴审核与支付

劳动保障部门认定的再就业培训或创业培训定点机构按相关规定对失业人员开展职业培训后,由培训机构提出申请,并提供培训方案、教学计划、失业证件复印件、培训合格失业人员花名册等相关材料。经办机构进行审核后,按规定向培训机构拨付职业培训补贴。

劳动保障部门认定的职业介绍机构按相关规定对失业人员开展免费职业介绍后,由职业介绍机构提出申请,并提供失业人员求职登记记录、失业证件复印件、用人单位劳动合同复印件、介绍就业人员花名册等相关材料。经办机构进行审核后,按规定向职业介绍机构拨付职业介绍补贴。

失业人员在领取失业保险金期间参加职业培训的,可以按规定申领职业培训补贴。失业人员应提供由经办机构批准的本人参加职业培训的申请报告、培训机构颁发的结(毕)业证明和本人支付培训费用的有效票据。经办机构进行审核后,按规定计算应予报销的数额,予以报销。

3)农民合同制工人一次性生活补助审核与支付

参保单位招用的农民合同制工人终止或解除劳动关系可申领一次性生活补助,经办机构根据失业者和参保单位签定的劳动合同、参保单位出具的终止或解除劳动合同证明的资料以及参保单位缴费情况记录进行审核。经确认后,按规定支付一次性生活补助。

4)失业人员失业保险关系转迁后的待遇审核与支付

领取失业保险金的失业人员跨统筹地区流动的,转出地经办机构审核通过后,应及时为其办理失业保险关系转迁手续,开具"失业人员失业保险关系转迁证明"及其他相关证明材料交失业人员本人。其中,失业人员跨省、自治区、直辖市流动的,转出地经办机构还应按规定将失业保险金、医疗补助金和职业培训、职业介绍补贴等失业保险费用随失业保险关系相应划转。失业人员失业保险关系在省、自治区范围内跨统筹地区流动的,失业保险费用按各省劳动保障行政部门的规定处理。转入地经办机构对失业人员提供的"失业人员失业保险关系转迁证明"等其他相关证明材料进行审核,并按规定支付失业保险待遇。

5.财务管理

失业保险基金实行收支两条线管理。经办机构对失业保险基金收入、上级补助收入、下级上交收入、转移收入等到账信息予以确认,并按规定进行相应记录,每月月末全部转入财政专户。经办机构根据失业保险基金支出计划,按月填写用款申请书,并注明支出项目,加盖本单位用款专用章,在规定时间内报送同级财政部门审核,并确认财政专户拨入支出户资金的到账情况。经办机构对失业保险待遇支出核定汇总表等资料进行复核,复核无误后,将款项从支出户予以拨付。

失业保险基金会计核算采用收付实现制。经办机构根据基金收入和支出情况,及时填制记账凭证。按规定用结余基金购买的国家债券或转存定期存款,经办机构以财政部门出具的财政专户缴拨凭证和加盖专用印章的原始凭证复印件填制记账凭证。经办机构根据收付款凭证登记“现金日记账”、“收入户存款日记账”、“支出户存款日记账”和“财政专户存款日记账”。按科目分类汇总记账凭证,制作科目汇总表,登记总分类账。将“收入户存款日记账”、“支出户存款日记账”与“银行对账单”核对,将“财政专户存款日记账”与财政部门对账单核对。每月终了,收入户存款账面结余、支出户存款账面结余与银行对账单余额之间如有差额,财政专户失业保险基金存款账面结余与财政部门对账单余额之间如有差额,经办机构应按月编制银行收入户存款、银行支出户存款、财政专户存款余额调节表,调节相符。根据总分类账、明细分类账等,定期编制会计报表。

年终,经办机构根据本年度基金预算执行情况和下年度基金收支预测,编制下年度基金预算草案,按程序经同级劳动保障行政部门复核、同级财政部门审核,报同级人民政府审批。根据批准的预算,填制预算报表,定期报告预算执行情况。年终核对各项收支,清理往来款项,同开户银行、财政专户、国库对账,并进行年终结账。编制资产负债表、基金收支表、有关附表以及财务情况说明书,对重要指标进行财务分析,形成年度基金财务报告,并按程序经同级劳动保障行政部门复核、同级财政部门审核,报同级人民政府审批。

本章小结

失业保险是指国家通过立法筹集基金,对因失业而暂时中断生活来源的劳动者提供基本生活保障,并通过职业培训、职业介绍等手段帮助其实现再就业的社会制度。失业保险的设计应遵循准确确定失业保险对象的原则;广覆盖的原则;待遇水平适度的原则。失业保险的基本内容包括:失业保险的覆盖范围、享受失业保险的资格规定、失业保险的给付、失业保险基金的筹集、失业保险管理等。

从1901年比利时开始实施失业保险到今天经历了100多年的时间,失业保险发生了很大的变化,逐渐由单纯保障失业者的基本生活向失业预防、失业津贴、就业促进等方面发展。许多国家的立法宗旨由保障失业者的基本生活,开始转向鼓励企业招用失业人员,促进对失业人员的培训,提高再就业率。

我国失业保险制度的建立以1986年国务院颁布的《国营企业职工待业保险暂行

规定》为标志。经过1986—1993初步运行,1993年国务院颁布并实施《国有企业职工待业保险规定》,标志着我国失业保险制度进入了正常运行时期。1999年国务院颁布的《失业保险条例》进一步完善了失业保险制度,成为我国失业保险制度发展又一个重要里程碑,标志着我国的失业保险制度进入了新的发展阶段。目前,我国失业保险制度还存在覆盖面窄、征缴保费乏力、待遇标准过低、促进再就业功能较弱、新增劳动力失业缺乏保障、监督机制不完善等问题,还需进一步完善。

思考题

1. 失业保险的基本内容有哪些?
2. 各国享受失业保险的资格条件中,共同强调了哪几个方面?
3. 我国失业保险制度经历了哪些主要历程?
4. 我国失业保险金待遇是怎样审核与支付的?

案例　企业支付给农民合同制工人的工资应纳入缴纳失业保险费的基数

某市的一家企业招用了几十名农民合同制工人,今年8月,某中5名农民合同制工人合同到期后没有能与该企业续订劳动合同,处于失业状态。当他们发现与他们一起失业的城镇职工能每月从社会保险经办机构领取失业保险金后,也到社会保险经办机构申请领取失业保险待遇。社会保险经办机构告诉他们,他们原来所在的企业在他们就业时没有为他们缴纳失业保险费,也就是没有将支付给他们的工资计入缴纳失业保险费的基数,因此,他们无资格申请领取失业保险待遇。于是,这5人向劳动争议仲裁委员会申请仲裁,要求他们原来所在的企业为他们补缴失业保险费,以便他们也能按规定享受失业保险待遇。

劳动仲裁委员会根据该市有关失业保险的规定裁定,农民合同制工人不在失业保险制度的覆盖范围之内,企业不应为他们缴纳失业保险费。这5人不服仲裁,向人民法院起诉,要求撤销劳动争议仲裁委员会的裁决,并要求企业为他们补缴失业保险费。法院根据有关法律和行政规定,认定劳动争议仲裁委员会关于企业可以不将支付给农民合同制工人的工资纳入失业保险费基数的裁定是错误的,因此,依法予以撤销劳动争议仲裁委员会的裁决,并要求企业为农民工合同制工人补缴失业保险费。

[案例来源:衡水劳动保障网]

分析

(1)失业保险金征缴机构缺乏有力的执法权,征缴手段乏力。失业保险的缴费基数是缴费单位的工资总额,缴费单位往往在工资总额上瞒报和漏报。应加强失业保险的法制建设,制定有关的法律责任和处罚条款,以发挥失业保险法律的威慑力,维护失业保险法律的效力。

(2)扩大失业保险覆盖面,把各类企业职工、机关团体职工、个体工商户、农民工都覆盖在内,体现失业保险的普遍性特征,实现保险的大数原则。促进劳动力的合理流动,充分利用人力资源。

相关政策

(1)国务院1999年1月22日发布实施的《失业保险条例》第六条规定:城镇企业事业单位按照本单位工资总额的2%缴纳失业保险费。城镇企业事业单位职工按照本人工资的1%缴纳失业保险费。城镇企业事业单位招用的农民合同制工人本人不缴纳失业保险费。第二十一条:单位招用的农民合同制工人连续工作满1年,本单位并已缴纳失业保险费,劳动合同期满未续订或者提前解除劳动合同的,由社会保险经办机构根据其工作时间长短,对其支付一次性生活补助金。补助的办法和标准由省、自治区、直辖市人民政府规定。

(2)《失业保险金申领发放办法》(中华人民共和国劳动和社会保障部第8号令)第七条规定:失业人员申领失业保险金应填写"失业保险金申领表",并出示下列证明材料:①本人身份证明;②所在单位出具的终止或者解除劳动合同的证明;③失业登记及求职证明;④省级劳动保障行政部门规定的其他材料。

8

工伤保险

学习目标

工伤保险是社会保险的重要组成部分,是产生最早、实施范围最广泛的社会保险制度。通过本章学习,要求了解工伤保险的基本概念、国际和国内工伤保险的历史发展过程以及我国现行工伤保险制度的内容。把握《工伤保险条例》、《劳动法》和《职业病目录》等政策法规。熟悉工伤保险的参保、工伤认定、劳动能力鉴定和工伤保险待遇支付等工作流程。掌握费率核定、登记和交费管理等岗位技能。

8.1 工伤保险概述

8.1.1 工伤保险的含义

工伤保险(Occupational Injury Insurance),又称职业伤害保险,是指国家依法强制实施的,劳动者在生产劳动过程中遭受意外伤害或因职业性有害因素危害,而负伤(或患职业病)、致残或死亡,对劳动者本人或其遗属提供医疗服务和经济补偿,保证其基本生活需要的社会保险制度。

在工伤保险的含义中,主要涉及到以下几个基本概念的认识。一是工伤即职业伤害,包括生产过程中发生的意外事故和因工作中接触有害因素而导致的身体伤害,即职业病。二是工伤事故,不仅包含生产过程中发生的意外事故,还包含上下班途中发生的交通意外。三是职业病,因生产过程中长期接触有害因素而引发的疾病。多数国家对于职业病采用列举法,即详细列出职业病的名称,在列表范围以内即术语职业病。四是工伤保险的待遇支付条件一般包含,由于工伤事故或职业病发生而需支付的医疗费用、致使劳动能力完全或部分丧失或死亡。

8.1.2 工伤保险的特点

从各国工伤保险的实施情况来看,其共同的特点主要有以下四点。

(1)强制性。依照一个国家基本法律的规定,获得工伤保险保障是劳动者的一项基本权利;同时,工伤保险是通过国家立法推行,要求符合条件的劳动者和雇主必须参加的制度。

(2)普遍性。工伤保险是目前国际上推行最为普及的、一个国家或地区内实施最为广泛的社会保险制度。

(3)保障性兼有补偿性。主要是针对因工伤或职业病而导致的劳动者直接或间接的经济损失进行补偿;保障内容最全面、待遇最优厚。

(4)互济性。是由多数企业缴费建立工伤保险基金,补偿少数因工伤或职业病伤害而遭受损失的劳动者的一种统筹互济制度。

8.1.3 工伤保险的原则

各国工伤保险制度在运行过程中,多数要遵循以下基本原则。

(1)无过失补偿原则和个人不缴费原则。只要事故发生,不论雇主或雇员是否存在过错(雇员的故意行为除外),无论责任在谁,雇主(或社会保险机构)都应承担经济赔偿责任,即无过错赔偿。由无过失补偿原则决定了雇主应承担全部工伤保险费用,雇员个人不缴费。

(2)严格区别工伤和非工伤原则。前者是在工作生产过程中,为社会利益而遭受的职业伤害所致,与职业有直接关系;后者则与职业无关,完全是个人行为所致。严格区分因工和非因工界限,明确因工所致的各项费用,应由工伤保险基金来承担,而且前者的医疗康复待遇、伤残待遇和死亡抚恤待遇均比非因工伤亡社会保险待遇优厚。这样做同时具有褒扬抚恤的意义。

(3)工伤补偿与预防、康复相结合的原则。为保障工伤职工的合法权益,恢复劳动者的劳动能力和生活能力,必须把单纯的经济补偿和职业康复以及工伤预防有机地结合起来。工伤保险最直接的任务是经济补偿,保障伤残职工或其遗属的基本生活需要。同时改善劳动条件、加强安全培训,这样做有利于安全生产和事故防范,减少工伤事故和职业病的发生,能够获得最大化的社会效益。

(4)直接经济损失与间接经济损失相区别的原则。直接经济损失指职工在发生工伤事故后,个人所受的经济损失中,与其直接经济收入相关的部分,即工资收入。这部分收入直接影响职工本人及其供养的直系亲属的生活,也直接影响劳动力的再生产,因此须及时给予较优厚的补偿。间接经济损失是指职工工资收入以外的其他经济收入的损失,如兼职收入等,这一部分收入不列入工伤保险的经济补偿范畴。

(5)一次性补偿与长期补偿相结合的原则。对因工致残、致死的劳动者(或其遗属),除提供一次性经济补偿外,为保证劳动者(或其遗属)长期的生活需要,还应该对其支付长期补偿。

8.1.4 工伤保险的内容

各国的工伤保险制度在建立和发展过程中,由于各种原因,或多或少地存在差异,但多数实行工伤社会保险制度的国家,其工伤保险制度的体系结构由较为固定的几个部分构成。

1. 工伤保险的对象

多数国家的工伤保险制度一般适用于工薪劳动者,通常不适用于自我雇佣者。一些工业化水平较高国家的工伤保险,几乎包括所有雇员,把从事非经济活动的人同样包括在职工工伤保险制度之中。例如,奥地利、丹麦、德国、芬兰、日本、挪威、瑞典和突尼斯已把个体经营者包括进来。法国、德国在法规中还包括了学生和教师。有些国家还把"红十字"救援和其他救援人员、义务消防灭火人员、从事工会工作人员、协助警察工作人员、为保卫国家安全人员、家庭雇工、家庭教师甚至保姆等因工作而受到的伤害,均包括在工伤保险的范围之例。

2. 工伤保险基金的募集

(1)工伤保险基金的募集及项目构成。工伤保险基金的募集通常有四种方式,即完全由雇主负担;由雇主及政府双方负担;由雇主和雇员双方负担和由雇主、雇员及政府三方负担等。

工伤保险基金由下列项目构成:企业缴纳的工伤保险费、工伤保险费滞纳金、工伤保险基金的利息、法律法规规定的其他资金。

(2)工伤保险费的缴纳办法。工伤保险费率的方式主要有三种:一是统一费率制,即按照工伤统筹范围内的预测开支需求,与相同范围内企业的工资总额相比较,求出一个总的工伤保险费率,所有企业均按这一比例缴费;二是差别费率制,即对单个用人单位或行业单独确定工伤保险费的缴纳比例,差别费率主要根据各行各业或企业单位一定时期内的伤亡事故与职业病统计以及工伤事故发生率的预测而确定;三是浮动费率制,这是在差别费率的基础上,每年对各行业或企业的安全卫生状况和工伤保险费用支出状况进行评价,根据评估结果,由主管部门决定该行业或企业工伤保险费率的上浮或下浮。世界上多数国家采用差别费率与浮动费率制。这既可以调动企业加强安全生产的积极性,又可以在社会共担风险的原则基础上体现企业安全管理的责任。

3. 工伤的认定

工伤的认定是由法律规定的机构对特定伤害是否属于工伤范围的确认。通常要建立专门的工伤认定机构,或者由劳动行政部门主管。

要正确认定工伤,必须制定一套严格的审核制度。劳动者发生事故时,应如实记录事故发生的时间、地点和经过,并及时向有关部门报告。在此基础上,要填写申请工伤保险待遇的报告,以便有关部门进行审核,确定是否属于因工受伤,能否享受工伤待遇。

4. 劳动能力鉴定

劳动能力鉴定,也称为失能鉴定、丧失工作能力鉴定,是劳动能力鉴定专门机构根据法定的鉴定标准,对因工伤事故或患职业病的劳动者伤残后丧失劳动能力的程度和护理依赖程度进行的鉴定。劳动鉴定的标准通常是由工伤保险或补充性的法律法规明确规定的。

5. 工伤保险待遇

工伤保险待遇通常是以现金支付,其内容一般由四个部分构成,即医疗补贴、暂时性丧失劳动能力补偿、永久性丧失劳动能力补偿和遗属补贴四种。有些国家还单独列出职业康复所需支出的费用津贴。

(1)医疗补贴。在一些国家,工伤保险制度提供的医疗待遇比非工伤提供的待遇广泛得多。国际劳工组织1952年公布的第102号公约《社会保障(最低标准)公约》指出,工伤保险对工伤工人提供的所需的每一种类型的照顾(包括矫形设备的供应和维修)都不允许工人分担费用;对工伤工人提供不受时间限制的医疗照顾。1964年第121号公约《职业伤害赔偿公约》中考虑到一些国家医疗照顾是根据普遍卫生服务制度或者受医疗保险的人给予医疗费用补助,因此对这方面的规定写得比较灵活。具体到许多国家,越来越多地趋向于列举不同的医疗补贴,有针对性地提供给工伤受害者。

(2)暂时性丧失劳动能力补偿。暂时性丧失劳动能力和永久性丧失劳动能力的区别是,致残之后超过一定时期,对其劳动能力进行鉴定,如仍不能恢复或已失去原来的劳动能力即可视为永久性丧失劳动能力。暂时性丧失劳动能力补偿待遇几乎在所有国家都是按发生事故前若干时间本人平均工资的一定比例发放。

(3)永久性丧失劳动能力补偿。在大多数国家,永久性丧失劳动能力的补偿是定期支付的(可称为年金)有的是根据伤残程度发放,即根据减少或失去挣钱能力的一定比例发放,有的是按规定的一个时期内平均工资计算发放。

(4)遗属补贴。在工伤保险制度中,遗属补贴的支付形式与永久性丧失劳动能力的支付形式一样,通常规定一个最高额或一个支付比例。

8.2 国外工伤保险

8.2.1 国外工伤保险的发展与改革

现代意义上的工伤保险制度走过了从雇主责任保险向社会保险发展的历程。在工业化国家发展的初期,工人发生事故得到赔偿是根据民事法典中的一些规定通过法院裁决实现的。但事故的受害者或其家属在法庭上必须有足够的证据证明事故是由于雇主或同事的过失造成的。由于受害者难以承受一大笔诉讼费或因起诉雇主而带来被解雇的结果,因而避免诉诸于法律,结果往往得不到任何赔偿。19世纪末,西欧国家先后确立了“无过失补偿原则”：即凡是利用机器从事经济活动的雇主，都有可能造成雇员受到职业方面的伤害；由于人体与机器相比较总处于弱势地位，因此，意外事故无论是由于雇主的疏忽还是受害人或其同事的过失，雇主都应对受到伤害的劳动者进行赔偿。

世界上最早实行工伤保险的是俾斯麦时期的德国，于1884年通过了《工人灾害赔偿法》。随后英国颁布了《雇主责任法》。法国于1889年，美国于1908年，日本于1911年，俄罗斯于1912年也分别将职业伤害赔偿原则写进了各国的法规中，形成了早期的雇主责任保险。

雇主责任保险在发展过程中可以分为三个阶段。

(1)国家立法对雇主的赔偿责任、赔偿办法只做简单、原则的规定，没有规定具体的赔偿标准。在发生工伤事故后，雇主按国家的原则规定自行支付赔偿。政府有关机构实施监督，出现争议由法院裁决。

(2)国家立法具体明确雇主的责任，规定赔偿最低标准，并规定某些危险性大的行业必须向商业保险公司投保。这个时期，商业保险公司颁布了一些取代雇主责任，根据风险计算出支付与投保额成比例的赔偿办法。

(3)国家立法规定雇主和承担工伤保险的商业保险公司向政府主管部门缴纳一定的保险金，以便在企业或保险公司破产时，仍能向需要支付工伤赔偿的工人及家属支付赔偿费。

这样，雇主的工伤赔偿责任得到了加强。雇主责任保险尽管对工人或遗属采取了一些赔偿措施，但它仍存在着许多缺陷。第一，赔偿费多为一次性支付。由于雇主支付赔偿费要根据自身的经济能力，支付的数额一般都低于受害人的需要，大多数给付按受害人本人三年的工资发放。实际上，对那些永久完全丧失劳动能力的人或是受供养的遗属真正需要的是较为长期的待遇，而不是一次性支付赔偿金。第二，雇主的责任难以兑现。由于实际追究事故责任的过程十分复杂，结果往往是受害者得不到及时、公正的赔偿。第三，当遇到事故时，有些雇主是难以负担巨额赔偿的。在这种情况下，那些资金薄弱的企业自身难保，其命运只能是破产、倒闭。第四，商业保险公司介入工伤保险有很大的局限性。一方面，商业保险公司以营利为目的，它在大多数情况下是不会接受那些职业危险性很大的企业雇主和工人参加保险的。在支付赔偿金时，又会千方百计“降低”给付标准，尽可能地逃避赔付责任。另一方面，这种保险是非强制性的，雇主和工人中的相当一部分不愿去投保。第五，由于没有统一的工伤认定标准和待遇标准，容易发生纠纷而无法解决。

随着工业化的发展，促使一些工业化国家寻求更好、更完善的制度来弥补雇主责任保险的缺陷。社会保险作为社会的“安全网”、“减震器”，在一次世界大战前，逐步在欧洲少数国家开始实行。工伤保险作为社会保险的一个组成部分，主要特征是由国家立法，政府有关部门负责工伤保险事务，统一筹措(集)资金，共担风险，通过行业雇主协会进行工伤赔偿。它既可以使受工伤事故的人和家属得到相应的待遇，又可以避免工伤保险成为一个企业或某个雇主个人承担的保险。

8.2.2 国外工伤保险的制度比较

工伤保险在世界范围内是实施范围最为广泛的社会保险制度,各国工伤保险在许多方面基本一致:如多数国家的工伤保险是强制实施的,保障范围最广泛,覆盖几乎所有劳动者,多数按照无过失补偿原则和个人不缴费原则,都带有经济补偿性质等。但由于每个国家的经济、文化、传统方面存在差异,因而在操作上存在较大差别,主要表现在以下几个方面。

1.保障范围不同

多数国家适用于工薪劳动者,但也存在差异,德国的保障范围几乎包括所有雇员,参加保险的人员不仅有产业界雇员,而且包括农民、教师、政府雇员等;但有些国家则不同,如意大利的工伤保险制度实施范围是体力劳动者、从事危险工作的非体力雇员和从事农业的独立劳动者(海员不在此范围内,另有制度);美国及一些国家工伤保险范围不包括全部农业工人,只包括从事电动机械操作的农业工人;而加拿大的保障范围则不包括小型企业的工人。

2.制度模式不同

世界上实行工伤保险的国家大体分为两种,一种是建立公共基金的工伤社会保险类型;另一种是雇主责任保险制度类型。

绝大多数国家实行社会保险制度类型,通常是国家依据法律强制实施的,雇主必须向社会保险机构缴纳工伤保险费,由社会保险机构统一管理。

少数国家实行雇主责任制。雇主责任制有三种情况:一是自愿性质的,即受到伤害的雇员或其遗属直接向雇主要求索赔,雇主根据法律规定支付经济补偿,如阿根廷等国;二是强制雇主必须为其雇员投保商业性的雇主责任保险,由雇主承担交费义务,比如美国等;三是规定高风险的特殊行业的雇主必须通过商业保险途径为其雇员提供保障,如马来西亚等。

3.资金筹集方式不同

资金筹集方式大体分为两种情况,一类采用统一费率制,即所有行业和企业按同一费率缴费;另一类是按行业和企业面临的风险高低和风险实际发生的情况使用差别费率和浮动费率相结合的交费方式。

4.工伤保险待遇差别

许多国家把工伤保险待遇分为医疗补贴、暂时失能补偿、永久失能补偿和死亡补偿。不同国家的待遇差别主要表现在以下几方面。

(1)待遇标准高低不一。比如永久失能补偿,英国规定如果残废程度为20%～90%者,一周支付8.9英镑到39.9英镑、:如果残废程度为1%～19%者,则发给一次性补助金,金额为2 950英镑;而法国规定伤残程度为10%～50%者,支付补助金为收入损失部分的1/2,如果伤残程度低于10%的,则发给一次性补助金。

(2)待遇支付方式不一。对于永久失能补偿和死亡补偿的待遇支付,有些国家采取一次性补偿方式,如阿根廷等国;而多数国家则采取一次性补偿和分期补偿相结合的方式,这也是工伤保险待遇支付未来的发展趋势。

5. 其他区别

如在工伤预防和职业康复的实施程度、管理主体的确定、对于工伤和职业病的认定范围等方面也存在一定差异。

8.3 中国工伤保险

8.3.1 中国工伤保险的制度建设

1. 我国工伤保险制度的建立

我国的工伤保险制度是建国初期建立起来的,当时的工伤保险并没有形成一个统一、独立的体系,而是分为干部和企业职工两大类。

1950 年,内务部制定《革命工作人员伤亡褒恤暂行条例》,建立了国家机关和事业单位职工的工伤保险制度。1951 年建立了企业职工工伤保险制度。其主要特征是单位保险,即工伤保险由受伤害者所在单位组织实施。这是由我国特定的社会经济体制,特别是资源分配体制决定的。单位保险是指由单位具体组织实施的保险过程,关于保险待遇标准,已由国家作了统一规定。这些标准主要包括下面四条。

(1)医疗待遇。所在单位负责全部的诊疗费、药费、住院费和就医路费。

(2)残废待遇。经医疗终结,被评定为全部丧失劳动能力的,按退休处理,其中,饮食起居需人服侍的,发给 90% 的工资,同时发给超过一个普通二级工人工资的护理费;饮食起居不需要服侍的,发给 80% 的工资。被评定为部分丧失劳动能力的,由单位负责安排适当工作,如现工作工资比以前有所降低,发给本人残废前工资的 10% ~30% 的残废金。

(3)死亡待遇。企业职工因工死亡,由企业发给丧葬费,标准为 3 个月的企业平均工资;国家机关工作人员因工死亡,由死者生前所在单位报销 400 元的丧葬费,发 20 个月工资的抚恤费。

(4)职业病。职业病根据病情轻重程度,其各项待遇按照工伤处理。职业病名单由劳动部、全国总工会和卫生部规定。

总体上看,我国工伤保险包括短期待遇和长期待遇,以长期待遇为主,明显地区别于一次性支付待遇的雇主责任制保险。因此,我国的工伤保险具有社会保险的属性。

2. 我国工伤社会保险制度进入了新的发展阶段

劳动部于 1996 年发布了《企业职工工伤保险试行办法》(以下简称《试行办法》),于 1996 年 10 月 1 日起试行。《试行办法》是在《劳动法》实施一周年之际颁布实行的,对于保障职工合法权益,维护社会稳定,促进安全生产,都具有重要的现实意义。特别是《试行办法》将工伤保险作为一种相对独立的制度,加以体系化、规范化,这表明我国的工伤保险制度的建设已进入一个崭新的阶段。

(1)企业职工工伤保险的实施范围扩大到境内所有企业。境内所有企业必须按照国家和当地人民政府的规定参加工伤保险,按时足额缴纳工伤保险费,并按《试行办法》和当地人民政府规定的标准保障职工的工伤保险待遇。

(2)变企业保险为社会保险。《试行办法》突破了企业保险旧的管理模式,通过工伤保险费用社会统筹和工伤保险社会化管理,使我国工伤保险走上了社会保险的轨道。该办法规定:"工伤保险基金按以支定收、收支基本平衡的原则统一筹集、存入银行开设的工伤保险基金专户,专款专用,任何单位和个人不得挪用或挤占。""工伤保险费由企业按照职工工资总额的一定比例缴纳,职工个人不缴纳工伤保险费。"

(3)建立了工伤保险与安全生产相结合的机制。20 世纪 50 年代推出的工伤保险规定缺少工伤预防和职业康复方面的内容。《试行办法》增加了这方面的内容:通过保险费率杠杆和一系列奖惩规定,建立起工伤预防机制,并对职业康复作了初步规定:"工伤保险费根据各行业的伤亡事故风险和职业危害程度的类别实行差别费率。工伤保险行业差别费率每 5 年调整一次。""劳动行政部门对企业上一年度安全卫生状况和工伤保险费用支出情况进行评估,适当调整企业下一年度工伤保险费率,实行浮动费率。"

(4)调整了工伤保险待遇项目和标准,具体内容有下面几条。

①工伤待遇主动性基数,由过去的按本人受伤前标准工资改为按本人受伤前 12 个月内平均月工资收入计发工伤津贴、伤残抚恤金、伤残补助金;按当地或省、自治区、直辖市上年度职工平均工资计发工伤护理费、丧葬补助金、供养亲属抚恤金和工伤补助金等。"工伤伤残抚恤金和供养亲属抚恤金,由省、自治区、直辖市根据上年度职工平均工资增长的一定比例每年调整一次"。

②实行了工伤医疗期。工伤治疗时间有法定上限,可保证负伤职工正常治疗,也有利于工伤医治管理。同时,工伤医疗期内由企业照发原工资改为从工伤保险机构领取工伤津贴。

③扩大了工伤范围。

④调整了一些工伤待遇标准。

⑤增加了一些待遇项目。如增加了一次性伤残补助金,一次性伤残就业补助金等。对伤残 7 ~ 10 级且愿意自谋职业或另行择业的,发给一次性伤残就业补助金。

2003 年 4 月 27 日国务院颁布的《工伤保险条例》于 2004 年 1 月 1 日起施行,这是自 1951 年修订颁布《中华人民共和国劳动保险条例》之后,第一次制定的、专门的、具有法律效力的工伤保险法规,对于推行工伤保险的改革,规范工伤保险制度,解决工伤保险争议至关重要。《工伤保险条例》从法律上实现了《劳动法》赋予劳动者的工伤保险待遇权利,增强了工伤保险待遇权的行使与保护机制,为建立和健全比较完善的社会保障法律体系奠定了法律基础。

8.3.2 中国工伤保险面临的问题

2003年4月27日国务院颁布的《工伤保险条例》与过去的工伤保险制度相比较，有了较大的创新和突破；保障范围扩展到所有企业；多数地区采用浮动费率和差别费率；对工伤和职业病的认定范围更为广泛和细致；工伤发生后的工伤认定、劳动能力鉴定和工伤争议处理机制也更加完善和清晰；工伤保险的待遇也有所提高和扩大。但是在实施过程中，也逐步暴露出一些问题和不足。

(1)工伤保险的覆盖范围狭窄。这是由多种原因造成的：在工伤保险法律制度中未明确规定机关和事业单位的劳动者享受工伤保险保障的权利；由于参保意识不强和利润最大化的驱动以及工伤保险法律在强制性规定和具体操作中力度的不足，多数私营、外资和乡镇企业并未参加工伤保险；对农民工和临时工提供工伤保险保障的规定不十分清晰，致使多数农民工被排除在保障范围以外。

(2)工伤保险基金的管理上，工伤保险基金的筹集存在漏洞，致使部分企业少缴甚至不缴；工伤保险基金在待遇支付过程中存在支付项目和支付对象的畸高畸低的现象。

(3)在工伤认定和劳动能力鉴定方面也有待加强和完善，首先是企业在此过程中的义务和未履行应承担的法律责任应细化；其次，我国目前的工伤认定和劳动能力鉴定没有社会化，而是由劳动部门承担，自身同时是立法者、业务管理者和中介服务者似有不妥之处。

(4)工伤保险与预防、康复存在着脱节现象。工伤保险与工伤预防和职业康复，三者是相互影响、相辅相成的。但在目前的工伤保险工作中，有重工伤认定、待遇支付，轻工伤预防和职业康复的倾向，工伤保险工作只是被动地受理工伤认定，支付伤亡待遇，工伤的预防和康复开展不够。

8.3.3 工伤保险实务

按照我国现有《工伤保险条例》和多数地区的工伤保险法律法规的规定，现行工伤保险制度的操作都有既定的程序和要求。(详见图8-1)

1. 参保

依据《工伤保险条例》或当地的工伤保险法律法规的规定，在工伤保险范围以内的用人单位到当地的社会保险经办机构登记开户，并提供各项材料(如营业执照等)。社会保险经办机构按照《关于工伤保险费率问题的通知》或当地的费率标准核定费率，用人单位按时缴费(劳动者个人不缴费)。

2. 工伤认定

工伤事故发生以后，用人单位应及时将受伤劳动者就近送医疗机构接受治疗，在病情稳定后，转入定点医疗机构接受治疗；用人单位应在事故发生后3日内(一次负伤3人以及3人以上的伤害事故，应在24小时内)向劳动行政管理部门报告；用人单位应在事故发生之日或鉴定为职业病之日起30内(劳动者本人在1年内)向当地劳

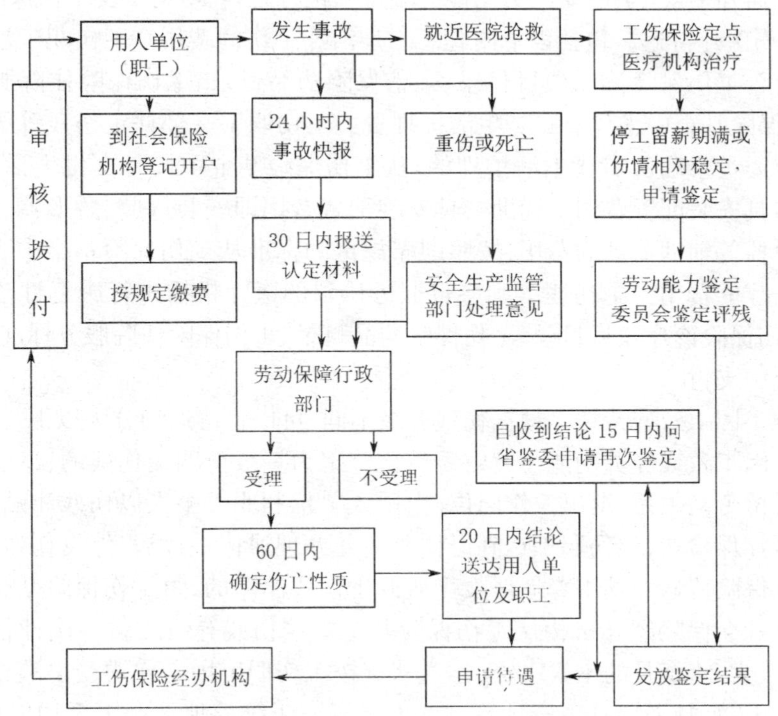

图 8-1 工伤保险业务流程图

动行政管理部门提出工伤认定申请，并承担举证责任；劳动保障行政部门应当自受理工伤认定申请之日起 60 日内做出工伤认定的决定，并书面通知申请工伤认定的职工或者其直系亲属和该职工所在单位。

3. 劳动能力鉴定

工伤职工停工留薪期满或停工留薪期内伤情处于相对稳定状态，可由用人单位、工伤职工或者其直系亲属向劳动能力鉴定委员会提出劳动能力鉴定申请，填报“劳动能力鉴定表”，并提交“工伤认定通知书”或“工伤证”、病历及其他诊疗资料。劳动能力鉴定委员会应当自收到劳动能力鉴定申请之日起 60 日内做出劳动能力鉴定结论，必要时，做出劳动能力鉴定结论的期限可以延长 30 日。劳动能力鉴定结论应当及时送达申请鉴定的单位和个人。申请鉴定的单位或者个人对劳动能力鉴定委员会做出的鉴定结论不服的，可以在收到该鉴定结论之日起 15 日内向上级劳动能力鉴定委员会提出再次鉴定申请，做出的劳动能力鉴定结论为最终结论，当事人不服不得申请重新鉴定。自劳动能力鉴定结论做出之日起 1 年后，工伤职工或者其直系亲属、所在单位或者经办机构认为伤残情况发生变化的，可以申请劳动能力复查鉴定。

4. 工伤保险待遇

用人单位按本办法规定参加工伤保险，按规定缴纳工伤保险费，职工发生事故伤害或者患职业病，经认定为工伤的，向经办机构填报“工伤保险待遇申请表”，提交工伤认定结论通知书或“工伤证”、劳动能力鉴定结论等材料，申请享受工伤保险待遇。

(1)工伤医疗待遇。包括以下内容。一是治疗工伤的费用。工伤职工治疗工伤所需费用符合工伤保险诊疗项目目录、工伤保险药品目录、工伤保险住院服务标准的，从工伤保险基金中支付。二是生活护理费。工伤职工一经评定伤残等级并经劳动能力鉴定委员会确认需要生活护理的，从工伤保险基金中按月支付生活护理费。三是辅助器具安装配置费用。辅助器具安装配置费用即安装假肢、矫形器、假眼、假牙和配置轮椅等辅助器具的费用，按照国家规定的标准从工伤保险基金中支付。四是康复性治疗的费用。工伤职工到签订服务协议的医疗机构进行康复性治疗的费用，符合工伤保险诊疗项目目录、工伤保险药品目录、工伤保险住院服务标准的，从工伤保险基金中支付。

(2)职工因工致残待遇。根据伤残等级不同，可以将待遇划分为以下三级。

①职工因工致残经劳动能力鉴定委员会鉴定为一级至四级伤残的，享受以下待遇。一是保留劳动关系，退出工作岗位，由用人单位和职工个人以伤残津贴为基数，缴纳基本医疗保险费；工伤职工达到退休年龄并办理退休手续后，停发伤残津贴，享受基本养老保险待遇。基本养老保险待遇低于伤残津贴的，由工伤保险基金补足差额。二是由社会保险经办机构从工伤保险基金中按伤残等级支付一次性伤残补助金，一级伤残为24个月的本人工资(本人工资按工伤职工因工作遭受事故伤害或者患职业病前12个月平均月工资计算。本人工资高于统筹地区职工平均工资300%的，按照统筹地区职工平均工资的300%计算；本人工资低于统筹地区职工平均工资60%的，按照统筹地区职工平均工资的60%计算，下同)，二级伤残为22个月的本人工资，三级伤残为20个月的本人工资，四级伤残为18个月的本人工资。三是由社会保险经办机构从工伤保险基金按月支付伤残津贴，一级伤残为本人工资的90%，二级伤残为本人工资的85%，三级伤残为本人工资的80%，四级伤残为本人工资的75%。伤残津贴实际金额低于当地最低工资标准的，由工伤保险基金补足差额，即伤残津贴高于当地最低工资标准的，按伤残津贴支付，伤残津贴低于当地最低工资标准的，按当地最低工资标准支付。

②职工因工致残经劳动能力鉴定委员会鉴定为五级、六级伤残的，享受以下待遇。一是保留与用人单位的劳动关系，由用人单位安排适当工作。二是难以安排工作的，由用人单位按月发给伤残津贴，五级伤残为本人工资的70%，六级伤残为本人工资的60%，并由用人单位按照规定为其缴纳应缴纳的各项社会保险费。伤残津贴实际金额低于当地最低工资标准的，由用人单位补足差额。应当注意的是，一至四级伤残的伤残津贴是从工伤保险基金支付，而五、六级伤残的伤残津贴是由用人单位支付。三是社会保险经办机构从工伤保险基金中按伤残等级支付一次性伤残补助金，五级伤残为16个月的本人工资，六级伤残为14个月的本人工资。四是工伤职工本人提出，该职工可以与用人单位解除或者终止劳动关系，由用人单位支付一次性工伤医疗补助金和伤残就业补助金。具体标准由省、自治区、直辖市人民政府规定。

③职工因工致残经劳动能力鉴定委员会鉴定为七至十级伤残的,享受以下待遇。一是由社会保险经办机构从工伤保险基金中按伤残等级支付一次性伤残补助金,七级伤残为12个月的本人工资,八级伤残为10个月的本人工资,九级伤残为8个月的本人工资,十级伤残为6个月的本人工资。二是劳动合同期满终止,或者职工本人提出解除劳动合同的,由用人单位支付一次性工伤医疗补助金和伤残就业补助金。具体标准由省、自治区、直辖市人民政府规定。工伤职工如果再次发生工伤,按照新认定的伤残等级享受工伤待遇。

④职工因工死亡的待遇。工伤职工因工直接导致死亡的,其直系亲属可以从工伤保险基金领取丧葬补助金、供养亲属抚恤金和一次性工伤死亡补助金。丧葬补助金为6个月的统筹地区上年度职工月平均工资。供养亲属抚恤金按照职工本人工资的一定比例发给由因工死亡职工生前提供主要生活来源、无劳动能力的亲属。一次性工伤死亡补助金标准为48个月至60个月的统筹地区上年度职工月平均工资。具体标准由统筹地区的人民政府根据当地经济、社会发展状况规定,所以工伤职工或其直系亲属应当查看各地的具体规定。

本章小结

工伤保险是工业化生产的必然产物,是社会保险的重要构成部分;它经历了由"无责任补偿"思想到雇主责任保险再到社会保险这样一个发展历程,在这个过程中表现出以下特点:保障范围不断扩大、工伤认定和劳动鉴定日趋成熟、保险待遇不断提高、由一次性支付过渡到一次性支付和分期支付相结合的方式、日益注重工伤预防和职业康复在工伤保险制度中的地位和作用。

我国的工伤保险制度自1951年建立起,经历了1996年和2004年两次重大改革,工伤保险制度日益成熟:保障范围日益扩大、用人单位在工伤保险中的责任更加明确、工伤认定和劳动鉴定的程序和操作更加完善,这些都有力地保障了劳动者的权利,但是现阶段的工伤保险制度还存在一些问题和不足,在实践过程中逐步暴露出来,有待于进一步改革和完善。

思考题

1. 工伤保险有哪些基本原则?
2. 什么是工伤事故和职业病?

3. 试评价我国现行的工伤保险制度。

案例 违章作业导致伤亡，能否认定为工伤？

某工厂铆工王某，正在车间自己的岗位上工作时，同车间吊车工谢某为赶进度，违章使用三角皮带超载起吊钢材，皮带断裂，钢材下落，致使王某左大腿粉碎性骨折。王某能否被认定为工伤？

［案例来源：中金在线］

分析

按照工伤保险中的“无过失补偿”原则规定：在使用机器生产过程中，只要事故发生，不论雇主或雇员是否存在过错（雇员的故意行为除外），无论责任在谁，雇主（或社会保险机构）都应承担经济赔偿责任。同时我国《工伤保险条例》第十四条明确指出在工作时间和工作场所内，因工作原因受到事故伤害的应认定为工伤，第十六条规定故意行为除外。依据上述分析，王某受伤符合认定工伤的各项条件，应该认定为工伤，依法享受相应的工伤保险待遇。

相关政策

（1）我国《工伤保险条例》第十四条规定职工有下列情形之一的，应当认定为工伤：

①在工作时间和工作场所内，因工作原因受到事故伤害的；

②工作时间前后在工作场所内，从事与工作有关的预备性或者收尾性工作受到事故伤害的；

③在工作时间和工作场所内，因履行工作职责受到暴力等意外伤害的；

④患职业病的；

⑤因工外出期间，由于工作原因受到伤害或者发生事故下落不明的；

⑥在上下班途中，受到机动车事故伤害的；

⑦法律、行政法规规定应当认定为工伤的其他情形。

（2）我国《工伤保险条例》第十六条规定职工有下列情形之一的，不得认定为工伤或者视同工伤：

①因犯罪或者违反治安管理伤亡的；

②醉酒导致伤亡的；

③自残或者自杀的。

9

生育保险

学习目标

通过本章的学习,要求掌握生育保险的概念、特点、作用和内容等基本知识和原理,了解国内外生育保险改革发展过程以及相关政策法规,熟悉生育保险相关工作的环节和流程,掌握生育保险工作岗位的相关职业技能,胜任相关工作岗位的职位。

9.1 生育保险概述

9.1.1 生育保险的含义

生育保险(Maternity Insurance)是通过国家立法,在职业妇女因生育子女而暂时中断劳动时由国家和社会及时给予生活保障和物质帮助的一项社会保险制度。其宗旨在于通过提供生育津贴、医疗服务和产假,维持、恢复和增进生育妇女身体健康,并使婴儿得到精心的照顾和哺育。

生育保险提供的生活保障和物质帮助,通常由现金补助和实物供给两部分组成。现金补助主要是指及时给予生育妇女的生育津贴。有些国家还包括一次性现金补助或家庭津贴。实物供给主要是指提供必要的医疗保健、医疗服务以及孕妇、婴儿需要的生活用品等。提供的范围、条件和标准主要根据本国的经济状况确定。生育保险是社会保险制度的基本内容之一。

生育问题是有关人类繁衍生存和劳动力再生产的大事,所以受到了普遍的关注。但是,由于国情的不同,世界各国的人口政策也大相径庭,因此生育保险必然要打上人口政策的烙印,或鼓励生育,或控制生育。

生育保险概念的界定包括三层含义。

(1)生育保险一般被用来帮助法定范围内的劳动者对付因生育而导致的两方面的经济风险:一是怀孕、生产、哺乳期间的医护费用;二是产假和哺育假期间的经济来源。

(2)生育保险因人口政策的不同而表现出极大的差异,有的鼓励生育,有的控制生育,但都以保证劳动者不会因生育而不能保障基本生活需求为限。

(3)生育保险是以社会保险为手段来达到保险目的的,但大多数是将妇女作为直接受益者。

9.1.2 生育保险的特点

(1)享受生育保险的对象主要是女职工,因而待遇享受人群相对比较窄。随着社会进步和经济发展,有些地区允许在女职工生育后,给予配偶一定假期以照顾妻子,并发给假期工资;还有些地区为男职工的配偶提供一定的经济补助。

(2)待遇享受条件各国不一致。有些国家要求享受者有参保记录、工作年限、本国公民身份等方面的要求。我国生育保险要求享受对象必须是按婚姻法规定办理了合法手续,并符合国家计划生育政策等。

(3)无论女职工将来的妊娠后果如何,均可以按照规定得到补偿。也就是说无论胎儿存活与否,产妇均享受有关待遇,并包括流产、引产以及胎儿和产妇发生意外等情况。

(4)生育期间的医疗服务主要以保健、咨询、检查为主,与医疗保险提供的医疗服务以治疗为主有所不同。生育期间的医疗服务侧重于指导孕妇处理好工作与休养、保健与锻炼的关系,使她们能够顺利度过生育期。分娩属于自然现象,正常情况下不需要特殊治疗。

(5)产假有固定要求。产假要根据生育期安排,分产前和产后。产前假期不能提前或推迟使用。产假也必须在生育期间享受,不能积攒到其他时间享用。各国规定的产假期限不同。我国规定的正常产产假为90天,其中产前假期为15天,产后假期为75天。

生育保险待遇有一定的福利色彩。生育期间的经济补偿高于养老、医疗等保险。生育保险提供的生育津贴,一般为生育女职工的原工资水平。另外,在我国职工个人不缴纳生育保险费,而是由参保单位按照其工资总额的一定比例缴纳。

9.1.3 生育保险的作用

生育保险是确保劳动力再生产和人口再生产正常运行的重要手段。建立生育保险具有以下重要作用。

(1)保证生育女职工自身劳动力再生产的正常进行。生育行为是一种具有生命风险的人口再生产行为。女职工在完成这一生产的过程中,一方面要付出巨大的脑力和体力损耗;另一方面她们在生育及产前产后一段时间里,由于暂时不能正常从事现岗工作而可能导致工资收入中断,给孕产期间维持基本生活带来困难。生育保险则对她们妊娠、分娩和产后机体康复全过程提供多种物质帮助,预防并消除这一生产过程中可能出现的生命风险和各种异常现象,从而保证她们能够平安度过产期,迅速恢复体能,重返工作岗位。

(2)保证社会劳动力扩大再生产的正常进行。人类繁衍、世代延续是社会得以存在和发展的基础。女职工因其自身生理特点而承担着人类自身再生产的任务。如果女职工在孕产期间不能得到足够的保健和相应的生活保障,就会因生活困难而被迫降低必要的保健与营养水准,从而对胎儿的正常发育和出生带来影响。生育保险通过向生育女职工提供预防保健和医疗,在保护她们身体健康的同时,也保护了下一代,使其得到正常的孕育、出生和哺育,也确保新生婴儿具有健康的体魄和正常智力。从而为新一代的安全问世和后备社会劳动力素质的提高提供良好的物质基础。

(3)是调控人口增量规模的有力措施。适度地生育规模是控制人口增量的决定性条件。在我国,实行计划生育,控制人口数量,提高人口素质是一项基本国策。生育保险可以通过调节保险待遇支付量,使人口出生规模按政府的期望保持在“适度”数量上,促进计划生育和优生优育这一基本国策的落实。

(4)分散生育行为给女职工职业生涯带来的风险,均衡用人单位生育费用负担。女职工本来因生理机能与男职工存在天然差别而在劳动力市场上处于弱者地位,再因生育而暂时丧失劳动能力,使她们在劳动力市场上的地位更加脆弱。市场经济总是自发地向效率倾斜,鼓励强者,而不会自发地追求社会公平,保护这些因生育而处于更弱势地位的女职工。生育保险既可通过立法强制用人单位保留女职工的就业岗位,又可通过社会统筹使用人单位之间的生育费用负担均衡化,从而消除企业与生育女职工在经济利益上的对立,维护她们的合法权益,使她们不致因生育而失业。

9.1.4 生育保险的内容

生育保险的基本内容通常由孕产期医疗保健、生育津贴及有酬产假三部分构成。

生育保险制度所提供的物质帮助,一般包括实物(含劳务)帮助和现金补助两部分。其中,实物帮助主要是以基本医疗保健的载体方式提供,例如孕产期保健检查、分娩接生、孕产期异常现象的早期发现和诊断、必要的药物供应和住院治疗等等。现金补助则主要是以生育津贴的方式提供。

1. 生育医疗保健费

生育医疗保健费,是指由医疗机构向女职工所提供的妊娠、分娩及产后医疗护理费用,即通常所说的生育医疗服务费。我国生育保险提供的医疗保健费涵盖孕产全过程,并侧重提供基本保障。支付项目分为检查费、接生费、手术费、住院费、药费五类,俗称“五费”。在已实行社会统筹的一些地区,还包括因生育引起的疾病的医疗费。生育医疗保健费的享有对象是符合计划生育规定的孕产女职工,并实行实报实销。

生育医疗保健费中药费的报销范围是指国家规定的治疗药品,营养品、滋补品不予报销。手术费一般是指分娩过程中所需的手术助产、剖腹产等费用。生育医疗保健费用,在开展生育保险社会统筹的地区,由生育保险基金支付;在尚未开展生育保险社会统筹的地区,由女职工所在单位支付。我国的生育保险,为妇女提供从妊娠到分娩的大部分医疗服务费用,这充分体现了国家对女职工的关怀和爱护,这对孕、产妇的身体健康和新生儿的正常成长起到了保护作用,对优生优育、计划生育也产生了积极的影响,为国家人口素质的提高奠定了基础。

2. 产假和生育津贴

产假和生育津贴相辅相成地构成生育保险待遇的主干,是建立生育保险基金,实行生育保险 社会统筹,改革生育保险制度的重点。

(1)产假。是指女职工在分娩或流产期间,依据生育保险的法律、法规享有的法定带薪假期。我国的产假包括正常产产假、难产产假、多胞胎生育产假。在 20 世纪 80 年代以前,产假规定为 56 天 。1988 年颁布的《女职工劳动保护规定》对原规定作了很大的修改。现法定正常产产假为 90 天,其中产前 15 天,产后为 75 天。难产的,增加 15 天。多胞胎生育,每多生育一个婴儿增 加 15 天。女职工怀孕不满 4 个月流产时,根据医务部门的证明给予 15 ~ 30 天的产假;满 4 个月以上流产的,给予 42 天产假。1979 年以后,各地对愿意只生一个子女的女职工,给予了奖励产假政策,延长了她们的生育假期。

(2)生育津贴。是指对女职工因生育或流产暂时离开工作岗位而中断工资收入时,按照生育保险的法律、法规给予定期支付现金的一项生育保险待遇。我国的生育津贴原称为产假工资。为了与国际通用术语衔接,1994 年改称生育津贴。其适用范围、享有津贴的资格条件以及津贴支付期限,均与改革后的产假制度相一致。

9.2 国外生育保险

9.2.1 国外生育保险的历史与改革

纵观国际社会保险发展史,妇女生育保险是现代工业化社会的产物。它作为社会保障体系中的一项重要内容,与国民社会保障制度的产生和演变密不可分。

19 世纪末,社会保险制度在德国问世,但最初的社会保险立法中并没有对女工的特殊保障规定。1911 年,意大利政府率先把社会保险扩大到产妇,把生育保险列入疾病保险的范畴,之后,西方国家陆续在社会保险制度中增加了生育保险的项目。1918 年,英国议会通过了保障孕妇和 5 岁以下儿童健康的《产妇幼儿福利法》,第一次以专项法规的形式规范妇女儿童保障,并拓宽了妇女儿童社会保障的内容。以后,西方国家又逐步建立了生育补助、家庭补助等保障母亲儿童生活和健康的保障项目。

从第二次世界大战结束到 20 世纪 70 年代,生育保险等妇女儿童社会保障得到了相当的重视和很大的发展。1952 年,国际劳工组织通过了《生育保护公约(修订)》(第 103 号)、《生育保护建议书》(第 95 号)。1953 年,世界劳工组织维也纳会议提出争取社会保障的完备纲领,指出:真正的社会保险必须包括生育保险在内。由此,生育保险逐步建立,并形成了较为完备的体系。

历史上生育保险制度改革依据的国际公约有很多。1919 年,第 1 届国际劳工大会通过了《保护生育公约》(第 3 号)。1952 年,第 35 届国际劳工大会通过的《社会保障最低标准公约》(第 102 号)对生育补助金作了专门规定,随后通过了《保护生育公约》(第 103 号)(修订本)和《保护生育建议书》(第 95 号)。1975 年,国际劳工组织通过了《女工机会均等和待遇平等声明》,其中明确规定,由于生育是一种社会职能,所有女工应有权根据《保护生育公约》(第 103 号)(修订本)和《保护生育建议书》(第 95 号)规定的最低标准享有充分的生育保护,其费用应由社会保障、其他公共基金或通过集体协议承担。2000 年,第 88 届国际劳工大会为了促进劳动力中的所有妇女享有平等和母子的健康与安全,又通过了《保护生育公约》(第183 号)和《保护生育建议书》(第 191 号)。

9.2.2 国外生育保险的制度比较

在全世界多个国家和地区的社会保险中,大部分都包含生育保险的内容。虽然不同国家的生育保险制度在实际运作和制度规范方面不尽相同,但都涉及覆盖范围、待遇标准、立法与管理等几个方面,反映了不同国民经济发展水平和社会文明程度发展的相通之处。

1. 覆盖范围

不少国家将享受生育保险的范围扩大到包括非劳资妇女在内的一切女性。少数国家或地区对享受生育保险的资格没有规定限制条件,只要该妇女是该国公民,就有资格享受。但绝大多数国家或地区对享受生育保险的女性做出了限制规定,具体可分为五种情况。

(1)只对居住权有一定要求,如冰岛规定有常住权的母亲,可享受生育保险;卢森堡规定受益人必须在该国居住 12 个月以上,且夫妻两人必须在该国居住 3 年,才能享受生育保险;

(2)只要从事受保职业的就有资格享受,如日本、波兰、危地马拉、几内亚、丹麦等国;

(3)要求从事一定时间的受保职业,如加拿大规定在最近 1 年内从事受保职业 10~14 周后,才能取得享受资格;阿根廷规定产前连续受雇 10 个月或从事现职工作 1 个月并在从事现职工作前的 1 年内受雇不少于 6 个月的才能享受;

(4)要缴足一定时限的保险费后方可享受,如墨西哥规定受保妇女生育前 12 个月内,必须已缴纳 30 周保险费才能享受生育保险;一般规定生育前 12 个月缴纳保费 10 个月;

(5)除要求被保险人在生育前投保达到一定时间外,还要求被保险人实际参加工作要达到一定时间,如法国,被保险人在分娩前必须投保满 10 个月,并且在生育的最近1年内的头3个月中,至少受雇200个小时。

2. 立法与管理

生育保险和医疗保险密不可分,两者在性质以及标准上有一定的相似性,为使生育保险基金更具实力,提高抗风险的能力,大多数国家将生育保险和医疗保险合并立法实施。

在管理上,一般采取国家集中管理下的区域负责制。例如在英国,健康和社会保障部通过地方办事机构,管理疾病与生育保险费和补助金。通过国民保健系统全面管理医疗服务。全国大约有15个区域性卫生主管当局和各地区卫生当局,管理国民保健服务工作;在德国,国家保险协会监督全国健康保险,州保险协会负责疾病与生育法规的实施,疾病基金会管理保险费和补助金。

9.3 中国生育保险

9.3.1 中国生育保险的制度建设

中国生育保险是一种职工生育保险,其覆盖对象主要是城镇就业职工。此外,计划生育保险也是我国生育保险制度的一部分。

中国生育保险制度的建立和发展大致可以分为三个时期,即:新中国初期生育保险、"社会主义改造"与"文化革命"时期生育保险、经济转轨时期生育保险。

1. 新中国初期生育保险

我国生育保险制度在新中国建国初期就已经建立,主要体现在新中国第一部全国性的社会保障法规——《中华人民共和国劳动保险条例》(1951年2月23日政务院第73次政务会议通过)中,其保障对象为"女工人与女职员"。1955年4月26日《国务院关于女工作人员生产假期的通知》使"机关女工作人员"也有了基本相同的制度保障。

根据《劳动保险条例》和以后的《劳动保险条例(修正草案)》(政务院1953年1月2日[53]政财申字11号命令)的规定,新中国建国初期生育保险制度的内容大致如下。①覆盖对象:雇用工人与职员人数在100人以上的国营、公私合营、私营及合作社经营的工厂、矿场及其附属单位与业务管理机关。②生育保险金包括在劳动保险金之中,实行全国统筹与企业留存相结合的基金管理制度。劳动保险金由企业行政或资方按工资总额的3%提留,其中30%上缴中华全国总工会,70%存于该企业工会基层委员会户内。③生育休假及生育津贴,女工人与女职工生育,产前产后共给假56天,产假期间,工资照发。④生育补助:女工人与女职员或男工人与男职员的配偶生育时,由劳动保险基金给予生育补助费,其数额为5市尺红布,按当地零售价付给之;多生子女补助费加倍发给。此外,劳动保险基金对经济确有困难者在企业托儿所的婴儿给予伙食费补助。⑤医疗服务:"女工人与女职员怀孕,在该企业医疗所、医院或特约医院检查或分娩时,其检查费与接生费由企业行政方面或资方负担"(《劳动保险条例(修正草案)》(政务院1953年1月2日[53]政财申字11号命令第十六条)。⑥女性临时工、季节工及试用工的生育保险:怀孕及生育的女工人、女职员,其怀孕检查费、接生费、生育补助费及生育假期与一般正式女工人、女职员相同;产假期间由企业行政方面或资方发给产假工资,其数额为本人工资的60%。⑦其他:关于小产、难产和多胎的保险规定。

2."社会主义改造"与"文化革命"时期生育保险

"社会主义改造"与"文化革命"时期(20世纪60年代初—70年代末)我国生育保险制度发生了一些变化。60年代初,中国已完成了对私营经济的"社会主义改造",私营经济和公私合营经济都转制成了国营经济,"市场经济"转变成"计划经济",劳动者"单位所有制"逐步形成。"文化革命"加速了这种转变。1969年2月,财政部颁发了《关于国营企业财务工作中几项制度的改革意见(草稿)》,规定:"国营企业一律停止提取工会经费和劳动保险金","企业的退休职工、长期病号工资和其他劳保开支,改在企业营业外列支。"

从此,我国社会保险的统筹制度中断了,生育保险制度随之也发生了变化:一是生育保险的国家统筹消失,企业生育保险形成,各企业只对本企业的女工负责;二是随着"临时工"都成了"固定工",生育保险从适合多种用工制度变化成了只适合单一的用工制度。

3.经济转轨时期生育保险

20世纪70年代末,随着我国的计划经济逐步走向社会主义市场经济,企业自负赢亏独立核算的原则已经得到了共识,企业用人制度和用工制度的改革也有了新的气象,但是生育保险成本依然由企业各自负担。为避免更多的"性别亏损",追求利润最大化,企业或者减少使用女工,或者在落实企业生育保险规定时打折扣,妇女公平就业的权利因此而受到侵害。为了不让招收女工较多的企业在就业竞争中吃亏,也为了不让妇女因承担生育责任而影响就业,"变'企业生育保险'为'社会生育保险'"、"生育保险基金社会统筹"成了我国生育保险制度改革的方向。这一时期大体上可以分为四个阶段。

1)在经济体制转轨中生育保险改革滞后

1988年,国务院颁布《女职工劳动保护规定》(1988年7月21日),女职工产假由原来56天增加至90天(其中产前15天)。1953年的《劳动保险条例(修正草案)》中有关女工女职员生育待遇的规定和1955年4月26日《国务院关于女工作人员生产假期的通知》同时废止(第十九条)。

1988年我国关于生育保险的规定有两点作用,一是增加了产假天数(从56天增加到90天);二是对60年代初至70年代末生育保险制度的变化由默认到正式承认。

值得注意的是,1988年我国从法律条文上宣布废止1953年的《劳动保险条例(修正草案)》,而在现实生活中,生育保险制度的改革从一定意义上却出现了向1953年的《劳动保险条例(修正草案)》复归的趋势,这主要是指生育保险基金统筹。生育保险企业化与政企合一的体制相适应，但当政府与企业逐渐分离后，生育保险则需要走向社会化。

2）全国各地生育保险制度改革尝试

由于原有的生育保险制度已经与市场经济条件下的企业制度不相适应，国家又没有统一的新政策，1988—1994 年，在全国许多省市进行的医疗保险制度和养老保险制度的改革试点的浪潮推动下，各地也纷纷采取措施对生育保险制度进行改革。这些改革措施归纳起来主要有两种。

一是生育保险基金社会统筹。1988 年 9 月 1 日，江苏省南通市开始实行《南通市全民、大集体企业生养基金统筹暂行办法》，企业按男女全部职工人数每年一次性向社会统筹机构上缴一定数额的资金，建立女职工生养基金。统筹企业中有女职工生育，其中生育医疗费和生育津贴由社会统筹机构负责支付。湖南省株州市在 1988 年也试行生育保险基金社会统筹。企业按工资总额的一定比例上缴生育保险费，通过银行划归劳动部门统筹。生育女工凭企业证明按月从当地劳动部门领取生育津贴。在这段时间里，试行生育保险基金社会统筹的地区还有昆明、曲阜、绍兴、宁波、德州等几十个市县。

二是夫妇双方所在企业平均分担生育保险费用。1988 年，辽宁省鞍山市实行《鞍山市保护老人、妇女、儿童合法权益的规定》，该规定要求：生育津贴由夫妻双方所在企业各自承担 50%，若男方在部队、外地或机关工作，由女方单位全部承担（第三章第八条）。实行类似规定的还有苏州等市县。

生育保险基金社会统筹或生育保险费用分担在很大程度上减轻了试行企业生育保险费用的压力，对妇女就业产生了积极作用。但由于地方法规的非权威性、各地操作管理上的复杂性，基金的收缴有一定的困难，尤其是对于男职工较多的企业，各地办法不统一，也增加了管理与监督上的难度。因此很需要有全国统一的法规出台。

3）生育保险从企业保险走向社会统筹

1994 年 12 月劳动部发布《企业职工生育保险试行办法》（1995 年 1 月 1 日起试行），全国有了统一的生育保险基金统筹办法。1995 年 7 月 27 日，国务院发布《中国妇女发展纲要（1995—2000）》（以下简称《纲要》），《纲要》在生育保险上的目标是：20 世纪末“在全国城市基本实现女职工生育费用的社会统筹”。劳动部相应于 1995 年和 1996 年分别发布了《关于贯彻实施〈纲要〉的通知》和关于印发《劳动部贯彻〈纲要〉实施方案》的通知。

《企业职工生育保险试行办法》的新内容：目的是“为了维护企业女职工的合法权益，保障她们在生育期间得到必要的经济补偿和医疗保险，均衡企业间生育保险费用的负担”（第一条）；企业按不超过工资总额 1% 的资金向劳动部门所属的社会保险经办机构缴纳生育保险费（职工个人不交纳生育保险费），社会保险经办机构负责生育保险基金的收缴、支付和管理（第四、八条）；生育保险基金支付项目有生育津贴、与生育有关的医护费用和管理费，其中，生育津贴按本企业上年度职工月平均工资计发(第五、六条)。

劳动部关于贯彻实施《纲要》的通知要求:“全国 80% 左右的县(市),到 20 世纪末实现生育保险社会统筹”,并将保险覆盖面扩大到城镇各类企业。

《企业职工生育保险试行办法》是第一个试图与经济转型相适应的生育保险法规。《纲要》和劳动部上述两个相应文件推动了《企业职工生育保险试行办法》在全国实行。

4)计划生育保障

中国计划生育保险与城镇职工生育保险分属于不同的系统,两者在覆盖范围、资金来源、管理机构等方面都有所不同(覆盖对象有所重合),因此,国内讨论生育保险时常常忽略计划生育保障的内容。但如果从国外看中国生育保险制度,我国优惠独生子女家庭的政策,比如,独生子女费以及有些省市规定的父亲护理假等等,应该属于中国生育保障制度的一部分。

将人口政策与生育保险相联系是世界许多国家的通用做法。一些鼓励增加人口的国家往往在生育保障中奖励多子女家庭,如法国、加拿大等,而中国为了控制人口则采取奖励独生子女家庭的政策。

《中华人民共和国人口与计划生育法》(2001 年 12 月 29 日第九届全国人民代表大会常务委员会第二十五次会议通过)规定,国家对实行计划生育的夫妻给予奖励。比如公民晚婚晚育,可以获得延长婚假、生育假的奖励或者其他福利待遇;公民实行计划生育手术,享受国家规定的休假;地方人民政府可以给予奖励;自愿终身只生育一个子女的夫妻,国家发给“独生子女父母光荣证”;获得“独生子女父母光荣证”的夫妻,按照国家和省、自治区、直辖市有关规定享受独生子女父母奖励;地方各级人民政府对农村实行计划生育的家庭发展经济,给予资金、技术、培训等方面的支持、优惠;对实行计划生育的贫困家庭,在扶贫贷款、以工代赈、扶贫项目和社会救济等方面给予优先照顾。

有些省市(如上海、四川等地)对符合计划生育的家庭还给予 3 ~ 7 天的父亲护理假。独生子女本人的托幼管理费和医药费等均可以按规定报销。对违反计划生育的家庭则给予相应的处罚。

9.3.2 中国生育保险面临的问题

我国现行的生育保险制度的诞生、发展和运行在当时的历史条件下,对于促进社会安定和生产建设的发展,对于维护女职工生育期间的特殊权益,保护其身体健康、保障基本生活、解除后顾之忧等方面确实起到了积极的作用。

根据《劳动保险条例》和 1988 年劳动部《关于女职工生育待遇若干问题的通知》,女职工生育期间的各项费用,包括产前检查费、接生费、住院费和医药费,产假工资和哺乳假工资都必须由女职工所在企业支付。虽然这笔费用同女职工为企业创造的财富相比是个小数字,但是由于各企业女职工人数多少不同,生育女职工所占的比例不同,企业支付女职工生育费用相差悬殊,造成企业负担的畸轻畸重。这种“企业保险"的模式和格局，随着社会主义市场经济体制的建立和劳动用工制度的改革，其弊端日益明显。

1. 难以使企业平等地参与市场竞争

由于社会分工、行业特点造成女职工分布不均衡，有些企业女职工高达职工总数的60%～70%，而有些企业则不足10%。企业不仅为女职工生育支付各种费用，而且由于生育女职工产前一段时间和产后哺乳期间无法坚持正常的生产(工作)，由此导致了企业之间费用负担相差较大。这种状况使得女工人数多的企业要背上沉重的生育费用负担，经营成本增加，成为阻碍这部分企业进一步发展和平等地参与市场竞争的羁绊，在一定程度上制约了社会生产力的发展。

2. 难以保障妇女的平等就业权

在市场经济条件下，企业把追求经济效益作为自身生存和发展的重要目标。在追求效益最大化思想的支配下，由于生育费用负担不合理，致使有些企业不愿招用女工，甚至连大、中专女毕业生也被拒之于企业招工的大门之外。即使在已经就业的女职工中，当企业转换经营机制，实行承包、租赁、优化组合等经营形式时，女职工特别是正在怀孕、生育、哺乳期的女职工难以得到与男职工平等的工作安排，给她们心理上造成不良影响，影响了她们为社会多做贡献的积极性。

3. 难以保障女职工生育期间享受的社会保险权

一些效益不好甚至濒临倒闭的企业，无力保障女职工生育期间保险待遇的兑现，从而使女职工的合法权益得不到应有的保障，造成生育女职工生活困难，致使企业内部纠纷和女工上访的情况时有发生。这种状况，不仅影响了妇女的身心健康，也影响了社会的安定团结。

生育保险制度存在的种种矛盾和问题，已使其难以为继，社会各方面期盼改革的呼声越来越强烈。1998年以来，在各级政府的领导及有关部门的协同配合下，全国相继已有20个省的522个市县进行了生育保险制度改革试点，占全国市县总数的21.7%。改革取得了良好的社会效果，不仅使企业能够公平地参与市场竞争，增强了企业活力，而且促进了妇女就业和竞争上岗，并在某种程度上促进了计划生育这一基本国策的实施。生育保险制度改革试点，受到了企业和广大职工的普遍欢迎。

经过几年的改革实践，在全国范围内推动生育保险制度改革和立法工作的条件已经基本成熟。《劳动法》明确规定，劳动者在生育的情况下依法享受社会保险待遇，这是推动改革和立法工作的法律依据；各地的改革试点经验及相关的地方性法规，则是在全国范围内推动改革和立法工作的实践基础。有鉴于此，劳动部经过广泛征求地方劳动部门和工会以及有关部委的意见，于1994年12月颁布了《企业职工生育保险试行办法》(以下简称《办法》)。这是配合《劳动法》的贯彻实施，规范生育保险办法，为女职工的合法权益提供法律保障的重要劳动法规。《办法》的颁布实施，标志着生育保险制度改革工作进入了一个新阶段。

9.3.3 生育保险实务

目前我国生育保险的实务操作主要围绕着登记、申报缴费、基金管理和支付几个环节进行,具体说来有以下几个方面。

(1)生育保险制度的覆盖范围是:城市行政区域内的国家机关、事业单位、社会团体、城镇各类企业及其职工(包括民办非企业单位和其他城镇社会组织及其职工)。城镇各类企业包括国有企业,集体企业,股份制企业,外商投资企业,港、澳、台商投资企业,外国企业驻当地办事机构和私营企业等。国家机关包括人大、政协机关、党群机关、国家行政机关、审判机关、检察机关。“职工”是指与用人单位签订劳动合同或形成事实劳动关系并获得一个月以上劳动报酬的劳动者;外商投资企业和外国企业驻当地办事机构职工是指中方职工;港、澳、台商投资企业职工是指内地职工。

(2)生育保险基金按照“以支定收,收支基本平衡”的原则实行全市一个统筹层次,执行统一政策。生育保险基金由用人单位缴纳的生育保险费、生育保险基金的利息、滞纳金、其他资金四项构成。用人单位应当按照职工个人上年度月平均工资之和的0.8% ~1%(各地略有不同)按月缴纳生育保险费。职工个人不缴纳生育保险费。职工个人上年度月平均工资低于上年度本市职工月平均工资60%的,按照上年度本市职工月平均工资的60%计算;职工个人上年度月平均工资高于上年度本市职工月平均工资300%的,按照上年度本市职工月平均工资的300%计算。

(3)享受生育保险待遇的职工应当具备以下条件:首先,用人单位按照规定参加生育保险,并按月足额缴纳生育保险费;其次,生育或实施计划生育手术符合国家和本市计划生育规定。

(4)允许在生育保险基金中列支的费用主要包括四项:产前检查费、生育医疗费、生育津贴、计划生育手术费。

(5)女职工生育或终止妊娠按日享受生育津贴(符合计划生育政策生育后再次怀孕终止妊娠的除外),生育津贴日标准一般按照本人上年度月平均缴纳生育保险费的工资数额除以30.4计算。

(6)生育女职工享受生育津贴的天数计算方法一般是:妊娠不满12周终止妊娠,享受15天的生育津贴;妊娠满12周至不满16周终止妊娠的,享受30天的生育津贴;妊娠满16周至不满28周终止妊娠的,享受42天的生育津贴;正常生育或妊娠满28周以上终止妊娠的,享受90天的生育津贴。

(7)女职工生育遇以下情况时,可以增加领取生育津贴天数:难产的;多胞胎生育的,每多生育一个婴儿,增加相应的生育津贴;分娩时实施输卵管结扎术的;女职工晚育(年满24周岁以上生育第一个子女)并领取《独生子女证》的。

(8)女职工在分娩期出现并发症的,医疗费用支付方的确定方法:首先,分娩期出现并发症者是指从分娩开始,到本次分娩结束期间出现下列情况:①子宫破裂;②羊水栓塞;③产后出血大于500毫升且需输血急救者;④会阴Ⅲ度及复杂裂伤行缝合术的;⑤合并其他严重内科疾病的。其费用由生育保险基金按照项目付费的办法100%支付。其中,因第⑤项发生的费用,由生育保险基金按照基本医疗保险确定的支付比例审核支付。

(9)有下列情形之一的,生育保险基金不予支付:一是违反国家或本市计划生育规定发生的医疗费用;二是因医疗事故发生的医疗费用;三是在非定点医疗机构发生的医疗费用;四是按照规定应当由职工个人负担的医疗费用;五是婴儿发生的各项费用;六是超过定额、限额标准之外的费用;七是不具备临床剖腹产手术指征,职工个人要求实施剖腹产术的,超出自然分娩定额标准的费用;八是实施人类辅助生殖术(如试管婴儿)发生的医疗费用。

(10)用人单位参保后在年度内发生中断时间较长的,中断缴费期间其职工和退休人员停止享受生育保险待遇;在用人单位足额补缴应缴纳的生育保险费后,其职工和退休人员中断缴费期间发生的生育保险有关费用按规定给予支付;用人单位年终出现中断缴费的,不再办理补缴,企业所属职工和退休人员中断缴费期间发生的生育保险有关费用由用人单位自行解决。

本章小结

生育保险是通过国家立法,在职业妇女因生育子女而暂时中断劳动时由国家和社会及时给予生活保障和物质帮助的一项社会保险制度。生育保险的特点包括:享受对象主要是女职工;待遇享受人群相对比较窄;待遇享受条件各国不一致;无论胎儿存活与否,产妇均享受有关待遇;生育期间的医疗服务与医疗保险提供的医疗服务以治疗为主有所不同;产假有固定要求。生育保险是确保劳动力再生产和人口再生产正常运行的重要手段。建立生育保险具有重要作用:保证生育女职工自身劳动力再生产的正常进行;保证社会劳动力扩大再生产的正常进行;是调控人口增量规模的有力措施;分散生育行为给女职工职业生涯带来的风险;均衡用人单位生育费用负担。生育保险的基本内容通常由孕产期医疗保健、生育津贴及有酬产假三部分构成。

在国际社会保障发展史上,妇女生育保险是现代工业化社会的产物。迄今为止,在全世界多个国家和地区的社会保障制度中,大部分都包含生育保险的内容。虽然不同国家的生育保险制度在实际运作和制度规范方面不尽相同,但都涉及覆盖范围、待遇标准、立法与管理等几个方面,反映了不同国民经济发展水平和社会文明程度。中国生育保险基本上是一种职工生育保险,其覆盖对象主要是城镇就业职工。中国生育保险制度的建立和发展大致可以分为三个时期,即:新中国初期生育保险、“社会主义改造”与“文化革命”时期生育保险、经济转轨时期生育保险。我国现行的生育保险制度与整个社会保险制度一样,存在着很多弊端。

目前我国生育保险的实务操作中主要围绕着登记、申报缴费、基金管理和支付几个环节进行，其中常见的疑难问题主要是覆盖范围、缴费数额和方式、待遇标准和发放等。

思考题

1. 试述生育保险的含义、特点和内容。
2. 比较国内外生育保险的相关政策制度，我国生育保险的发展有哪些特点？
3. 生育保险的基本工作流程包括哪些环节？关于缴费有哪些具体规定？

案例　生育职工有关待遇问题

福建某皮件厂女工邱某，1993 年 11 月与该厂签定 5 年劳动合同。邱某于 1998 年 9 月生小孩，住院期间花费检查费、接生费、住院费、手术费等医疗费用 1 470 元。而厂里规定生育费用采取包干的办法，一次性付给邱某 2 000 元。邱某认为 2 000 元的标准太低，加上生育津贴至少也需要 3 000 元。但是，厂里认为企业女职工多，不能负担太多的生育费用，只能实行包干的办法。况且，邱某的劳动合同已经到期。为此，邱某于 1998 年向当地劳动仲裁机关提出申诉，要求厂里为其报销全部生育医疗费用和支付产假期间的生育津贴。

[案例来源：中华人民共和国人力资源与社会保障部网]

分析

按照《女职工劳动保护规定》和《劳动部管理女职工生育待遇若干问题的通知》规定，企业应该负担邱某的生育医疗费用，并支付其产假期间的生育津贴。不能采取包干的办法。企业应撤销生育费用包干的办法，企业支付邱某生育津贴 1 984. 5 元，报销医疗费用 1 470 元，共计 3 454. 5 元。

相关政策

《企业职工生育保险试行办法》的相关规定：

第二条　本办法适用于城镇企业及其职工。

第三条　生育保险按属地原则组织。生育保险费用实行社会统筹。

第四条　生育保险根据"以支定收，收支基本平衡"的原则筹集资金，由企业按照其工资总额的一定比例向社会保险经办机构缴纳生育保险费，建立生育保险基金。生育保险费的提取比例由当地人民政府根据计划内生育人数和生育津贴、生育医疗费等项费用确定，并可根据费用支出情况适时调整，但最高不得超过工资总额的 1%。企业缴纳的生育保险费作为期间费用处理，列入企业管理费用。职工个人不缴纳生育保险费。

第五条　女职工生育按照法律、法规的规定享受产假。产假期间的生育津贴按照本企业上年度职工月平均工资计发,由生育保险基金支付。

第六条　女职工生育的检查费、接生费、手术费、住院费和药费由生育保险基金支付。超出规定的医疗服务费和药费(含自费药品和营养药品的药费)由职工个人负担。

女职工生育出院后,因生育引起疾病的医疗费,由生育保险基金支付;其他疾病的医疗费,按照医疗保险待遇的规定办理。女职工产假期满后,因病需要休息治疗的,按照有关病假待遇和医疗保险待遇规定办理。

第七条　女职工生育或流产后,由本人或所在企业持当地计划生育部门签发的计划生育证明,婴儿出生、死亡或流产证明,到当地社会保险经办机构办理手续,领取生育津贴和报销生育医疗费。

10

社会救助

学习目标

通过本章学习,要求了解社会救助的概念、特征、对象和内容,掌握城市居民最低生活保障的对象、标准、农村社会救助的基本类型以及灾害救助的基本内容,并运用社会救助的基本知识,学会分析我国现阶段城市居民和农村社会救助的基本情况,处理社会救助的具体问题。

10.1 社会救助概述

社会救助是最早产生并且在今天仍然发挥重要作用的一种社会保障制度。它的目标是对那些生存出现困难的贫困人群给予最低生活保障,从而构筑起整个社会最后一道安全网。

当今世界,绝大多数市场经济国家都实行的是以保障全体公民基本生存权利为目标的社会救助制度,其通常的做法是:根据维持最起码的生活需求的标准设立一条最低生活保障线,每一个公民,当收入水平低于最低生活保障线而生活发生困难时,都有权利得到国家和社会按照明文公布的法定程序和标准提供的现金和实物救助。

10.1.1 社会救助的概念和特征

社会救助(Social Relief)是指社会成员因各种自然的、社会的、个人的原因导致基本物质生活陷入困境,自己无力维持最低生活水平,由国家或社会依照法律提供物质资金等各种形式的援助,以保证其基本生活的一种社会保障制度。

社会救助的实质是国家与社会面向由贫困人口与不幸者组成的社会弱势群体提

供款物接济和扶持的一种生活保障政策，它通常被视为政府的当然责任和义务，采取的也是无偿救助的方式，目标是帮助社会弱势群体摆脱生存危机，以维护社会秩序的稳定。

作为社会保障制度的基本组成部分，社会救助与社会保障的其他项目措施相比较，有其自身的特征。

1. 权利义务的非直接对应性

社会救助强调国家和社会对维护社会成员基本生存权利的责任和义务。当社会成员陷入贫困时，国家和社会有责任和义务为他们提供援助。这种援助既不是带有怜悯性的恩赐，也不是对其先尽义务的补偿，而是法律规定的一种社会责任。社会救助的这一特性决定了社会救助资金主要来源于国家财政拨款和社会集资。正因为社会救助具有这一特点，使其可以成为援助贫困者，稳定社会的最后一道安全屏障。但是社会救助并不否认，接受社会救助者也应该力所能及地履行其对社会应尽的义务，只是这种义务的履行并不是其接受社会救助的直接条件，两者不具有直接的对应性。如果受助者片面强调自己受助的权利，而不愿力所能及地履行其对社会应尽的义务，就可能使社会救助转化成一种社会的消极负担，结果也同样会破坏人类的群体共存关系和社会救助制度自身。

2. 救助对象的限制性

社会救助的对象须由法律规定，只有符合法定条件，真正陷入生存困境的社会成员才有资格享受救助。在我国城市社会救助、农村社会救助、自然灾害社会救助分别有着各自特定的救助对象，虽然在概念上很容易地将其界定为陷入生存危机的人，但在实际操作过程中，每一种社会救助的对象都有其特定的内涵和特征，任何一种社会救助形式对救助对象的限制都极为严格。

3. 救助水平的低层次性

社会救助的目标是应付灾害，克服困难，向救助对象提供最低生活需求和简单再生产的资金或物资，而非改善和提高其生活福利。相对于社会保险和社会福利、优抚保障而言，社会救助的待遇标准比较低。如作为无偿或低偿向社会救助对象提供的资金或物资超过了一般人的生活水平，很容易影响包括救助对象在内的社会成员的生产积极性，从而有悖于社会救助的初衷。因此社会救助保障处于当代社会保障体系的最低或最基本层次。

4. 救助手段的多样性

实施社会救助既可以用实物救助也可以使用现金救助，既有临时应急救助又有长期固定救助，既有政府救助，又有民间救助。还有房屋救助、口粮救助、衣被救助、役畜救助、种子救助等具体救助形式。这样多样化、具体化、实物化的社会救助形式，正是作为最低层次社会保障的社会救助特征的体现，有利于满足社会救助对象最迫切的需要。

5. 救助程序的法定性

社会救助对象必须履行一系列法定的程序方能获得社会救助的待遇。法定的社会救助程序是指:在经过家庭经济状况调查的前提条件下,经个人申请、社区证明、基层审核、上级批准的程序。通过这一法定的程序,确认社会救助对象并保证其准确性,达到准确地将社会救助款项或物资提供给真正最迫切需要者的手中,从而使有限的社会救助资源得以最好最符合目标的利用。

在当今社会,享受社会救助是符合法定条件的社会成员的一项基本权利,而提供社会救助已经成为国家和社会的一项责任和义务,二者均受国家法律的规范。社会救助作为当代社会保障体系的基础性保障措施,与社会保险、社会福利等存在着并行发展、分工合作的关系。

10.1.2 社会救助的对象

社会救助的对象,也就是需要接受社会救助的社会成员,在现代社会,凡属于生活水平等于或低于法定最低生活水平线的个人或家庭,都应属于社会救助的对象。一般来说,按照他们致贫的原因不同,大概可以分为以下几类。

1. 无依无靠无生活来源的公民

这类公民绝大多数属于长期救助对象,国家和社会要向他们长期提供维持最低生活水平的资金和实物,多指孤儿、无社会保障津贴的劳动者、长期患病者、未参加社会保险且又无子女和配偶的老人。这里讲的孤儿,对其给予社会救助的期限虽然很长,毕竟有个限度,就是整个未成年期间;一到成年.可以找到有效的工作能够独立自主,社会救助便停止。但孤儿中有严重残障的,则需要长期救助,并借助收容形式救助。

2. 突发性灾害造成生活暂时困难的公民

这类公民有劳动能力,本来也有生活来源,只是由于突遭意外的灾害而使其遭受沉重的财产甚至人身损失,一时陷入生存困境,因而需要国家和社会给予救助。这类救助起因是突发性和严重损害程度的灾害,难以预测和预先加以防护。既然生活困难源于客观因素,给予社会救助是完全应当的、合理的。严重自然灾害以及社会灾祸决非短期内可以消除,在现代科学技术条件下,仅可以做到减少发生次数和危害程度。因此,对突发性灾害导致的社会救助,仍将是一个在很长时期内必不可少的社会保障事业之一。

3. 城乡贫困者即生活水平低于国家法定最低标准的公民

这类公民有劳动能力,也有收入来源,但收入不能维持最低生活水平或低于政府颁布的最低生活保障线。比如,工资收入过少,家庭人口多,不能使家庭每个成员过上法定最低的生活。又如,有失业津贴的失业者,在享受津贴期满之后仍未能找到工作,这多是指上了年岁的老工人。再如,有退休养老金的老人,或是因为要供养配偶和未成年子女,或是因为长期患病而支出沉重。残疾人也属于这类救助对象,一是从小就严重致残而需长期救肋;二是成年后致残而入(残疾津贴)不敷出。

4. 特殊救助对象

特殊人员救助是党和政府对生活困难的特定人员的救助，是社会救助的组成部分。城市人员救助的对象包括：原国民党起义投诚人员的救助；归侨、侨眷、侨生的救助；回归大陆定居的台胞台属生活困难救助；丧失劳动能力、无依无靠，平反的冤假错案受害人员的救助；年老体弱、丧失劳动能力、生活无来源的摘掉了右派帽子人员的救助；因病因公致残的下放知青的救助；生活困难的企业退休职工的救助；生活无着落的丧失劳动能力的大学毕业生的救助；生活困难的刑事罪犯家属的救助等。

现代社会救助对象除按上述致贫原因进行划分外，还可按具体的公民群体划分为儿童救助、老人救助、残疾人救助、失业者救助、病人救助、患难者救助、不幸者救助；也可按地区划分，贫困地区即按人口平均的收入低于基本生活水平的地区，国家和政府对贫困地区给予社会救助。

10.1.3 社会救助的内容

1. 贫困救助

贫困救助是国家和社会对城乡三无人员及突遭疾病、失业而影响基本生活的贫困户进行的救助。主要包括无法定抚养人抚养、无维持正常生活的劳动能力、无保障正常生活的经济来源的老人、残疾人和未成年孤儿，老、少、边、穷等贫困地区、贫困户等。20 世纪 80 年代，中国城市社会救助对象只占城市人口的 1%，发展市场经济以来，城镇在业者低收入群体日益扩大。据有关专家测算，目前中国城镇贫困人口的规模应在 1 500 万 ~3 000 万人之间，占中国城镇总人口的 4% ~8%，再加上农村贫困人口，我国贫困人口总数有 9 000 万人左右，其中绝对贫困人口 2 900 万。而能享受最低生活保障的人口仅占一部分，许多贫困人口徘徊在贫困线附近，极易受到伤害而返贫，需要政府加以关注。

从总体上看，我国现行社会救助侧重于贫困人口的日常生活保障，不能提供医疗健康保障和教育保障，极易出现因病返贫、贫困户子女因贫辍学等现象，从而增加社会救助的成本，加重社会负担。因此，我国贫困救助的范围应进一步扩大，积极建立包括生活救助、医疗救助、教育救助、住房救助在内的社会救助体系，努力实现社会救助的高边际效用，体现成本效果原则。

2. 灾害救助

灾害救助是国家和社会在公民遭受自然灾害造成生活困难时进行的救助。中国是一个自然灾害频繁的国家，每年都有不少地区遭受洪水、地震等自然灾害。2008 年 1 月中下旬，我国南方十多个省遭遇 50 年未遇的暴风雪，这场暴风雪给我国国民经济造成巨大损失，同时，也使许多本来贫困的人民因为雪灾而更加贫困。据统计，全国因雪灾导致的直接损失达几千亿元人民币。此外，随着世界经济的发展，生态失衡，自然环境恶化的趋势明显。自然灾害的破坏性极强，导致经济的迅速衰落，也是造成贫困的重要原因。

3. 孤寡病残救助

孤寡病残救助是国家和社会对无法定扶养人抚养、无维持正常生活的劳功能力、无保障正常生活的经济来源的老人、残疾人和未成年孤儿提供保障最低或基本生活需求的社会救助项目。

10.1.4 社会救助的作用

社会救助是保障社会成员生存权的最后一道防线,它在社会生活中有着不可忽视的作用。具体表现在以下几方面。

(1)通过社会救助方式,国家和社会按规定提供救助,各自履行自己的社会责任,共同承担社会风险。社会成员在面临生活困境或灾害时,都能得到及时、适当的救助,使他们的最低生活得到保障,从而维护公民个人的生存权和发展权,体现了社会的文明程度。

(2)全国人民实现共同富裕是我国社会主义的本质特征,也是我国社会发展的根本动力和最终目的。社会救助作为社会保障最后一道安全网,是社会主义优越性的重要体现。

(3)有利于体现社会政策的平衡。社会救助制度面向全社会,覆盖城乡,只是形式不同、标准有别,不同时期重点不同。这就实现了制度内不同实现方式的替代,体现了社会政策的平衡。

(4)有利于良好社会风气的形成。在社会救助体系中,救灾救济、扶贫和紧急救援等需要全社会的参与和资助,"一方有难、八方相助"、"人人为我、我为人人"、"今天我为人、明天人助我"等美德的发扬,都有利于良好道德风尚的形成,有利于把社会主义精神文明建设的任务落到实处。

(5)社会救助制度是市场经济运行的必要的稳定机制。市场经济运行实质上是市场对资源配置起基础性作用的过程,市场经济在资源配置过程中客观上要求参与的市场主体有均等的机会,而竞争结果一般又是非均等的。这种竞争机会的均等性和竞争结果非均等性的矛盾,则是激励劳动者竞争热情和积极性的动力和压力。对于那些无力参与竞争和竞争中的被淘汰者,则需要通过社会救助制度予以基本生活、生命上的必要保障,以维持社会劳动力再生产的需求,并随时为经济运行系统补充必要的劳动力。否则,社会就不能安定。在不安定的社会里,市场经济是不可能正常发展的。因此,社会救助制度是社会经济运行的"安全岗"。

(6)社会救助是调整经济发展与社会公平矛盾的必要的协调机制。社会救助这种再分配的功能虽然不能直接改变国民财富的总量,但能改变国民经济运行中的结构比例和流量。通过社会救助,保障公民基本生活的同时,还能利用互济来调节收入差别,能使多数受困者保持一定的购买力和消费水平,直接或间接地提高劳动者收入水平,增加社会总需求和扩大社会需求的市场空间,从而刺激供给和经济的增长,达到调节供求比例和经济结构的目的。社会保障成为减少市场经济波动的内在"减震器"。

(7)社会救助制度是实现社会主义市场经济体制目标——“效率优先,兼顾公平”的重要手段。社会救助制度的存在,一方面能够通过对社会成员的基本生活、生命保障,消除市场竞争造成的不安定因素以及其他突发性因素诱发的社会震荡对经济的冲击,或通过其自身的运动将震荡减少到最低限度,借此保证市场经济法则下企业经营和资源配置的高效率;另一方面它顺应了市场经济和社会化大生产的要求,保证了企业和劳动者竞争的公平条件,能够为包括劳动力在内的生产要素合理流动和重组提供物质保障。

10.2 城市居民最低生活保障

最低生活保障制度,是目前世界上绝大多数市场经济国家普遍实行的解决城市贫困问题的社会保障制度。它根据维持最起码的生活需求的标准设立一条最低生活保障线,当公民不能维持最低生活水平时,由国家或社会按照法定标准、法定程序提供物质援助。因此,实施最低生活保障,关键在于能否正确地制定最低生活标准。

10.2.1 城市居民最低生活保障概述

最低生活标准,是指由政府制定的、与社会经济发展相适应的、在社会发展的某一个时期内维持一个人生存的衣、食、住、行等方面的最低限度的基本生活标准。

城市最低生活保障制度,是指持有非农业户口的城市居民,凡共同生活的家庭成员人均收入低于当地城市居民最低生活保障标准的,均有权利从当地人民政府获得基本生活物质帮助,使其生活水平达到最低生活保障标准的社会救助制度。

1. 城市居民最低生活保障的特征

(1)保障最低生活。是指保证被救助者有维持生命所需的最低限度的饮食、穿着、居住条件,不致受冻挨饿,包括能享有和所在地生产力和经济文化发展水平相适应的数量最少的消费资料和服务。这是城市居民最低生活保障制度最基本的特征。它既可以保障居民最低生活,克服依赖思想,促进积极就业,又有利于社会经济增长,减轻政府财政负担。国务院《城市居民最低生活保障条例》第三条规定:城市居民最低生活保障制度遵循保障城市居民基本生活的原则,坚持国家保障与社会帮扶相结合、鼓励劳动自救的方针。

(2)政府责任。城市居民最低生活保障制度实行地方各级人民政府负责制,由各级政府作为实施最低生活保障制度的主体,承担主要法定责任。对被救助者来说,则是一项公民的基本权利。该特征有利于培养被救助者自尊、自强、自立意识和政府的责任观念。

(3)属地管理。城市居民最低生活保障标准由各地人民政府自行确定,实施城市居民最低生活保障制度所需资金,由地方各级人民政府列入财政预算,纳入社会救济专项资金支出项目,专项管理,专款专用。县级以上地方各级人民政府民政部门具体负责本行政区域内城市居民最低生活保障的管理工作,中央直属企业困难职工家庭,符合当地城市居民最低生活保障条件的,纳入当地保障范围。

2. 城市居民最低生活保障的内容

(1)保障对象。城市居民最低生活保障制度的保障对象是家庭人均收入低于当地最低生活保障标准的持非农业户口的城市居民。国务院《城市居民最低生活保障条例》第2条规定:持有非农业户口的城市居民,凡共同生活的家庭成员人均收入低于当地城市居民最低生活保障标准的,均有从当地人民政府获得基本生活物质帮助的权利。

主要包括以下三类人员:无生活来源、无劳动能力、无法定赡养人或抚养人的居民,简称"三无"人员;领取失业救济金期间或失业救济期满仍未能重新就业,家庭人均收入低于最低生活保障标准的居民;在职人员和下岗人员在领取工资或最低工资、基本生活费后以及退休人员领取退休金后,其家庭人均收入仍低于最低生活保障标准的居民。

(2)最低生活标准的确定方法。社会救助的目标是为了保障被救助者享有当时当地的最低生活标准,那么科学地确定最低生活标准就成为社会救助的重要环节。最低生活标准是个变量,随着社会经济的发展应做相应调整。国际劳工组织专家建议,在工业国家最低生活标准大体上应相当于制造业工人平均工资的30%;欧洲经济委员会建议,最低生活标准应相当于一个成年人可支配收入的50%。

关于最低生活保障线的测定方法,国际上常采用的方法有5种。

第一种方法,国际贫困标准法。这是按成年劳动者人均纯收入确定最低生活标准。这种方法的最低生活标准相当于成年劳动者人均纯收入的半数,这时他以及他抚养的家庭便属贫民和贫困户,构成社会救助的对象。这是欧洲经济委员会成员国普遍采用的方法。

第二种方法,恩格尔系数法。这种方法缘自恩格尔定律。19世纪德国统计学家恩格尔本人经过大量调查研究发现,一个家庭用于食物支出的比例大体可测定该家庭的生活水平:如果食物支出占家庭总支出的比例很高,意味着家庭生活水平很低,收入只能维持现有生产力水平下的最低生活;反之,如果食物支出比例很低,则意味着家庭用于满足其他生活需求的收入很多,生活肯定属于上乘、富足。这种食物支出与家庭收支逆相关的情况,被称之为"恩格尔定律"。第二次世界大战后,有学者认为,凡食物支出占到家庭支出59%以上比例的,属于社会贫困的家庭;此项支出比例界于50%~59%之间的,则进入小康生活水平;比例进一步下降到20%~40%,家庭便上升到富裕行列;比例降到20%以下,属于极富。

各国大多用食物支出比例高低作为衡量家庭贫富和实行社会救助的依据。美国规定,只要食物开支占到家庭开支的1/3以上的家庭,一律作为贫困户对待,给予社会救助。它推出的"贫困线"便以此项食物支出的绝对额乘以3,得出最低收入标准。凡是收入低于这一水平的家庭和个人,有权享受救助。

第三种方法,基数法。这是北欧国家普遍采用的方法。一般是用一个"基数"代表最低生活标准。所谓一个“基数”,就是保证最低生活所需要的商品和服务的金额。瑞典把独身退休者享有的普遍退休金,规定为一个“基数”的96%。由此例可证明,一个“基数”能保障的也就是最低生活水平。在瑞典,对广大劳动者来讲,除享有普遍退休金外,还享有工资挂钩退休金,以确保基本生活的享有。

第四种方法,生活形态法。生活形态法是从人们的生活方式、消费行为等“生活形态”入手,提出一系列有关贫困家庭生活形态的问题,让调查者回答哪些是不可缺少的需求,哪些是可欲求但非必需的项目,由此选择出若干“剥夺指标”,再根据这些剥夺指标和被调查者的实际状况计算出贫困指标,从而确定最低生活保障线,即贫困线。这种方法又叫剥夺指标法。

第五种方法,市场菜篮子法,也称市场需求法,或预算标准法。即根据当地情况,列出一份维持最起码生活水平的生活必需品的清单,然后根据市场价格计算出购买这些物品所需要的金钱。这个现金金额就是最低生活保障线,也即贫困线。处于贫困线以下的人口就是贫困人口,应该对其实施援助。

上述测定方法,各有其优缺点,任何一种方法都很难单独适用于中国的实际。较科学的方法是综合各种方法,特别是综合采用生活形态法、菜篮子法和恩格尔系数法。中国是一个地区经济发展不平衡、城乡差别较大的国家,短期内不适宜确立统一的最低生活保障线,而应由各地根据当地实际,考虑当地经济发展水平、政府财力、物价水平、社会平均工资、救助对象,确定本地区的最低保障线,并适时调整、提高。我国《城市居民最低生活保障条例》第6条规定:城市居民最低生活保障标准,按照当地维持城市居民基本生活所必需的衣、食、住费用,并适当考虑水电燃煤(燃气)费用以及未成年人的义务教育费用确定。直辖市、设区的市的城市居民最低生活保障标准,由市人民政府民政部门会同财政、统计、物价等部门制定,报本级人民政府批准并公布执行;县(县级市)的城市居民最低生活保障标准,由县(县级市)人民政府民政部门会同财政、统计、物价等部门制定,报本级人民政府批准并报上一级人民政府备案后公布执行。

10.2.2 城市居民最低生活保障的管理与实施

1. 城市居民最低生活保障实施原则

(1)坚持与中国实际情况相结合,保障基本生活的原则。我国是一个发展中国家,经济还比较落后,国家财力还不强。因此,建立我国最低生活保障制度应做到实际需要与社会经济发展及政府财力相统一,其保障标准不能太高,着眼点应放在保障最基本的生活需要上。

(2)政府、集体、社会共同负责的原则。建立最低生活保障制度,既要求政府承担社会救助的主要功能,同时又要坚持国家保障与社会帮扶相结合,鼓励劳动者自救的方针。

(3)中央统一规划,地方分散决策的原则。由于我国地域辽阔,经济发展不平衡,各地收入水平、生活费用水平、救助对象人数、财力状况等存在较大差异,中央政府提出制定最低生活保障线的原则要求，具体标准由各地根据当地的消费水平、生活习惯、救助对象人数、财政支付能力而定，允许不同地区在制定最低生活保障线和救助标准上存有差异。

2. 城市居民最低生活保障实施程序

(1)申请。申请享受城市居民最低生活保障待遇，须由户主向户籍所在地的街道办事处或镇人民政府提出书面申请，并出具有关证明材料，填写《城市居民最低生活保障待遇审批表》。城市居民最低生活保障待遇，由其所在地的街道办事处或者镇人民政府初审，并将有关材料和初审意见报送县级人民政府民政部门审批。

(2)审批。管理审批机关为审批城市居民最低生活保障待遇的需要，可以通过入户调查、邻里访问以及信函证等方式对申请人的家庭经济状况和实际生活水平进行调查核实。申请人及有关单位、组织或者个人应接受调查，如实提供有关情况。经县级人民政府部门审查，对不符合享受城市居民最低生活保障待遇条件的，应当以书面通知申请人，并说明理由。管理审批机关应当自接到申请人提出之日起的30日内办理审批手续。

(3)处理。县级人民政府民政部门经审查，对符合享受城市居民最低生活保障待遇条件的家庭，应当区分下列不同情况批准其享受城市居民最低生活保障待遇：首先，对无生活来源、无劳动能力又无法定赡养人、扶养人或抚养人的城市居民，批准其按照当地城市居民最低生活保障标准全额享受；其次，对尚有一定收入的城市居民，批准其按照家庭人均收入低于当地城市居民最低生活保障标准差额享受。县级人民政府民政部门经审查，对不符合享受城市居民最低生活保障待遇条件的，应当以书面通知申请人，并说明理由。城市居民最低生活保障由管理审批机关以货币形式按月发放，必要时，也可以给付实物。

城市最低生活保障的受助者必须履行提供真实家庭经济状况和实际生活水平并接受调查和监督的义务。享受城市居民最低生活保障待遇的城市居民家庭收入情况发生变化的，应当及时通过居民委员会告知管理审批机关，办理停发、减发或者增发城市居民最低生活保障的手续。另外，在就业年龄内有劳动能力但尚未就业的城市居民，在享受城市居民最低生活保障待遇期间，应当参加所在的居民委员会组织的公益性社区服务劳动。

如果城市居民对县级人民政府部门做出的不批准享受城市居民最低生活保障待遇或者减发、停发城市居民最低生活保障款物的决定或者给予的行政处罚不服的，可根据《城市居民最低生活保障条例》依法申请行政复议，对于复议决定仍不服的，可依法提起行政诉讼。

(4)监督。对经批准享受城市居民最低生活保障待遇的城市居民，按规定由管理审批机关采取适当形式以户为单位予以公布，接受群众监督。任何人发现不符合条件而享受城市居民最低生活保障待遇的情况，都有权向管理审批机关提出意见；管理审批机关经核查，对情况属实的，应当予以纠正。

根据国务院《城市居民最低生活保障条例》规定,凡享受最低生活保障待遇的城市居民有下列行为之一的,由县级人民政府民政部门给予批评教育或者警告,追回其冒领金额,并处以1倍以上3倍以下的罚款:一是采取虚报、隐瞒、伪造等手段,骗取享受城市居民最低生活保障待遇的;二是在享受城市居民最低生活保障待遇期间家庭收入情况好转,不按规定告知管理审批机关,继续享受城市居民最低生活保障待遇的。

(5)保障资金。最低生活保障资金由地方各级人民政府列入财政预算,纳入社会救济专项资金支出项目,专账管理。每年年底前由劳动保障、民政部门分别提出下一年度用款计划,报同级财政部门审核后列入财政预算,定期拨付。财政部门、审计部门依法监督资金的使用情况,专款专用,严禁挤占、挪用。考虑到政策执行的有效性,国家财政负担以及防止地方虚报贫困人口,中央财政不能全部承担低保资金,应该坚持各级财政共同负担的原则。经济发达地区,地方政府可增加投入,对贫困地区,中央可加大比重。地方各级政府,特别是省级人民政府必须加大低保资金的投入,逐年增加低保经费支出,不得因中央加大支持力度而减少地方财政投入。在加强各级政府财政投入的同时,还应加强社会互助机制建设,发挥民间慈善组织的作用,建立经常性社会捐赠体系。

10.3 农村社会救助制度

10.3.1 农村"五保户"供养制度

1. 五保户供养制度的产生和形成

五保户供养,是对农村人口中无法定扶养人、无劳动能力、无生活来源的人实行救助的制度,援助责任属于集体,农村集体经济组织负责提供五保户供养所需的经费和实物。1956年6月,第一届全国人民代表大会第三次会议通过《高级农业合作社示范章程》,确立了"五保"制度。五保的内容主要是:保吃、保穿、保燃(燃料)、保教(儿童和少年)、保葬五个方面,其经费主要来源于集体和国家救助拨款。

十一届三中全会以后,以家庭联产承包责任制为起点的农村经济体制改革,使集体经济受到削弱以致瓦解,给建立在人民公社集体经济基础之上的农村社会保障带来冲击,五保制度面临很大的资金困难。面对新情况,党和政府适时进行了调整。1982年1月中共中央批转《全国农村工作会议纪要》,提出实行"包干到户"的形式,保证一定的公共积累、统一安排五保户的生活。1985年10月,中共中央、国务院发布《关于制止向农民乱派款乱收费的通知》,进一步明确"供养五保户等事业的费用,实行收取公共事业统筹费的办法"。1991年12月,国务院发布《农村负担负用和劳务管理条例》,确立"乡统筹费和公益金用于五保户供养"。1994年1月,国务院颁布《农村五保供养工作条例》(以下简称《五保条例》)。这是建国以来,第一部全国性的农村五保供养法规,它表明传统的五保制度走上了规范化、法制化的道路。

2. 五保供养工作的性质

五保供养是农村的集体福利事业，农村集体经济组织负责提供五保供养所需的经费和实物。五保供养工作带有救济性质。我国农村社会救济工作的对象是农村中的困难户，而五保对象则是困难群体中的最贫困者，理所当然要得到国家的救济。特别是灾区、贫困地区部分群众的温饱问题尚未得到解决，让他们全部保障五保对象的生活比较困难，国家也应给予必要的救济和帮助，所以，五保供养工作也带有社会救济的特征。农村五保对象的供养要以集体经济组织和群众负担为主，辅之以国家必要的救济和帮助。

3. 五保供养的对象

《五保条例》第6条规定：五保供养的对象是指村民中符合下列条件的老年人、残疾人和未成年人：无法定抚养义务人，或者虽有法定抚养义务人，但是抚养义务人无抚养能力的；无劳动能力的；无生活来源的。只有同时具备上述三个条件的老年人、残疾人或未成年人才有资格成为五保对象，三个条件缺一不可。

所谓法定抚养义务人，是指依照《婚姻法》规定负有扶养、抚养和赡养义务的人。对此，《婚姻法》规定：夫妻有互相扶养的义务；父母（养父母、继父母）对子女（养子女、继子女）有抚养教育的义务；子女对父母有赡养的义务；有负担能力的祖父母、外祖父母，对于父母已经死亡的未成年的孙子女、外孙子女，有抚养的义务；有负担能力的孙子女、外孙子女，对于子女已经死亡的祖父母、外祖父母，有赡养的义务；有负担能力的兄、姊，对于父母已经死亡或父母无力抚养的未成年的弟、妹，有抚养的义务。按照这些规定，凡有扶养（抚养、赡养）义务人，而抚养义务人有负担能力的，一般不得定为五保，特殊情况需经过村民同意，经乡、镇政府批准。

确定五保对象的程序是以下步骤。

（1）申请。由本人向村委会（或村民小组）提出书面申请或由村民小组向村委会提名。

（2）审查。村民委员会接到村民的申请或村民小组的提名后，要派人对申请人的情况进行资格调查，审核其是否符合五保条件，特别是申请人有法定扶养义务人的，要对法定扶养义务人进行能力调查，并经村民代表大会通过后，上报乡、镇人民政府。

（3）批准。乡、镇人民政府根据村上报的情况予以审批，并对增加五保对象所需粮款做出预算，列入下年度统筹规划。乡、镇政府批准村民为五保对象后，要按规定填写并发给“五保供养证书”。

4. 五保供养的内容和标准

五保供养的内容涉及吃、穿、住、用、烧、教、葬等各个方面。

主要包括：供给粮油和燃料；供给服装、被褥等用品和零用钱；提供符合基本生活条件的住房；及时治疗疾病，对生活不能自理者有人照料；妥善办理丧葬事宜；对未成年人还应保障接受义务教育。

具体讲,保吃就是要保证主副食、食油、调味品、燃料;保穿就是要保证衣服、鞋帽、被褥、生活必需品和一定的零用钱;保住就是要保证住房安全牢固,室内有必要的家具,北方冬天要保证取暖;保医就是要保证五保对象患病时能得到及时有效的治疗,对生活不能自理者派人照料;保葬就是要在五保对象死亡后要保证妥善处理好丧事;保教就是要对未成年者保证按法律的要求接受义务教育。总之,五保供养是对五保对象的各个方面进行全面的保障。

五保供养的实际标准,不应低于当地村民的一般生活水平。具体标准由乡、民族乡、镇人民政府规定。五保供养所需经费和实物,应当从村提留或乡统筹费中列支,或从集体经营的收入、集体企业上缴的利润中列支。

5. 五保户供养费用的统筹

五保户供养的关键是统筹好供养的粮款,其统筹范围可分为三种。

(1)以乡、镇为基本核算单位,实行乡级统筹;

(2)以村为基本核算单位,实行村级统筹;

(3)在经济条件、管理条件好的县(市),实行县(市)级统筹。

这三种统筹各有利弊。村级统筹核算方便,容易管理,但缺点是村与村之间负担时轻时重,经济比较落后的村负担重、压力大,很难落实。以县(市)为核算单位进行县(市)级统筹,可以在较大范围内进行调剂,避免村级统筹的弊端,但其管理工作和组织工作要求高,困难大,短期内难以全面推广。乡、镇级统筹,既可在一定范围内调剂使用粮款,克服村与村之间经济负担不一的矛盾,又能够保证统筹管理工作比较容易进行,具有负担适度、管理适度的优势。从目前农村的实际情况来看,实行乡、镇级统筹,其效果比较明显,得到民政部门的大力支持。

6. 五保户供养形式

五保户供养形式的总原则是:在确保五保户的生活不低于当地一般农民的实际水平的情况下,各乡镇人民政府可根据具体情况而制定相关措施。目前形式有四种。

(1)集中供养。就是通过举办敬老院、福利院集中供养五保人员。这一形式大多设在县、区一级政府部门,由民政局统筹负责。

(2)集体供分散养。具体分为两种情况:一是集体提供五保粮款,把五保户分散到亲戚、朋友、邻居家中供养;二是五保户仍然居住在自己家中,集体提供粮款,生活不能自理时,派专人照料,集体付给报酬,或由乡村组织的各类义务小组负责照料。

(3)集中住分散养。这主要是在那些生活方便的地区建立五保户居住点,实行五保户集中居住,分灶做饭。

(4)亲友全供全养。这种方式主要是指五保户的近亲厚友,不计报酬,把五保户接到自己家里,或到五保户家里落户,自愿承担起赡养义务。

上述四种形式实际上可划分为两大类。一类是集中供养。这类供养有利于统一安排五保对象物质生活和文化生活,减少孤独感,使他们从物质上到精神上都能充分体会到社会主义制度的优越性,这种集中供养的方式是五保户供养的发展方向。另一类是分散供养。这类供养可减少集体供养所必需的居住、管理费用，节省经费开支，还可使五保人员有条件享受到天伦之乐，是五保户供养不可缺少的形式之一。

10.3.2 农村最低生活保障制度

随着我国城市最低生活保障制度的全面实施，探索建立农村居民最低生活保障制度也开始提上了议事日程，1996 年民政部在《关于加快农村社会保障体制建设的意见》中提出："农村最低生活保障制度是农村社会救济制度的重大改革，是确保农村贫困人口基本生活的重要措施，也是完善农村社会保障制度的一项重要内容。各地要积极试点，稳步推进。"

在民政部门的推动下，许多有条件的地区开始了建立农村最低生活保障制度的尝试。山东烟台是全国最早试行农村最低生活保障制度的地区。1996 年年底开始实施，凡农村人均收入不足最低保障线的由民政部门给予补足，1997 年烟台农村共发放最低生活保障费 400 多万元。2002 年，浙江省也开始推行农村最低生活保障制度。

1. 农村最低生活保障的对象

农村最低生活保障的对象是具有当地常住农业户口，家庭人均收入低于最低生活保障线的农民。主要包括：①无劳动能力、无生活来源、无法定扶养义务人的老年人、未成年人、残疾人；②因疾病、残疾、灾害等原因造成生活困难的人员；③因缺少劳力、低收人造成生活困难的家庭；④国家有关规定给予救济的人员，如特殊人员救济等。

保障对象中因疾病、残疾造成生活困难的人员较多，一般占 50% 左右。保障对象占农业人口的比例为 0.14% ~1.56%。

2. 农村最低生活保障的标准

农村最低生活保障标准通常是由市、县级政府制定颁布。各地确定最低生活标准的方法不一，有的县市确定一条保障线，有的县市按高、中、低确定三条保障线。

从总体上讲，各地制定保障线的主要依据是：①农村维持最低生活必需品的数量和物价；②贫困对象年人均消费水平；③当地农民年人均收入；④地方财政和集体经济的承受力；⑤国家统计局测算的全国贫困线。

经过反复论证和测算，综合平衡，最后确定当地农村的最低生活保障线标准。

3. 农村最低生活保障的经费来源

农村最低生活保障的经费来源，主要是地方各级财政和村集体经济按一定比例分担。分担形式有三种：一是由市、县、乡、村四级按比例负担；二是由县、乡、村三级按比例分级负担；三是由县、乡两级负担，村具体负责保障口粮。

4. 农村最低生活保障的方式

农村最低生活保障的方式具有多样性，主要有三种方式。

(1) 发放救济金。救济金的发放，一种是实行补差，即按照保障线标准，差多少补多少。这种方式能有效地保障贫困户的基本生活，但操作难度大。另一种是定额补助,即按照最低保障线标准的差额划分几个档次,然后确定每个档次的救济标准,并可按一定比例上下浮动。这种方法操作简便,但容易产生高于或低于保障标准的问题。

(2)发给一部分救济金和部分粮食。由村负责发给粮食,(市)县、乡负责发给救济金。在实施最低生活保障过程中,采用这种方式的地方比较多,比较适合产粮区。

(3)制定优惠政策。包括减免保障对象的统筹、提留、义务工、学杂费、看病的挂号费和一些治疗费等,对有劳动能力的保障对象优先安排务工。

5. 农村最低生活保障的实施程序

农村最低生活保障的管理与城市最低生活保障基本相同。实施的程序大体如下:

(1)由本人向村委会提出申请;

(2)提交村民代表会议评定,以村民小组为单位对申请贫困救助者进行评议,客观反映申请人的生活状况,填写《社会保障金申请表》;

(3)基层组织审核,再经乡(镇)民政办公室审核把关;

(4)报县民政局批准,确定是否救助及救助待遇,发给保障对象《社会保障金领取证》、保障对象可以凭证每月或每季度领取救济金,必要时可复查,以杜绝社会救助中的虚假行为;

(5)张榜公布,接受群众监督。

10.3.3 农村扶贫

1. 贫困地区的社会救助

所谓贫困地区,是指集中连片的贫困县区。贫困地区的社会救助就是"大扶贫",这是国家对集中连片的贫困地区采取特殊的扶持政策。为了有效地解决贫困地区的社会救助问题,1981 年国家开始了贫困地区的大扶贫工作试点。1982 年,中央财经领导小组决定,从 1983 年起连续 10 年由国家每年拨款 2 亿元,集中开发建设贫困地区。1984 年,中共中央、国务院发布《关于帮助贫困地区尽快改变面貌的通知》,1985 年国务院成立了贫困地区经济开发领导小组,全国人大六届四次会议将扶贫列入国民经济"七五"发展规划,重点扶持全国 200 个贫困县。经过努力,全国农村贫困人口从 1.25 亿人减少到 8 000 万人,成绩斐然。1994 年 3 月,国务院在全国扶贫会议上,制定了《国家"八七"扶贫攻坚计划》,提出从 1994 年到 2000 年,集中人力、物力、财力,动员社会力量,用 7 年时间,基本解决 8 000 万贫困人口的温饱问题。

2000 年,国务院又决定实施 2001—2010 年 10 年扶贫纲要。为了使贫困地区的社会救助真正落到实处,中央实行由物资扶持为主向提高贫困人口获取资源能力为主的转变,其总体思路是:调动贫困地区农民的积极性,坚持开发式扶贫。充分利用贫困地区的资源优势,发展当地经济,积极推动贫困地区与市场经济的对接,引导农民转变观念,利用市场手段,开发项目,增强自我发展能力,以经济增长带动扶贫。加强贫困地区与经济发达地区的横向联系,发挥经济发达地区的优势,建立经济互补关系;推行科技扶贫战略,提高贫困地区劳动者的素质;增加扶贫资金等。根据这一思路,国家在扶贫资金上作了专项安排,重要项目有:①老、少、边、穷地区开发贷款;②发展贫困地区经济贷款;③支援经济不发达地区发展资金;④专项贴息贷款等。据不完全统计,国家每年用于老少边穷地区的财政、信贷资金达50亿元。党中央和国务院关于贫困地区社会救助政策的制定和资金的有效投入,对加速贫困地区的经济开发,改变贫困地区的落后面貌,产生了巨大的作用。

为了使贫困地区的社会救助真正落到实处,党中央和国务院实行新的经济开发方式,其总体思路是:充分调动贫困地区广大干部群众的积极性,发扬自力更生精神,克服小农经济思想,在国家必要的扶持下,利用地上地下丰富的自然资源,进行开发性的生产建设,发展商品经济,启动贫困地区内部的经济活力,走依靠自身脱贫致富的道路。根据这一思路,我国贫困地区社会救助的具体措施包括:

①实行特殊的政策和措施,集中力量,重点解决集中连片的最贫困地区的问题;

②坚持因地制宜的原则,实事求是地确定贫困地区经济发展方针,增强自我发展能力;

③加强智力开发,提高贫困地区劳动者的素质,把引进智力、培养人才放在第一位;

④积极发展贫困地区与经济不发达地区的横向经济联系;

⑤将"星火计划"引入贫困地区,充分发挥科学技术治穷致富的作用;

⑥改革国家用于贫困地区救助资金的使用方式。

2. 贫困户的社会救助

贫困户救助是指民政部门对经济发达或比较发达地区,除自然灾害救助、五保户救助之外的其他贫困户的援助制度。

我国目前的贫困户的对象有以下三种类型。

(1)定期救助的贫困户:包括计划经济时代城镇吃商品粮人口中的无依无靠、无生活来源的孤老病残人员;在20世纪60年代初调整国民经济期间精减退职的老弱残职工。

(2)特殊救助的贫困户:包括原国民党起义、投诚人员和宽大释放的原国民党党政军特人员;错划、摘帽右派分子及生活困难的刑事罪犯家属;生活困难的散居归国华侨。

(3)临时救助贫困户:包括家庭人口多劳动力少,或遭突然事故而使家庭生活发生临时困难,而又无人自救影响基本生活的社会成员。

我国的农村贫困户救助历来是政府工作的一个重要内容,由政府统一领导,充分动员全社会广泛参与,在调查摸底、掌握情况的基础上,从实际出发,制定贫困救助规划,切实推进贫困救助工作的发展。其主要方式有:① 发展乡村企事业,安排贫困户参加劳动;② 组织劳务输出,发展第三产业;③ 举办福利工厂和经济实体,吸收有一定劳动能力的贫困户参加力所能及的劳动;④ 举办文化科技补习培训,帮助贫困户开发智能;⑤ 帮助贫困户开展多种经营,发展家庭副业;⑥ 干部和党员包户救助贫困户;⑦ 富裕户帮带贫困户;⑧ 组织群众帮助小组帮助贫困户;⑨各有关部门通力合作扶持贫困户。

10.4 灾害救助

灾害救助制度是社会救助体系中的重要组成部分,在我国社会救助制度中占有重要地位。我国每年接受灾害救助的社会成员大约有数亿人,灾害救助费用在我国社会救济支出费用中占有很大比例。由于自然灾害是一种自然现象,目前人类无法控制它的发生,自然灾害的打击往往超过人的抵抗能力,不仅带来重大的人民生命和财产损失,而且成为制约一个国家经济发展的重大障碍,因此救灾、防灾是一项长期任务。

10.4.1 我国灾害救助制度概述

人类从诞生起,就出现了妨碍和伤害人类生存与发展的灾害。据不完全统计,1960 年至 1987 年的 27 年中,全世界共发生地震灾害、气象灾害、风灾、火灾、海洋灾害等主要灾害 107 起,平均每年达 3.96 起。我国是世界上自然灾害频繁发生的国家之一,每年都有一些地区遭受洪涝、干旱、风暴、冰雹、病虫以及地震、滑坡等自然灾害的袭击。1949 年以来,我国损失最为惨重的自然灾害是 1976 年的唐山大地震,死亡人口达 24.2 万人,经济损失高达 100 亿元人民币,成为近代世界历史上人口死伤最多的灾害,世界为之震惊。

所谓灾害社会救助简称救灾,是指国家和社会对遭遇各种自然灾害袭击,并因此陷入生活困难的社会成员给予一定的资金或物资救助,以使其摆脱生存危机,渡过特殊困难时期,满足衣、食、住等基本生活资料的最低生活水平,帮助灾区尽快恢复生产、生活正常秩序的一项社会救助制度。

广义的救灾工作包括查灾、报灾、核灾、灾后救助等;狭义的救灾工作仅指对灾民的生活与生产中的困难给予救助,如基本口粮救助、衣被救助、房屋救助、现金救助、医药救助、部分生产资料救助等。

10.4.2 灾害救助的基本内容

救灾是首先帮助灾民脱离灾情、减轻损失,也就是首先应进行紧急救济行为,主要包括灾后紧急救济和灾民安置、转移、建房、提供医疗帮助等。除此之外,还应包括灾害预防和灾害预警服务。三者构成灾害救助的完整体系。

灾害预防是灾害救助的积极形式,防患于未然,可以减轻成灾损失,是一项技术高、责任强的重要工作,应高度重视。目前,我国主要针对水利、水土保持进行了江河治理、兴修水利、植树造林、防治病虫害的工作,提高了抵御灾害的能力。灾害预警是又一重要内容。科技发展,人类预警能力也在不断提高,洪水、台风、传染病等灾害可以提前准确地预报,对防灾、抗灾、减灾具有重大作用。

一直以来,救灾是民政部门的主要工作。在我国,轻灾民和部分生产条件好、经济富裕地区的重灾民都不列入社会救济对象。根据现行政策法规,只有特重灾人口和贫困农村地区的重灾人口才被列为政府和社会救助的对象。一般说来,灾民可以得到以下救助:保证供应基本口粮;提供一定数量的成衣、布匹;提供建房救助款物;提供医疗救济款等。

10.4.3 灾害救助的方式

我国灾害救助的方式,包括灾中紧急救助制度、灾后生产自救制度、互助互济制度、长期防灾减灾制度等。

1. 灾中紧急救助制度

灾中紧急救助是指国家用救灾款物无偿帮助处于危急情况下的灾区群众,解决临时生活困难的应急性救济。其目的在于,解决灾民临时性的吃、住条件和必要的衣被以及伤病灾民的紧急医疗等,以避免灾民的非正常死亡。

2. 灾后生产自救制度

灾害救助虽然是政府的责任,但也是全社会,包括灾民自己的责任。灾民应自力更生、发展生产,增强救灾的经济实力,提高救灾效率。而且国家财力有限,完全依赖于国家救助,不能迅速改变灾情,应该在国家救助的基础上,积极进行生产自救,因地制宜,尽量弥补灾害损失,增加现金收入。

3. 互助互济制度

互助互济主要表现为一方有难,八方支援。我国已建立起了一套社会捐助体系和制度,并成立了以互助互济为特点的互助储金会,充分挖掘群众中互助潜力,成为我国农村基层灾害救助的重要形式。近几年,在不少大中城市捐助接收工作已逐渐日常化,在街道、居委会建立有专门办事机构和工作网点,设置专用仓储设备,对捐赠物资进行管理、分配、运输,互助互济工作更加完善。

4. 长期防灾减灾制度

防灾是人类社会与自然灾害的斗争,是减灾的根本措施和基础条件,是抗灾、救灾的前期性工作;减轻自然灾害是一项系统工程,需要发挥科技的先导作用。防灾是手段,减灾是目的,两者在实践过程中,是一系列具体措施的延续。防灾和减灾是最积极的灾害救助手段,使那些本可能遭受生命财产损失的人免受损失。

本章小结

社会救助是指社会成员因各种自然的、社会的、个人的原因导致基本物质生活陷入困境,自己无力维持最低生活水平,由国家或社会依照法律提供物质、资金等各种形式的援助,以保证其基本生活的一种社会保障制度。救助对象包括:无依无靠无生活来源的公民、突发性灾害造成生活暂时困难的公民、城乡贫困者即生活水平低于国家法定最低标准的公民等。社会救助的内容包括:贫困救助、灾害救助、孤寡病残救助。

城市最低生活保障制度,是指持有非农业户口的城市居民,凡共同生活的家庭成员人均收入低于当地城市居民最低生活保障标准的,均有权利从当地人民政府获得基本生活物质帮助,使其生活水平达到最低生活保障标准的社会救助制度。它具有保障最低生活、政府责任、属地管理等特征。最低生活保障线的测定方法有:国际贫困标准法、恩格尔系数法、基数法、生活形态法、市场菜篮子法等。

农村五保供养是对农村人口中无法定扶养人、无劳动能力、无生活来源的人实行救助的制度。五保供养的内容涉及吃、穿、住、用、烧、教、葬等各个方面。供养形式有集中供养、集体供分散养、集中住分散养、亲友全供全养等。

农村最低生活保障的方式主要有三种方式:一是发放救济金;二是发给一部分救济金和部分粮食;三是制定优惠政策。

灾害救助的基本内容包括灾后紧急救济和灾民安置、转移、建房、提供医疗帮助等。灾害救助的方式,包括灾中紧急救助制度、灾后生产自救制度、互助互济制度、长期防灾减灾制度等。

思考题

1. 试述社会救助的概念及其特征。其救助对象有哪些?
2. 城市居民最低生活保障的对象包括哪几类人员?保障标准具体是什么?
3. 简述农村最低生活保障的实施程序。

案例 热血融寒冰 抗冰见真情
——湖南省林业厅厅长葛汉栋抗灾救灾先进事迹

2008 年 1 月中旬以来,长达 1 个月世界罕见的极端异常的冰雪气候向人们袭来,一场声势浩大的抗冰救灾保卫战在三湘大地打响,无情的冰雪考验着每一个人。这场冰灾,让 2008 年的冬天显得越发的寒冷;这场冰灾,让很多人在灾难的悲痛中哭泣;这场冰灾,无情地锤炼着林业干部职工的血肉之躯!

在这次林业系统抗冰救灾过程中,一个个感人的事迹迷住了人们的双眼、感动着人们的心灵,他们用热血和豪情奏响了一曲曲林业干部职工顶风雨、冒严寒、抗冰雪的高昂战歌。省林业厅党组书记、厅长葛汉栋就是其中一位。他极为亲和,但亲和中透露着刚毅;他也很朴实,但朴实中散发着别样的魅力。

冰雪灾难何所惧——组织抗冰行动迅速

这次冰雪灾害造成全省木竹资源、重点工程造林、林木种苗、基层林业单位基础设施、森林防火基础设施等全面受损,林业直接经济损失达到164.98亿元,林区受灾人口923.6万人。灾情刚一发生,葛汉栋同志就以高度的责任感和紧迫感迅速组织开展抗冰救灾工作。他挺身而出亲自担任省林业厅抗冰救灾领导小组组长,每天与各市州林业局长联系一次以上,及时掌握灾情、指导各地救灾。只要是与抗冰救灾有关的工作,事无巨细他都亲自过问。在一个月里,他先后七次召开专题会议,研究抗冰救灾具体措施,部署全系统抗冰救灾工作;七次向各市州、县市区林业局下发文件,明确要求全系统干部职工提高认识,顽强战斗,抗击冰雪,努力把灾损降到最低程度。大年三十和正月初一,正是农历春节最重要的日子。葛汉栋放弃与亲人团聚的机会,和有关处室同志一道,加班加点,连续作战两天两夜,开展林业灾后重建规划编制工作。正月初二,规划方案在反复修改完善后上报国家林业局,为湖南省林业灾后重建工作得到国家支持奠定了很好的基础。整个春节七天长假,他一直奋战在抗冰工作岗位上,满腔热忱,昼夜不舍,感染了机关每一位干部职工。

欲与天公试比高——深入一线进行指导

冰雪灾害虽然残酷无情,但葛汉栋同志毫无惧色,相信人定胜天,总是冲锋在前、身先士卒抗冰救灾。他组织编发《抗冰救灾工作简报》、在湖南林业信息网开辟抗冰救灾专栏,指导各地救灾。他先后深入到湖南省受灾最为严重的郴州林区以及邵阳林区、汨罗市白水国有苗圃、湘乡市褒忠山国有林场、浏阳市洞阳镇省林木种苗繁育示范中心、省森林植物园等抗灾第一线指导救灾。督导全省各市、县级林业部门负责人务必下到基层组织开展抗灾自救工作。农历小年那一天,他组织机关干部职工到受灾严重的省森林植物园开展破冰除雪劳动,并和同志们一道铲除冰雪、转移受损盆栽,干得热火朝天,汗流浃背。近三个月来,他身患荨麻疹,奇痒难耐,但在救灾期间没有休息一天。在省委、省政府和厅抗冰救灾领导小组的领导下,通过他和全系统干部职工的共同努力,湖南省林业系统抗冰救灾工作取得了决定性胜利。

灾民冷暖挂心头——全力争取各界支援

受灾林区人民是否吃饱穿暖,如何过好春节的问题自灾情发生以来一直萦系在葛汉栋同志的心头。为此,他号召厅机关和厅直单位献出爱心,开展了两次捐献活动,并带头向灾区捐献了钱款和衣物。大家共募集捐款22.8万元、棉衣923件、棉被

121床，及时送到了有关林业基层单位受灾群众手中，帮助他们度过一个安乐祥和的春节。为做好灾后补损、恢复林业生产、重建家园工作，他积极将湖南林业的灾情向省委、省政府和国家有关部委汇报，并从国家林业局、财政部争取到资金500万元，还想方设法从自有办公经费中挤出110万元，春节前安排到了各市州，支援各地开展生产自救。全系统共自筹资金1 400多万元用于抗灾救灾。他2月16日、17日在察看郴州重灾区灾情后，立即和邓三龙副厅长研究决定把全体厅领导和各处处长、各直属单位主要负责人召集到郴州，紧急召开灾后重建现场会。在无电的情况下，摸黑向大家讲话，鼓舞士气，号召全系统干部、职工积极投入灾后重建工作，收到振奋人心的效果。现在，全系统干部职工正意气风发、信心满怀地开展灾后重建工作。湖南省林业厅被省委、省政府授予抗冰救灾先进集体称号。

在这场全民抗冰救灾战役中，有许许多多发生在林业战线的先进事迹，还有许许多多默默无闻的幕后英雄。他们延续着光荣与梦想，用赤胆豪情实践着生态文明的深刻含义，为建设和谐社会尽心尽责，为实现富民强省前赴后继。（国家林业局宣传办公室）

[案例来源：国家林业局政府网]

分析

(1)灾情刚一发生，葛厅长就以高度的责任感和紧迫感迅速组织开展抗冰救灾工作。他亲自担任省林业厅抗冰救灾领导小组组长，每天与各市州林业局长联系一次以上，及时掌握灾情、指导各地救灾。只要是与抗冰救灾有关的工作，事无巨细他都亲自过问。在一个月里，他先后七次召开专题会议，研究抗冰救灾具体措施，部署全系统抗冰救灾工作；七次向各市州、县市区林业局下发文件，明确要求全系统干部职工提高认识，顽强战斗，抗击冰雪，努力把灾损降到最低程度。大年三十和正月初一，正是农历春节最重要的日子，葛汉栋放弃与亲人团聚的机会，和有关处室同志一道，加班加点，连续作战两天两夜，开展林业灾后重建规划编制工作。正月初二，规划方案在反复修改完善后上报国家林业局，为湖南省林业灾后重建工作得到国家支持奠定了很好的基础。

冰雪灾害虽然残酷无情，但葛汉栋同志毫无惧色，相信人定胜天，总是冲锋在前、身先士卒抗冰救灾。他先后深入到湖南省受灾最为严重的郴州林区以及邵阳林区、汨罗市白水国有苗圃、湘乡市褒忠山国有林场、浏阳市洞阳镇省林木种苗繁育示范中心、省森林植物园等抗灾第一线指导救灾。督导全省各市、县级林业部门负责人务必下到基层组织开展抗灾自救工作。

(2)湖南省林业厅厅机关和厅直单位献出爱心，开展了两次捐献活动，向灾区捐献钱款和衣物。大家共募集捐款22.8万元、棉衣923件、棉被121床，及时送到了有关林业基层单位受灾群众手中，帮助他们度过一个安乐祥和的春节。为做好灾后补损、恢复林业生产、重建家园工作，省林业厅积极将湖南林业的灾情向省委、省政府和国家有关部委汇报，并从国家林业局、财政部争取到资金支持500万元，还想方设法从自有办公经费中挤出110万元，春节前安排到了各市州，支援各地开展生产自救。全系统共自筹资金1 400多万元用于抗灾救灾。

相关政策

(1)《城市居民最低生活保障条例》(中华人民共和国国务院令第271号)第十四条：

享受城市居民最低生活保障待遇的城市居民有下列行为之一的，由县级人民政府民政部门给予批评教育或者警告，追回其冒领的城市居民最低生活保障款物；情节恶劣的，处冒领金额1倍以上3倍以下的罚款：

①采取虚报、隐瞒、伪造等手段，骗取享受城市居民最低生活保障待遇的；

②在享受城市居民最低生活保障待遇期间家庭收入情况好转，不按规定告知管理审批机关，继续享受城市居民最低生活保障待遇的。

(2)中国农村扶贫开发纲要(2001—2010年)：

我国2001—2010年扶贫开发总的奋斗目标是：尽快解决少数贫困人口温饱问题，进一步改善贫困地区的基本生产生活条件，巩固温饱成果，提高贫困人口的生活质量和综合素质，加强贫困乡村的基础设施建设，改善生态环境，逐步改变贫困地区经济、社会、文化的落后状况，为达到小康水平创造条件。

11

社会福利

学习目标

社会福利是为了满足社会成员需要而做的一种制度安排。在大多数情况下，社会福利成功地向社会成员提供生存和发展所需的资源。通过本章学习，要求了解社会福利的概念、特征、内容和功能，熟悉公共福利、职业福利和社会弱势群体福利的主要内容，依据社会福利的法规政策办理社会福利的相关事务。

11.1 社会福利概述

社会福利(Social Welfare)是现代社会保障体系中形成较迟、层次较高的组成部分。社会福利制度的宗旨不仅仅是为了帮助社会成员获得最低的或基本的生活保障，更在于帮助人们不断地提高生活的质量，特别是侧重于改善妇女、儿童、老人、残疾人等社会弱势群体的生活状况。社会福利制度的有无及其发展程度是一个国家现代文明程度的重要标志。随着经济的发展和社会的进步，各国政府越来越重视推进社会福利事业的发展。

11.1.1 社会福利的概念和特征

社会福利这一概念可以从狭义和广义两个角度来理解。广义的社会福利等同于社会保障，也叫“大福利论”，它是国家通过立法为改善和提高社会成员的物质生活和精神生活而提供的各种社会服务和措施。狭义的社会福利也叫“剩余福利论”，是对弱势群体提供的带有福利性质的社会服务与保障措施。它是对社会保险制度的一种补充，是指政府和社会在社会成员因年老、疾病、生理或心理缺陷而丧失劳动能力，出现生活困难时向其提供的服务和措施。

在中国,社会福利和社会保险、社会救助、社会优抚并列,是社会保障体系中的一个重要组成部分。我国政府工作中的社会福利既不完全等同于广义的社会福利,也不等同于狭义的社会福利,而是介于两者之间。从我国的实际情况出发,可以将社会福利作如下定义:社会福利是国家和社会为保证社会成员维持一定生活水平和尽可能提高生活质量而提供的物质帮助与社会服务的总称。

与社会保险、社会救助等其他社会保障项目相比,社会福利的特征突出表现在以下几个方面。

1. 普遍性

社会福利是一种面向全体社会成员的制度,政府提供的公共津贴是面向全民的,人人有份。只要在法定政策范围内,人人都可以无条件地享受到相应的社会福利待遇,不论原来收入多寡,也不需要对享受者的家庭经济状况进行调查。此外,社会福利无论提供的是公共福利设施,还是社会津贴、社区服务,都是免费的或优惠的,因此有"社会工资"的美称。在发达国家,社会福利已经是人们生活中不可或缺的重要组成部分。不论是何种意义的社会福利,其基本点都是免费或低费提供某种生活用品、服务或现金补贴,给人以实惠与方便,使人们的生活质量得到改善。

2. 综合性

社会福利不同于社会救助和社会保险,如果说社会救助是雪中送炭,社会保险是化险为夷,那么社会福利有给人锦上添花的感觉。它的目的不仅是为了保障社会成员的最低生活需要,而且是为了使社会成员在现有生产力发展水平上过上更高质量的生活;它不仅仅给人们提供一定的收入补偿,更多的是通过建立公共设施和提供服务为人们提供生活方便,解除后顾之忧,使生活得到整体改善;它不仅对人们的物质生活需要给以保障,还对人们的精神、文化方面的需要提供帮助;它不仅保障人们目前的生活需要,还要保障其赡养家庭、培育后代的需要。总之,社会福利不仅保障个人和社会的生存需要,还要保证个人和社会有发展的可能。因此,社会福利具有明显的综合性特征,是社会保障体系的最高层次。

3. 非营利性

由于社会福利的主要目的是提高国民的生活质量,仅仅依靠现金支援与救助是不够的,必须通过福利服务来实现对社会成员的特定社会保障目标。尤其是对于大多数年老退休的职工,必须在提供基本养老费的同时,通过各种社会福利设施来提供相关的社会服务,才能保证为离退休职工安度晚年提供有利的条件。因此,现代社会福利中,总是有大量的社会福利设施和社会福利机构,这些社会福利设施和社会福利机构都属于非营利性机构,它们对社会成员提供的福利服务都是无偿的或低费的,不以营利为目的的。

11.1.2 社会福利的基本内容

社会福利的目标比较广泛,它的内容也比较庞杂。从一般意义上说,社会福利的内容有以下几方面。

1. 社会福利的模式

依据对市场的乐观和悲观的不同估计,可将社会福利区分为补救性福利模式和机制性福利模式。补救模式认为市场可以自行解决绝大部分社会问题,社会福利只需"将目标有选择地集中在一群残留的、人数不断减少的少数需求者"身上,就可以保障有一个健康、良好的社会环境。其典型代表是美国。机制模式认为市场无力解决日益恶化的社会问题;政府只有通过全面干预的社会福利政策(如普遍的、名目繁多的福利补贴和政府提供的补充社会保险等),在大范围内提供机制化的服务,才能解决普遍性的社会问题,否则,社会稳定就难以保证。代表性国家如瑞典、丹麦、挪威等。

2. 社会福利的体制

依据政府和社会在福利工作中的不同作用,可将社会福利分为合作体制和国家主导的体制。合作体制突出强调社会力量,特别是社会中介组织在福利服务中的重要作用,认为大部分的福利服务,应该交由各类社会组织包括非政府、非营利机构来提供,公民整体的福利保障和服务充分依托社会部门的作用。代表国家是德国、荷兰等。国家主导的体制强调国家应当基本包揽公民的福利收入和福利服务,全体公民能否享受到社会福利的基本权益,责任完全在于国家。

3. 社会福利的运行机制

社会福利作为一种社会保障制度,其运行有其特殊性,主要包括资金的来源、资金的管理和福利的发放三个过程。社会福利的资金来源一般比较强调政府、社会的责任,但是,随着发达国家福利病的出现,有些也开始强调个人责任。社会福利的资金管理采用现收现付的方式,筹集的资金一般不用于投资,只是用于当期福利的支出。为了防止资金的挪用或占用,社会管理机构要注重对福利资金,尤其是从社会上筹集的福利资金的监督与管理。

4. 社会福利的对象

社会福利因举办者的不同,其对象有所区别。当社会福利作为政府的一项社会政策,在全社会广泛进行时,便以全体社会成员为对象。凡符合社会福利享受条件的人,不分性别、年龄、职业、信仰,都可以享受社会福利的保障待遇。当社会福利的项目面向不同的区域和人群时,则只有部分社会成员可以享受。如我国在改革开放以后逐渐发展起来的社区服务,便具有区域性;而我国企事业单位实施的职业福利,对象仅限于本区域或本单位的社会成员。

5. 社会福利的形式

社会福利主要采用现金支付、实物支付、提供设施、提供服务和带薪休假等形式。现金支付是指国家直接向享受者发放现金,帮助他们提高生活质量,如儿童津贴、老年补助等。实物支付是指国家以发放实物的形式,帮助社会成员提高生活质量的一种手段。它不直接发放现金,而是根据社会成员的实际生活状况和需要,无偿提供一些必需的生活资料和生产资料。提供设施是指兴办各种福利机构、公共体育设施等并免费或低偿地向社会成员开放,便民利民。提供设施是社会福利区别于社会保险和社会救助的重要特征之一。提供服务是指组织社区成员开展社区服务,或组织专业人士和志愿者提供各种福利服务。带薪休假是政府或社会在社会成员非工作的时间里按工作时间发放工资。

11.1.3 社会福利的功能

社会福利是社会保障体系中高层次的社会政策措施,有助于社会经济发展战略目标的实现,有利于社会的稳定和发展。具体功能如下。

1.提高国民生活质量

社会福利在社会救助和社会保险基础上,进一步提高社会成员的生活水平,改善其福祉,丰富其文化生活水平,属于高层次的保障制度。

2.促进社会稳定

通过举办社会福利,可以对因竞争而产生的弱势群体进行补助与帮助,有利于针对不同保障对象的需求提供特殊的福利设施和服务,从而保护他们的基本权利,减少贫富差距和社会震荡,追求和维护社会公平,促进社会稳定。

3.调控经济发展

从宏观层面讲,社会福利基金的积累,有利于增加市场上的货币供应量,促进消费,从而提高投资,保证国民经济平稳发展;从微观角度讲,社会福利的实施与完善,可以使企业摆脱年老、伤残等社会性负担,有利于企业优化劳动组合与人才合理流动,从而有利于企业作为市场经济主体集中精力从事生产经营,提高效率,增强企业活力和转换企业经营机制。

11.2 公共福利

公共福利是社会福利的重要项目,它是国家和社会为满足全体社会成员的物质及精神生活基本需要而兴办的公益性设施和提供的相关服务。公共福利的内容十分广泛,涉及人民生活的诸多方面,住房福利、教育福利、文体卫生福利等都属于公共福利。

11.2.1 住房福利

1.住房福利内涵

所谓住房福利,按西方国家惯用的界定方法,是指中央政府和地方政府为解决全体国民住房问题的社会福利措施和手段。

住房问题是现代城市的社会问题之一,是城市化与工业化的产物。住房福利是社会福利制度的重要组成部分,并为增进居民的健康做出贡献。住房福利在于满足人们的住房需求,防止形成“贫民窟”,缓解各种社会矛盾,在促进经济发展和维持社会稳定方面具有举足轻重的作用。尤其在现代社会中,政府需要通过住房福利来解决住房问题。住房福利不是可有可无,而是政府必须要制定和执行的一项政策。

住房福利的内容包括以下几个方面。

(1)提供低租公房。即由政府直接建造大量低租公房供住房困难户、低收入户居住。在我国香港地区,政府举办的公共房屋迄今仍然是许多香港居民解决住房问题的基本途径。

(2)提供住房补贴。这种方式通常有两种做法:一是用来补贴购买自住住房者的免税减税;二是用来补贴租房者的现金补贴。

(3)住房金融政策。住房金融政策亦是政府介入住房领域的一个重要手段。一些研究者把世界各国的住房金融政策概括为四种模式:一是在国家有效控制之下的私营机构为主体的综合型;二是公私机构互补的混合型;三是政府全面直接控制的基金型;四是民间专营机构控制的互助型。

2. 目前我国住房福利存在的问题

我国目前的住房福利存在着一些问题,具体说来,有以下几个方面。

(1)购房福利及其存在的问题。1994 年建设部、国务院房改领导小组、财政部联合发布《城镇经济适用住房建设管理办法》,目的是配合住房体制改革,用新的体制为城镇中、低收入者提供住房。经济适用房实质上是为购房者提供住房福利。在改革传统福利公房的时候,提出新的购房福利政策,是一种新趋势。为了提供购房福利,政府通过各种方式承担了一定成本,与传统福利公房相比,无论从单位面积、户均以及人均指标看,经济适用房的福利成本都要小得多。

但是,经济适用房也存在许多问题。①它的对象虽然包含了低收入群体,但还不是针对低收入群体的政策。它主要适用于中等收入以上人群,因为他们的购房支付能力较强。这就产生福利受益人群倒置问题。有能力买房的,从中获得数以万元计的利益;而无能力买房者,则不可能问津住房福利。②在管理方面,将住房福利与市场结合起来,交给开发商去办,是一项大胆的探索。但是开发商往往会从自己的商业目标出发运作而忽视政策规定,如不控制建筑面积标准和销售对象等。③经济适用房提供的购房福利不触及二手房市场,而二手房通常价格要低于新房,旧房的建筑标准也低些,更适合中低收入家庭。

(2)廉租房福利及其存在的问题。为弥补经济适用房政策的不足,1998 年国务院发布《关于进一步深化城镇住房制度改革、加快住房建设的通知》,针对“最低收入家庭”提出了“廉租房”政策。规定:对不同收入家庭实行不同的住房供应政策。最低收入家庭租用由政府或单位提供的廉租住房。

从西方国家经验看,住房福利首先是以政府直接建设公房并以低租金水平提供给居民这种方式出现的。我国传统体制下实行的福利住房制度,也属于这种方式。虽然经过多年的改革和多次提租,目前存量公房的租金水平仍然很低,没有改变福利住房的实质,仍然是典型的廉租房。这种廉租房制度同样存在不少弊病:第一,随着经济发展和人们居住水平的提高，住房福利标准也会相应提高，但已有建筑格局很难改变；第二，政府集中建设廉租房，易形成新的“贫民区”；第三，廉租房受益人群边界较明显，而利益反差又较大；第四，政府廉租房的退出机制很难运作。

(3)房租补贴福利及其存在的问题。2003年12月建设部等五部门发布《城镇最低收入家庭廉租住房管理办法》，明确规定以住房补贴作为解决低保对象住房问题的主要方式。由此，原来定义的廉租房就出现性质上的变化。不过，目前政府仍然没有把房租补贴作为单独的福利方式，而仍然把它作为廉租房的一种形式，把它与“实物配租”并列。实际上，在房租补贴下，受益家庭租用的住房，是按市场价格支付，这样的住房不能称作廉租房。因此有必要把廉租房限定在政府提供的、只收取低租金的住户范围，而房租补贴则是一种独立的住房福利方式。

房租补贴是在廉租房政策的探索中提出来的，目前虽然得到肯定，但仍然只局限于低保对象，甚至连低保对象的需要都远远未得到满足。

(4)福利缺陷。房租补贴以及廉租房政策可以解决经济适用房政策的福利倒置问题，但会出现福利悖论问题。收入略高于资格条件的家庭，经过福利政策再分配后，实际生活收入可能低于享受到住房福利的家庭。福利水平越高，福利悖论涉及的人数越多。这样的再分配政策是不公平的，对收入略高于资格条件的人群还会产生负效应，影响他们的工作动力。

3. 重构住房福利制度的思路

(1)探索反向递减房租补贴，以解决住房福利悖论问题。提高资格条件标准，扩大房租补贴的受益面，不仅低保对象可享受补贴，收入略高于低保的人群也可以享受补贴。补贴的力度随收入水平递减。其中收入在低保以下的家庭，提供全额补贴，因为低保标准当中不包含住房支出。对收入高于低保且符合资格条件的家庭，只提供一定比例的补贴，因为其高出低保标准的收入，可能拿出一定比例用于住房消费。随着收入提高，住房消费的支付能力也提高。收入与资格条件标准相等的家庭，补贴比例不应超过20%。确定资格条件标准及补贴标准，必须通过调查。并且根据不同的资源约束条件进行测算，才能提出具体的方案。

(2)用购房补贴替代经济适用房。将政府用于经济适用房的投入改变成购房补贴金，政府不再安排经济适用房项目，而是单纯面对中低收入购房者，对他们购买的、在规定标准以下的住房，按照他们的收入高低，由基金通过贷款贴息等方式提供一定补贴。补贴额与收入成反比，采取分年提供的办法。中低收入家庭购房，无论是新房还是二手房，在规定标准以下，可以申请补贴。在一定年限内，购房者每年向政府申报，政府根据申请者当年的收入状况重新审定补贴数额。

不过，购房补贴将增加大量的管理工作。

(3)将房租补贴与购房补贴衔接起来，形成统一的住房福利体制。从福利享有公平性角度看，租房补贴与购房福利的待遇水平必须衔接，后者不应高于前者。因此，有必要将房租补贴与购房福利统一起来。在建立房租反向递减补贴和购房补贴的前提下，设立统一的资格条件，不分设购房福利和租房福利资格条件两条线，只按照购房福利资格标准确定享受住房福利的资格条件。这有待于测算，不妨假设将其定为城镇居民平均生活收入。收入低于平均水平的家庭，有资格享受住房福利，或者是发给房租补贴，或者是支付购房补贴。无论房租补贴还是购房补贴，都将统一待遇水平。同一收入的家庭，无论其选择购房还是租房，得到的补贴数额都相等。

11.2.2 教育福利

1. 教育福利内涵

教育福利是指政府在配置教育资源，解决教育问题，提高国民素质方面的各种社会福利措施和手段。

人类的教育活动已有悠久的历史。在当代社会中，随着知识在经济和社会发展中重要性的提高，教育对社会和个人的重要性也在不断增强。因此，教育福利日益受到政府和公众的关注。教育是国民立足社会的基础，也是国家发展的根本所在。在现代社会中，教育的花费越来越多，以至于部分社会成员难以支付。如果纯粹以市场机制去分配教育资源，则会导致教育机会的不平等，尤其是会使贫困家庭的孩子丧失受教育的机会，从而导致贫困的代际传递。因此，需要通过政府的教育福利去弥补市场的不足。事实上，世界上许多国家都因采取教育优先与发展教育福利的战略而获得了快速、持续的发展。

教育福利的内容包括以下方面。

(1)由政府为主体负责建设教育机构。建设教育机构包括投入教育事业的基础设施、设备和建设教育人员队伍。各国都通过兴办教育基础设施，培训合格的教师员工队伍，对教育机构直接管理，或者指导教育机构的运行。

(2)建立不同层次的免费或低费教育体系。当今世界各国在巨大的公共教育体系的支撑下，基本上解决了义务教育阶段的教育需要。特别是在发达国家中，几乎所有青少年都能获得法律所规定的义务教育，并且在公共教育机构中的义务教育阶段一般都是由公共资金支持，个人受教育是免费的，低收入者享受教育补贴。

(3)建立合理的教育结构。教育结构包括教育的层次结构、专业结构和区域分布。政府根据本国的情况建立包括各类教育在内的多样化教育体系，除了普通教育以外，还有大量的职业教育、成人教育和特殊教育等，以满足各类人员对教育的不同需要。而发达国家一般都实现了高等教育的大众化。

(4)在特殊地区实施鼓励教育发展的政策。在农村地区、贫困地区、少数民族地区等实行对教育的特殊投入和其他特殊政策。

2. 目前我国教育福利存在的问题

(1)投入仍然不足，结构亦不合理。首先，中国教育经费增长虽然较快，但实际上仍然不足。在中国，除北京大学等少数高等院校和一些大中城市的重点中小学校外，其他各类学校普遍认为自己经费不足甚至严重不足；其次，国家财政性教育经费的增长较缓慢，说明教育经费的增长主要是依靠非政府财政性投入带动增长，而作为国民教育投资最重要的主体的政府，还有待加强投入；再次，投入结构不合理，基础教育未引起足够重视；最后，在调动民间资源方面缺乏有效措施，抑制了民间资源投向教育事业。

（2）教育福利的非公平性明显。由于中国正处于转型期，法律制度的欠缺、管理体制的不适应以及相关配套机制不完善，使得教育福利中存在着显著的不公平性，这种不公平性正在妨碍着中国教育事业的健康与可持续发展，在某种程度上甚至直接扭曲着整个社会人力资本的投资行为，造成教育投资的失败与低效。一方面，公共教育资源的分配极不公平。这主要是指国家财政性教育经费的投入，长期以来都是城镇重于乡村、重点学校重于非重点学校、学历教育重于非学历教育、知识教育重于技能教育。另一方面，国民受教育权（机会）亦存在着不公平，表现在城乡之间不公平、性别上的不公平、流动人口与固定户籍人口之间不公平等。

（3）教育福利的市场化取向令人忧虑。市场经济改革带给中国教育界的一个直接效应，就是教育福利的市场化与效率取向因为缺乏相应的政策规范而发展到了令人忧虑的地步。几乎各级各类学校均存在着乱收费现象，教育乱收费已经成为中国的社会问题，教育系统甚至被人斥之为“暴利”行业；而本来应当由政府负责的义务教育，在许多地方仍然是收费教育，贫困家庭子女因缴不起学费而失学的现象仍然不属罕见。教育福利的过度市场化与效率取向，正在损害着国民教育本应有的公平性与规范性，造成了部分国民的受教育权被剥夺，从而客观上损害着民生的基础。

3. 提高教育福利的政策措施

对教育福利中的问题，中国政府给予高度重视。近几年来政府已采取积极行动，以便推进教育事业的发展，并加快促进人力资源向人力资本的转化。中国政府采取的政策措施，大体上有如下几项。

（1）继续加大国家财政投入。在这方面，政府1997－2002年间财政性教育经费年均增幅达16.7%，2005年国家用于教育方面的财政性经费投入将达到GDP的4%，而政府确定的2010年的目标是全国财政性教育经费投入占GDP的5%。

（2）开始考虑公平性并采取相应的行动。主要体现在两方面：①对农村教育的重视程度明显提升，并有切实措施推进。自2002年以来，全国财政预算内对农村义务教育经费的拨款连年增长，中央财政还通过工资性转移支付与农村税费改革转移支付等措施，促使农村义务教育初步实现了由“农民办”向“政府办”的转变；同时，国家还实施了“国家贫困地区义务教育工程”、“农村中小学危房改造工程”、“西部地区教育基础设施建设工程”、“国家义务教育贫困学生助学金计划”以及为贫困中小学生免费提供教科书等，这些措施的采取使城乡公共教育资源分配不公平现象正在得到扭转。②通过2003年全国人大常委会对《未成年保护法》的执法检查的推动，中国政府于2003年秋季明确流动人口子女的义务教育由流入地政府统筹解决，以农民工为主体的流动人口的子女开始享受与市民子女同等的教育机会。

（3）将职业教育的发展纳入国家教育振兴行动计划。中国教育部将大力发展职业教育和大量培养高素质技能型人才以及发展多样化的成人教育和继续教育等，正式纳入了国家教育振兴行动计划；国家劳动和社会保障部亦开始行动起来，通过政府投入和对失业保险制度功能的调整，强化对劳动者的技能培训，并计划对农民工进行大规模培训。可以预见，职业技能教育将成为中国教育福利中非常重要的组成部分。

(4)强化义务教育的福利性，建立非义务教育成本分担机制。确保每个适龄青少年都能够接受义务教育，是中国政府近期追求的主要目标。这一目标在城市已经基本实现，因为即使是贫困家庭亦可以获得市政府提供的子女教育补贴；在农村，国家通过确立以县为主的教育管理体制，基本实现了从"农民办"教育向"政府办"教育的转化。同时，自2004年秋季起，全国所有省份的公办义务教育均推行"一费制"，即在严格核定杂费、课本费的基础上一次性统一向学生收取费用，以此杜绝中小学校乱收费现象。一些城市已经实现义务教育免费制。因此，义务教育正在恢复福利教育的本来面目。

同时，中国政府正在探索建立非义务教育的成本分担机制，包括高等教育及其他非义务教育，均将根据教育成本来确定相应的筹资渠道与方案，家庭与个人分担必要的成本，将是受教育者享受非义务教育机会的条件。这种成本分担机制的确立，必将使教育收费走上规范化、制度化的道路。

11.2.3 文体卫生福利

1. 文体卫生福利概念和目标

在世界各国，文体、卫生都是社会福利制度中的重要组成部分。

所谓文体卫生福利，是指政府为促进社会成员的身心健康和生活质量而开展的文体娱乐、卫生保健方面的一系列福利政策和行动的总称。

文体卫生福利的目标是通过政府的文体、卫生福利，满足社会成员的精神文化生活和卫生健康需求，降低文化娱乐服务和医疗服务价格，促进精神文明建设和医疗技术进步，提高医疗服务质量，推进社会和谐发展。

2. 文体卫生福利的内容

(1)教育娱乐性文体福利。国家通过公共资金的投入和政府行动，保证各类公共场所文化体育设施的配置和维护，开展灵活多样的健康娱乐活动.培养社会成员的主体意识和参与能力，丰富大众精神生活，弘扬社会优良传统，传播积极向上的现代文化。

(2)预防性卫生福利。政府提供面向全体社会成员或部分人口的预防性卫生服务，如计划免疫、地方病和寄生虫病的防治等；开展大众健康教育，普及基本卫生知识和基本食品安全，使民众养成健康的生活方式，促进健康行为；改善环境卫生、食品卫生、劳动卫生、学校卫生和放射卫生等。

(3)治疗性卫生福利。政府投资建设公共医疗设施，建构社会医疗服务网络，合理配置医疗服务资源，并且以公共资金支持医疗及护理服务体系和医护人员队伍建设。

(4)应急性卫生福利。政府根据突发性传染病的危害程度、流行强度,依法及时组织调查、确证、处置、控制和评价,保证医疗救护设备、救治药品、医疗器械等物资的生产、供应,进行必要的人员疏散、隔离和封锁,控制食物和水源。

3. 文体福利存在的问题与改善措施

目前文体福利存在的问题主要包括:一是文化基础设施不全,尤其农村文化设施比较落后;二是文化事业单位用人机制不够灵活,文学创作文秘人员紧缺,专业艺术人才行当不齐,文化艺术优秀人才缺乏,文化管理和经营人才极度匮乏;三是文化事业发展所需经费不足,制约了文化事业的发展,难以满足人民群众日益增长的文化生活的需求。

改善文体福利的措施是:推进旅游文化、广场文化、社区文化、农村文化、校园文化、民间民俗文化繁荣发展;加强农村基层文化基础设施建设,继续新建和改建文化站;提高文化市场管理水平,促进文化市场健康发展;加强文化遗产保护工作,促进文化事业全面发展,加大对重要文化遗产和优秀民间艺术保护的扶持力度;进一步贯彻实施《体育法》和《全民健身计划纲要》,开展群众性喜闻乐见的体育活动和比赛,认真抓好体育竞赛和业余训练工作。

4. 卫生福利面临的问题和中心任务

当前我国卫生福利面临着一些矛盾和问题,主要集中反映在四个方面:一是突发公共卫生事件的有效应急处置机制还不完善;二是重大疾病防治的任务十分繁重;三是农村医疗卫生条件比较落后;四是群众仍然面临"看病难"的问题。

为全面落实科学发展观,推进卫生福利事业的发展,卫生系统需要重点完成的中心任务是:继续加强公共卫生体系建设,加快医疗卫生资源调整;进一步加强重大疾病防治工作;加强农村卫生工作,逐步改善农村卫生条件;稳步开展城市医疗服务体制改革试点,加强社区卫生工作;从源头上控制医药价格,加强和改善卫生行业监管,坚决纠正行业不正之风。

11.3 职业福利

职业福利是社会福利体系的重要组成部分,是组织吸引优秀人才、稳定职工队伍、增强组织凝聚力的重要措施。西方国家的企业普遍重视职业福利,推出了多种多样的职业福利计划。新中国的职业福利制度是20世纪50年代建立的。在计划经济体制下,政府主导的职业福利配合"低工资,多就业"政策,对解决职工生活困难、改善职工生活、促进生产发展发挥了重要作用。改革开放以来,社会经济环境发生了巨大的变化,传统的职业福利制度受到挑战,改革势在必行。

11.3.1 职业福利的含义

职业福利是行业和单位为满足职工物质文化生活需要,保证职工一定生活质量而提供的工资以外的津贴、设施和服务的社会福利项目。职业福利按其社会化程度可以划分为两个层次：一个层次是国家通过一定的法律手段和途径在某些行业和企业中普遍实行的制度，如职工探亲假制度、与职业关联的特殊津贴制度；另一层次是单位在完成国家所有税项任务前提下力所能及地自主地为职工提供的福利。

职业福利的基本特征包括以下几方面内容。

(1)普遍性。凡是举办职业福利事业的单位，职工及其家属都有权享受职业福利待遇。

(2)集体性。职业福利中的某些项目，满足共同的集体需要，具有集体性。

(3)补充性。职业福利具有补充满足职工生活需要的特征，即职业福利不是个人消费品的主要形式，而是补充形式或者辅助形式。

(4)差别性。由于职业福利的一部分资金直接来源于企业利润留成，因而不同企业之间经济效益的好坏直接影响职工的福利。在大型企业与中小型企业之间、中央企业与地方企业之间、干部与群众之间的福利待遇都有较大的差别，而且某一单位在不同时期的职业福利也可能不一样。

11.3.2 职业福利的性质

1. 社会属性

职业福利虽然主要是一种企业(或单位)行为，但其具有明显的社会意义，是一定社会分配制度的反映。首先，职业福利作为国民收入再分配的一种辅助形式，使劳动者在工资收入之外，获得某种补充性的收入。其次，虽然企业(或单位)兴办集体福利设施和某些福利项目，基本上取决于各自的实际需要和支付能力，但职业福利中的主要项目以及职业福利经费的提取和使用办法，一般都是按照国家统一规定执行的。这在一定程度上也反映了职业福利的社会性。

2. 劳动属性

职业福利与劳动就业高度重合，参加集体劳动是享受职业福利的先决条件。职业福利同工资一样都属于必要劳动的范畴。不过，职业福利作为职工的劳动所得，在劳动属性的体现形式上不同于工资。工资是按照各个职工所提供的劳动量直接支付给本人，工资额与劳动量是对应的，职工之间的工资存在着差别；职业福利则不与个人劳动量直接联系，仅与单位集体的劳动相关联，把职工作为一个劳动整体来支付职业福利经费，每个符合条件的职工都可均等享受。

3. 分配属性

职业福利是个人消费品分配的一条独特的渠道。这一点，从它与工资的关系中不难看出。在分配领域中，职业福利是对工资的补充，与工资存在着相互制约的关系。职业福利费用在消费基金中的比重必须适当；如果职业福利费用在个人消费基金中所占的比重过大，就会减小工资的比重，削弱工资的经济杠杆作用。职业福利与工资的区别是：工资是劳动者的劳动报酬，实行的是按劳分配原则；职业福利虽然也以劳动者提供劳动为前提，但不要求福利享受与劳动义务对等。在消费方式上，职业福利主要由集体支配，定向使用，其作用是补充、满足职工共同的、经常的生活需要和一定期间的特殊需要,这与工资完全由职工个人自由支配使用也不相同。

11.3.3 职业福利的内容

职业福利所涉及的内容比较复杂,我国与西方国家所提供的福利项目也不尽相同。大致说来,它包括集体生活福利、集体文化福利和职工个人福利。

1. 集体文化福利

集体文化福利是由单位兴建文化、卫生、体育娱乐等设施,以免费或者低费待遇供职工享用和提供服务。职工集体文化福利对于提高企业的凝聚力、提高职工文化素质、提高劳动生产率具有积极作用,职工集体文化福利主要包括以下几个方面。

(1)企业培训中心等集体福利设施。企业培训中心举办的文化补习班、技术培训班等对企业工人、工程技术人员、经营管理人员等在内的所有在职职工进行职业技术培训,可以提高企业的劳动生产率,提高职工的文化素质。

(2)职工俱乐部、活动中心等综合性文化福利设施。在活动中心,既可以组织职工学技术、学文化,也可以组织职工开展歌咏比赛等,还可以组织各种社交活动,如举办舞会、旅游、春游、联谊会等。这些活动既丰富了职工的文化生活,又有利于职工的身心健康。

(3)建立图书馆。图书馆作为福利设施主要由社会承办,但是一些单位为了方便职工查找材料、提高技术,建立了企业图书馆。

(4)提供医疗、保健、卫生等服务。各单位自建的医院(卫生室)、保健和医疗设施,是企业集体福利的重要方面。职工定期免费体检等对于预防职工大病、保障职工健康具有重要作用。

2. 集体生活福利

职工集体生活福利是指企业兴办集体生活服务设施以优惠的待遇供职工享用和提供服务。职工集体生活福利是企业为方便职工生活,减轻家务劳动而举办的生活福利设施,主要包括职工食堂、职工宿舍、休息室、托儿所、幼儿园和学前班、附属学校、上下班交通车等。

(1)职工食堂。职工食堂是企业为方便职工工作,保障职工身体健康而兴办的企业生活福利设施。职工食堂中的炊具、设施等是从企业福利基金中支付的,职工食堂向职工提供物美价廉的饭菜、就餐补助等。

(2)职工宿舍。职工宿舍包括职工家属住宅、单身集体宿舍和倒班宿舍等。职工家属住宅主要是企业兴办的、以优惠价格出租或出售给本单位职工的住宅,职工购买本单位福利房以后,只有使用权,不具有所有权。单身宿舍主要提供给未婚职工或者家住外地的职工,是企业为解决职工居住上的困难而提供的日常生活场所。倒班宿舍是企业免费提供给倒班职工的临时休息和睡眠的场所,不为职工固定使用。

(3)兴办托儿所、幼儿园或者附属学校。托儿所、幼儿园的建立解放了妇女劳动力,减轻了妇女的家庭负担,也解决了职工的后顾之忧。特别是职工流动性比较大的行业、企业兴办幼儿园、托儿所等,可以解决职工子女的入托、求学等问题,保障职工安心工作。

(4)开办浴室、理发室,提供上下班交通工具等。浴室、理发室等是改善职工生活的重要方面。例如,为使职工保持旺盛的工作精力,一些企业提供了班车服务,接送职工上下班,职工可免费乘车或者支付部分乘车费用。

3. 职工个人福利

职工个人福利主要是指用于个人生活方面的各种经济性福利项目,一般称为福利性补贴制度,多数是以货币形式发给职工本人,有时是以实物的形式发放的。这类福利性补贴主要包括以下几个方面。

(1)法定带薪休假。包括带薪的年休假、法定的婚假、丧假、计划生育假、探亲假期间的工资和往返车船票补贴。

(2)职业福利补贴。主要包括职工住房补贴、职工住房公积金、职工生活困难补助、职工宿舍冬季取暖补贴、职工上下班交通补贴等。此外,还包括水电补贴、卫生费、洗理费、书报费、生日津贴、结婚慰问金、住院慰问金、丧事慰问金等福利补贴。

(3)专项福利资助。企业为职工提供教育资助,主要包括:为职工提供通过学业的费用、为职工提供再培训的机会、为职工子女提供贷款担保或必要的费用。医疗资助主要有定期体检和各种保健培训等。

(4)企业补充保险。主要包括企业补充养老保险(企业年金计划)和企业补充医疗保险。

11.3.4 职业福利实务

1. 国家主管部门

在我国,国家主管部门(劳动部门、人事部门)主要是在宏观上处理好生产与生活的关系,确定国民收入增长和社会劳动生产率提高同职业福利增长的比例关系、工资基金同职业福利基金的比例关系;贯彻党和国家有关职业福利的方针、政策、法规和指示精神,研究拟定有关职业福利的具体方针、政策和规章制度;综合协调有关部门,共同做好职业福利工作;对群众团体和个人举办的福利事业进行登记、扶助、管理、监督、指导;监督检查职业福利经费的预算、筹措、分配、保管和使用;研究制定改革与发展职业福利事业的规划和实施方案;组织推动职业福利工作人员的学习与培训等。

2. 主要业务内容

基层单位(企业、事业单位和国家机关等)职业福利管理的主要内容是:调查本单位职工的生活状况及需要,对可能出现的要求进行研究;确定本单位的职业福利项目并制定相应的实施计划;及时发现和解决职工生活中急需解决的困难和问题;掌管职业福利基金的财务和使用;根据自身的经济能力,设立各种集体福利设施,等等。

11.4 弱势群体福利

弱势群体是市场经济条件下社会分化的必然结果。弱势群体的福利需求与满足是一个国家社会福利体系的基础部分。

11.4.1 弱势群体福利概述

在西方国家,弱势群体是在经济上、体能上、就业和教育机会上都处于劣势的人群。就我国现阶段而言,弱势群体主要以老年人、残疾人、孤儿、妇女、失业人员、贫困人口等特殊社会群体为对象。弱势群体福利即是国家和社会根据社会的经济、文化发展水平,为弱势人群提供生活供养、疾病康复和文化教育等方面的权益保障。

弱势群体福利有以下特点。

(1)福利供给者以国家和社会力量为主。对国家和社会来说,向一定的弱势群体提供社会福利是法定的义务;对弱势群体来说,享受社会福利是一种权利。

(2)福利内容多样化。在现实生活中,为满足不同情形的弱势群体的不同福利需求,国家和社会提供了多种形式的福利设施和服务,福利项目日益多样化。

(3)福利保障制度化。通过制定各类弱势群体权益保护法规和政策,确认和体现国家的责任,规范和约束社会组织及社会成员的行为,保障弱势群体的特殊权益,实现社会公平。

按照弱势群体的年龄、性别、残障等情况划分,弱势群体福利的形式主要有老年人福利、残疾人福利、妇女福利和儿童福利等几种形式。

11.4.2 妇女儿童福利

1. 妇女儿童福利概念

妇女儿童福利是为保障妇女、儿童的特殊利益和特殊需要,由国家和社会根据妇女、儿童的生理心理特点以及可能受到的歧视和侵害而提供的照顾和福利服务。

2. 妇女福利的内容

我国政府历来重视妇女的福利问题,建国之后先后制定了一系列的法律法规和政策性文件,从而保障妇女在政治、经济、文化等方面与男子享有平等权利。几十年来,我国的妇女福利取得了重大成就,主要包括以下内容。

(1)生育福利。我国目前仅对职业妇女实行生育津贴制度。

(2)劳动保护福利。为维护女职工的合法权益,减少和解决女职工在劳动和工作中因生理特点造成的特殊困难,保护其健康,国务院制定了《女职工劳动保护规定》。

(3)保健福利。在我国的《母婴保健法》和《女职工保健规定》中,对女职工保健制度作了规定。女职工保健包括月经期保健、婚前保健、孕前保健、孕期保健、产前保健、产后保健、哺乳期保健、更年期保健,并对女职工定期进行妇科疾病及乳腺疾病的查治。

(4)福利设施及服务。为妇女提供的福利设施和福利服务,涉及妇女的生活、保健等多个方面,如妇幼保健院、妇产医院、妇女活动中心、咨询服务中心、健美中心、妇女用品专卖店等。

3. 儿童福利的内容

儿童福利起源于西方儿童救助事业,其初级阶段以特殊儿童的救济和收养为主,属于消极的救济性儿童福利。20 世纪以来,儿童福利事业逐渐发展为促进一切儿童全面发展的积极性的社会事业。

我国儿童福利包括以下几方面内容。

(1)医疗保健设施和服务。儿童医疗保健设施和服务主要是卫生部门对儿童实行预防接种制度,积极防治儿童常见病、多发病,加强对传染病防治工作的监督管理和对托儿所、幼儿园卫生保健的业务指导;兴办专为儿童医疗保健服务的儿童医院,或者在全科医院设立儿科,同时开展儿童保健工作,定期进行儿童健康检查、预防接种等,使儿童健康成长。

(2)活动场所和条件。国家和社会负责建立和普及托儿所、幼儿园,为婴幼儿提供良好的活动、生活条件和保育服务;建立儿童活动中心、少年宫、少年活动站以及儿童公园、儿童乐园等儿童活动、学习场所。另外,博物馆、纪念馆、科技馆、文化馆、影剧院、体育馆、动物园、公园等场所,对中小学生实行优惠开放。

(3)义务教育。在《中华人民共和国教育法》和《义务教育法实施细则》中,对有关儿童以九年制义务教育为核心内容的教育福利作了明确的规定,从而确保儿童的受教育权。

(4)日常生活保障。儿童的生命权、健康权应该受到保护。父母或者其他监护人应当依法履行对儿童的监护职责、抚养义务,不得虐待、遗弃儿童;不得歧视女童或者残疾儿童;禁止溺婴、弃婴。父母或者其他监护人还应当以健康的思想、品行和适当的方法教育儿童,引导他们进行有益身心健康的活动,预防和制止儿童吸烟、酗酒、流浪以及聚赌、吸毒等。

(5)儿童福利院。儿童福利院是指我国民政部门在城市举办的以孤儿为主要收养对象的社会福利事业单位,其主要任务是收养城市中无家可归、无生活来源、无法定义务抚养人的孤儿,收养家庭无力看管的儿童。

(6)残疾儿童康复中心。这是为残疾儿童提供康复服务的福利事业单位。其任务是为残疾儿童提供门诊和家庭咨询,开展各种功能训练和医疗、教育、职业培训,以减轻残疾程度,恢复自理生活和从事劳动的能力,为其走向社会创造条件。

(7)SOS 儿童村。SOS 儿童村是一项安置孤儿的国际性社会福利设施,由奥地利人赫尔曼·格迈纳在第二次世界大战之后创立。儿童村模拟家庭单位,一般由 15 ~ 20 户"人家"组成,每户招聘一个"家庭妈妈",教养 12 个不同年龄的孤儿,他们作为一家的兄弟姐妹共同生活,直至能够独立生活和自我照料为止。儿童村招收孤儿的条件是:父母双亡,无法定抚养人或法定抚养人无力抚养;年龄在8周岁以下,身心健康,发育正常,无家族遗传病史。儿童村由村长负责领导,管理人员有村长助理、妈妈、妈妈助理、教师和后勤人员等。儿童村的孤儿就读于附近学校,进入青年期以后迁至SOS青年村居住,直到他们完全独立。我国目前已经在天津、烟台、齐齐哈尔、成都、南昌、开封、拉萨等地建立起SOS儿童村。

4. 妇女、儿童福利的法律保护和组织保证

关于法规政策。我国政府十分重视对妇女、儿童权益的保障,先后颁布了一系列政策法规,形成了以《宪法》为基础,《妇女权益保障法》、《母婴保健法》和《未成年人保护法》为主体的比较完善的保护妇女、儿童权益的法规政策体系。这些法规政策,为我国开展妇女、儿童福利工作,改善妇女、儿童的福利提供了法律依据。

关于组织保证。中华全国妇女联合会是全国各族各界妇女在中国共产党领导下,为争取进一步解放而联合起来的社会群众团体,具有广泛的代表性、群众性和社会性。它的基本职能是团结、动员广大妇女参与经济建设和社会发展,代表和维护妇女利益,促进男女平等。

11.4.3 老年人福利

1. 老年人福利的概念和目标

老年人福利是以老年人为对象的社会福利项目,是国家和社会为了安定老年人生活、维护老年人健康、充实老年人精神文化生活而采取的政策、措施和社会公益服务。

老年人福利是养老保险的延续和提高,老年人福利的目标是在防止和减少老年贫困、保障老年人基本物质生活的基础上,进一步保证老年人分享社会进步的成果,满足老年人精神文化生活的需要,努力实现"老有所养,老有所医、老有所乐、老有所学、老有所为"。

2. 老年人福利的内容

(1)老年人福利津贴。老年人福利津贴是一种普遍养老金计划,这些计划为所有超过规定年龄的社会成员提供养老金,而不管他们的收入、就业状况或者经济来源如何。对于长寿老人,国家另外给予一定的福利补贴,保障长寿老人的生活。

(2)社会养老。社会养老是由国家和社会为所有老年人提供生活保障以及必要的福利设施和服务,承担起养老的主要责任。例如:建立老年公寓、疗养院、日间护理中心、老年人俱乐部、老年人文化活动中心等老年福利机构,改善老年人的生活环境;建立适合老年人活动的体育设施,组织老年人体育活动,增强老年人的体质;发展老年人电话服务、老年人家庭服务等社区服务,为生活不便的老年人提供家庭服务,料理老年人的生活。

(3)老年人保健。老年人保健是一个系统工程,涉及多方面的内容。设立老年人医院或者在医院中设立老年科,为发病率比较高的老年人提供医疗服务,使老年人的疾病能够得到及时的治疗。定期对老年人进行身体健康状况检查,做好老年人的

健康保健服务。

(4)老年人再就业。老年人再就业是解决老年人贫困、丰富晚年生活、实现发展性需求和价值性需求的重要途径。从长远看,人口老龄化是全球性趋势,重视老年劳动力的就业问题,可以为未来经济和社会发展提供有益经验。

3. 老年人福利的形式

我国的老年人福利主要有三种形式。

(1)收养性福利。收养性福利的主要职能是收养无家可归、无依无靠、无生活来源的孤寡老人。收养性的福利设施包括养老院、托老院、老年公寓和福利院等。

(2)娱乐学习性福利。娱乐学习性福利的主要职能是为老年人提供各种文化娱乐性服务,面向所有老年人开放。娱乐学习性福利设施主要包括老年人大学、老年人活动中心等。

(3)保健服务性福利。保健服务性福利主要是为老年人提供一些生活和健康方面的服务,面向全社会的老年人。这类设施主要包括老年人康复中心、老年医院、老年人咨询中心、老年人交友中心等。

4. 老年人福利的法规政策

在我国,党和政府历来重视老龄工作,初步形成了以《宪法》为基础,《老年人权益保障法》为主体,包括有关法律、行政法规、地方性法规、国务院部门规章、地方政府规章和有关加强老龄工作的决定及老龄事业发展规划在内的老龄法律、法规、政策体系框架。这些老年法规政策,为开展老年人福利工作,改善老年人的福利提供了法律依据。限于篇幅,这里主要围绕《老年人权益保障法》阐述老年人的福利。

1996 年,《中华人民共和国老年人权益保障法》颁布施行,对老人社会福利作了原则性规定,使老年人福利走上了法制化轨道。为做好老年福利工作,《老年人权益保障法》第 33 条规定了各级地方政府在这方面的义务,包括:满足生存与安全需要的住房福利、生活照顾福利、医疗护理福利;在参观、游览、乘坐公共交通工具等方面为老年人提供优待和照顾;建立适合老年生活和活动的配套设施;发展老年教育事业,办好各类老年学校;为老年人参与社会主义物质文明和精神文明建设创造条件,发挥老年人的专长和作用。

11.4.4 残疾人福利

1. 残疾人福利概念、目标和原则

残疾人福利是指国家和社会在法律和政策范围内,围绕发展福利事业,向全社会各类残疾人普遍提供资金帮助和优价服务的一种社会性制度。主要表现为国家及各种社会团体举办的多种福利设施,为残疾人提供的社会服务以及举办的各种社会福利事业。

残疾人获得基本的物质帮助,是残疾人社会保障的基本要求。同时,残疾人作为有独立人格和社会价值的公民,也需要和健全人一样在社会上体现自己的人生价值,为社会做出贡献。残疾人福利的目标是:根据社会的经济、文化发展水平,国家给予残疾人相应的康复、医疗、教育、劳动就业、文化生活、环境等方面的权益保障，以实现残疾人“平等、参与、共享”的福利目标。

残疾人福利的原则包括两方面内容。第一，机会均等原则。机会均等原则，即整个社会体系能为人人所用，主要表现为：立法的平等、就业机会平等、平等地享有环境、教育与培训机会的平等、平等地履行义务。第二，特别扶助的原则。为了改变残疾人在社会生活中的不利地位，在强调残疾人享有与其他公民平等权利和同等机会的同时，需要提出特别扶助的原则，即给残疾人特别扶助，以弥补残疾带来的不利影响，保障其平等权利的实现。

2. 残疾人福利的内容

(1)残疾人就业。我国《残疾人保障法》规定：各级人民政府应当对残疾人劳动就业统筹规划，为残疾人创造劳动就业条件。残疾人劳动就业，实行集中与分散相结合的方针，采取优惠政策和扶持保护措施，通过多渠道、多层次、多种形式，使残疾人劳动就业逐步普及、稳定、合理。我国的残疾人就业，主要有两种方式，即社会吸收和福利企业。

(2)残疾人教育。我国法律规定，国家保障残疾人受教育的权利。根据残疾人的特性，采取两种教育方式：一是普通教育方式，对具有接受普通教育能力的残疾人实施；二是特殊教育方式，对不具备接受普通教育能力的残疾人实施。此外，还可根据残疾人的身心特性和特殊需要实施教育。

(3)残疾人康复。我国《残疾人保障法》规定：国家和社会采取康复措施，帮助残疾人恢复或者补偿其功能，增强其参与社会生活的能力。以康复机构为骨干，社区康复为基础，残疾人家庭为依托，以实用、易行、收益快的康复内容为重点，并开展康复新技术的研究、开发和应用，为残疾人提供有效的康复服务。

(4)残疾人文化生活。我国残疾人的文化生活保障主要包括：①通过广播、电影、电视、报刊等形式，反映残疾人生活，为残疾人服务；②组织和扶持盲文读物、盲人有声读物、弱智人读物的编写和出版，开办电视文艺节目，在部分影视作品中增加字幕、解说；③组织和扶持残疾人开展群众性文化、体育、娱乐活动，举办特殊艺术演出和特殊体育运动会，参加重大国际性比赛和交流；④有计划地兴办残疾人活动场所，为残疾人提供方便和照顾。

(5)举办精神病人福利院。精神病人福利院是我国接受和治疗精神病人的福利事业单位。由卫生、民政、公安三个部门分别举办，承担不同对象的收治任务。精神病人福利院对精神病人实行开放管理，即不关、不绑、不锁，采取劳动治疗、文娱治疗、药物治疗和心理治疗，并把这四种方法结合起来进行。

(6)扶残助残活动。公共服务机构应当为残疾人提供照顾及优待，内容包括：①残疾人在搭乘国内公共交通工具时应给予一定的照顾和方便，甚至享受减费或免费服务；②盲人读物邮件可以免费寄递；③残疾人申请在公共场所开设零售店或申请解困住宅、停车位，应保留其名额并优先核准；④残疾人或其抚养义务人应缴纳的各项税费,政府应按残疾人的残疾等级、家庭经济状况,依法给予适当的减免。

(7)环境保障。我国《残疾人保障法》规定:国家和社会逐步创造良好的环境,改善残疾人参与社会生活的条件。逐步实行方便残疾人的城市道路和建筑物设计规范,采取无障碍措施等。2001 年,建设部、民政部、中国残联联合发布了《城市道路和建筑物无障碍设计规范》,其中有 24 条纳入工程建设标准强制性条文。

3. 残疾人福利的法规政策

我国政府十分重视残疾人权益保护工作,《宪法》明确规定中华人民共和国公民在疾病和丧失劳动能力的情况下,有从国家和社会获得物资帮助的权利,国家和社会有责任帮助安排盲、聋、哑和其他有残疾的公民的劳动、生活和教育。1990 年 12 月 28 日通过的《中华人民共和国残疾人保障法》规定,国家和社会采取扶助、救济和其他福利措施,保障和改善残疾人的生活。具体包括:对生活确有困难的残疾人,通过多种渠道给予救济、补助;对无劳动能力、无法定扶养人、无生活来源的残疾人,按照规定予以供养、救济;残疾人所在单位、城乡基层组织、残疾人家庭,应当鼓励、帮助残疾人参加社会保险;地方各级人民政府和社会举办福利院和其他安置收养机构,按照规定安置收养残疾人,并逐步改善其生活;公共服务机构应当为残疾人提供优先服务和辅助性服务。

本章小结

社会福利是国家和社会为保证社会成员维持一定生活水平和尽可能提高生活质量而提供的物质帮助与社会服务的总称。社会福利的特征突出表现在普遍性、综合性和非营利性方面。社会福利模式可分为补救性和机制性两种。社会福利的运行主要包括资金的来源、资金的管理和福利的发放三个过程。社会福利的实施主要采用现金支付、实物支付、提供设施、提供服务和带薪休假等形式。社会福利是社会保障体系中高层次的社会政策措施,有助于社会经济发展战略目标的实现,有利于社会的稳定和发展。

公共福利是国家和社会为满足全体社会成员的物质及精神生活基本需要而兴办的公益性设施和提供的相关服务。公共福利的内容十分广泛,涉及住房福利、教育福利、文体卫生福利等人民生活的诸多方面。职业福利是行业和单位为满足职工物质文化生活需要,保证职工一定生活质量而提供的工资以外的津贴、设施和服务的社会福利项目。职业福利所涉及的内容比较复杂,我国包括集体生活福利、集体文化福利和职工个人福利。弱势群体福利是国家和社会根据社会的经济、文化发展水平,为弱势人群提供生活供养、疾病康复和文化教育等方面的权益保障。本章详细介绍了我国老年人福利、妇女儿童福利和残疾人福利的主要内容。

思考题

1. 如何理解社会福利的概念?
2. 公共福利包含的基本内容有哪些?
3. 中国现行职业福利存在哪些问题?
4. 中国弱势群体福利工作主要包含哪些内容?

案例 荷兰人收养中国孩子

据中国驻荷兰使馆介绍,荷兰家庭收养中国儿童始于1992年,至2005年年底已有近4 500名中国儿童落户荷兰。近几年,收养中国孩子的荷兰家庭迅速增加,去年共收养660多名中国儿童,占荷兰收养外国儿童的60%,荷兰成为继美国、西班牙等国之后的当年第四大收养中国儿童的国家。

荷兰人为何如此青睐中国孩子呢?对此,荷兰最大的收养中介组织荷兰儿童跨国福利社亚非部负责人安可·若希兹玛认为,主要有四方面原因:一是由于中国的收养法规清晰明确,收养组织工作系统规范,使得整个申请收养过程比较顺利;二是中国待领养儿童在国内福利院得到较好的照料,一般比较健康,来到荷兰后,无论从心理还是生理上都能较快地适应环境;三是荷兰人对中国文化接受程度较高,不少荷兰人认为,与非洲、拉美等一些国家相比,荷中民族特性接近,因此新家庭"完美融合"的成功率高;四是近年来荷中往来迅速增多,越来越多的荷兰人通过工作或旅游接触到中国人和中国文化,为其所吸引,从而愿意选择中国孩子。若希兹玛说,许多荷兰家庭在收养第一个中国孩子后都决定收养第二个,这能从侧面说明他们对孩子有多么满意。

据介绍,荷兰人收养外国孩子首先要经过荷兰司法部的审核,获批准后便可向三个非政府收养组织之一申请联系收养事宜。这三个组织是荷兰儿童跨国福利社、美林基金会和儿童与未来基金会,它们都与中国收养中心建立了合作。从提出申请到最终领养到中国孩子,一般需要3到4年时间,而且这一时间还有延长的趋势。孩子来到荷兰后,通常在几个月内都能顺利加入荷兰籍,获得每个荷兰人独有的身份证明,从而享受与当地孩子完全一样的法律权利和社会保障、医疗保险等待遇。

为促进领养成功,荷兰领养组织在孩子到达荷兰一年内还要进行跟踪家访,提供上门及电话咨询服务,帮助新家庭度过"磨合期"。若希兹玛说,从她多年工作经验看,落户荷兰的外国孩子绝大多数都顺利融入新家庭和荷兰社会,这与荷兰有关法律完备、收养工作细致到位密不可分。

[资料来源:www. ce. cn/xwzx/gnsz/gdxw/200611]

分析

(1)相对于机构抚养方式而言,家庭收养在促进儿童身心健康、利用社会资源和减轻政府负担方面具有明显优势。

(2)收养孤儿需要依据《中华人民共和国收养法》规定程序依法收养。

相关政策

(1)《城镇最低收入家庭廉租住房管理办法》第五条规定:

城镇最低收入家庭廉租住房保障方式应当以发放租赁住房补贴为主,实物配租、租金核减为辅。本办法所称租赁住房补贴,是指市、县人民政府向符合条件的申请对象发放补贴,由其到市场上租赁住房。本办法所称实物配租,是指市、县人民政府向符合条件的申请对象直接提供住房,并按照廉租住房租金标准收取租金。本办法所称租金核减,是指产权单位按照当地市、县人民政府的规定,在一定时期内对现已承租公有住房的城镇最低收入家庭给予租金减免。

(2)《中华人民共和国义务教育法》第二条规定:

国家实行九年义务教育制度。义务教育是国家统一实施的所有适龄儿童、少年必须接受的教育,是国家必须予以保障的公益性事业。实施义务教育,不收学费、杂费。国家建立义务教育经费保障机制,保证义务教育制度实施。

(3)《中华人民共和国老年人权益保障法》第三十三条规定:

国家鼓励、扶持社会组织或者个人兴办老年福利院、敬老院、老年公寓、老年医疗康复中心和老年文化体育活动场所等设施。地方各级人民政府应当根据当地经济发展水平,逐步增加对老年福利事业的投入,兴办老年福利设施。

12

社会优抚

学习目标

通过本章学习，要求了解社会优抚的作用和相关政策法规。熟悉优待、抚恤和安置工作的内容和工作流程。掌握优待、抚恤和安置过程中申报、审核、报批、核算、发放等岗位技能。

12.1 社会优抚概述

12.1.1 社会优抚的概念

社会优抚(Social Veterans Special Treatment)是指政府和社会对现役军人、退役军人、军人家属、烈属等为国家安全与社会稳定做出牺牲与奉献的人进行物质补偿和精神褒扬的特殊社会保障制度。优抚即优待抚恤的简称。

优抚对象主要包括以下人员：现役军人、革命伤残军人、复员退伍军人、革命烈士家属、因公牺牲军人家属、病故军人家属、现役军人家属、军队离退休干部等。也包括因公致残或牺牲的英雄模范人物及其家庭。

社会优抚具有以下一些特点。

(1)优抚对象具有特定性。优抚的对象是为革命事业和保卫国家安全做出牺牲和贡献的特殊社会群体，由国家对他们的牺牲和贡献给予补偿和褒扬。

(2)优抚保障的标准较高。由于优抚具有补偿和褒扬性质，因此，优抚待遇高于一般的社会保障标准，优抚对象能够优先享受国家和社会提供的各种优待、抚恤、服务和政策扶持。

(3)优抚优待的资金主要由国家财政支出。优抚工作是政府的一项重要行为,优抚优待的资金要由国家财政投入,还有一部分由社会承担,只有在医疗保险和合作医疗等方面由个人缴纳一部分费用。

(4)优抚内容具有综合性的特点。社会优抚与社会保险、社会救助和社会福利不同,它是特别针对某一特殊身份的人群所设立的,内容涉及到社会保险、社会救助和社会福利等,包括抚恤、优待、养老、就业安置等多方面的内容,是一种综合性的项目。

12.1.2 社会优抚的作用

社会优抚是我国社会保障制度的重要组成部分,我国《宪法》第 45 条规定,"国家和社会保障伤残军人的生活,抚恤烈士家属,优待军人家属"。保障优抚对象的生活是国家和社会的责任。社会优抚制度的建立,对于维持社会稳定,保卫国家安全,促进国防和军队现代化建设,推动经济发展和社会进步具有重要的意义。

1. 有利于国家和社会稳定

社会优抚保障是与国家的军事活动紧密相连的。军队是国家政权的重要组成部分。只要有国家,就必须有军队的存在。尤其对于中国这样一个大国来说,没有强大的军队,就没有巩固的国家政权,就不会有安定的社会秩序。要使军队存在并发挥巩固国防和稳定社会的作用,就必须建立和完善社会优抚和安置制度。

2. 有利于增强军队的凝聚力和战斗力

建立和完善社会优抚制度,使军人的伤亡、医疗、养老保险有法律的保障,可以吸引社会上越来越多的适役公民自愿加入军队,也使现役的军人能安心服役,这样有利于增强军队的凝聚力,激发广大官兵斗志,提高部队战斗力。

3. 有利于鼓舞士气,焕发民族精神

国家通过社会优抚工作,如对革命烈士褒扬、拥军优属活动等,可以鼓舞军事人员的民族献身精神。同时,在群众性的优抚活动中,人民军队的光荣传统和英勇事迹,可以使军人的献身精神得到弘扬,使民众和各界人士的爱国热情得到鼓舞,从而激励全体人民为祖国无私奉献,这将极大地促进社会主义精神文明建设。

4. 有利于促进社会主义市场经济的发展和社会建设

首先,国防的巩固和军事力量的增强可以为社会主义市场经济的发展营造一个和平、公正的社会环境;其次,通过完善的安置保障,可以保障退役军人和社会工作岗位实现最佳结合,使一大批军队培养的各类人才直接投入到经济建设之中,发挥他们的聪明才智,为经济建设做贡献;最后,做好安置工作,可以使军队的精简工作顺利进行,有利于节省国防开支,使国家集中更多的财力、物力进行经济建设和社会建设,促进社会主义市场经济的发展和社会事业的全面进步。

12.1.3 社会优抚的资金来源及运行

1. 社会优抚的资金来源与筹集渠道

目前各国社会优抚的资金来源渠道主要有三条:一是国家财政拨款;二是社会募

集统筹;三是个人投保。我国社会优抚保障制度没有采取社会保险方式,而是采取社会救助和社会福利这两种手段,因此,优抚资金筹集方式中不包含优抚对象个人投保。

优抚资金的主要来源是国家财政拨款。属于国家预算安排的优抚事业费,是国民收入再分配用于消费基金的一部分,是国家实行优抚方针政策的主要财力保证,由政府民政部门负责管理和使用。

2. 社会优抚事业费的使用与运行

社会优抚资金管理使用的机构是各级政府的民政部门及基层政府派出机构的有关部门。国家财政划拨经费的使用支出范围是:牺牲病故抚恤费、残疾抚恤费、烈军属及复员退伍军人的生活补助费、退伍军人安置费、优抚事业单位经费、集体优抚事业单位补助费、烈士纪念建筑物管理及维修费等。

优抚保障资金,一般分为抚恤、安置和补助三大类,资金的给付方式也各有区别。抚恤和安置经费,由地方民政部门和军队有关部门直接发放到优抚对象手中,凡是法定的优抚对象和安置对象,都可以按规定得到抚恤费和安置费。补助则分为国家补助和社会优待。国家补助采用社会救助方式,只向一部分生活有困难的优抚对象提供。补助的具体办法有定期补助和临时补助两种。前者是长期给付,为生活困难且短期内无法摆脱困境的优抚对象补贴日常支出;后者是一次性给付,生活暂时发生困难的优抚对象应急使用。

12.2 社会优抚的内容

12.2.1 优待制度

优待是指国家、社会和群众依法对优抚对象在政治上、经济上给予优厚待遇的社会保障措施。一般来讲,优待可以分政治优待和物质优待两大类。政治优待是指各种政治待遇,包括节日慰问、给予各种优先权等等;物质优待包括组织生产、代耕土地、发放优待金、介绍就业、国家给予补助以及日常生活照顾等。

主要的优待内容和形式包括以下内容。

1. 精神嘉奖和政治优待

对优抚对象的政治优待和精神嘉奖主要是通过革命烈士褒扬制度和拥军优属活动的开展体现出来。

(1)革命烈士褒扬制度。褒扬是对战绩和功德突出者的瞻仰和表扬。革命烈士的褒扬是指对为祖国与人民利益而壮烈牺牲的革命烈士的英雄业绩和献身精神的大力弘扬,是爱国主义教育和革命英雄主义教育的主要内容,具体包括以下三方面内容。

①革命烈士的审批工作。所谓革命烈士,即为了人民的利益在革命斗争、保卫祖国和社会主义现代化建设事业中壮烈牺牲的人。对他们的批准和追认,发扬革命军

人、人民警察、国家工作人员和人民群众保卫祖国、建设四化的献身精神，既是人民对他们的赞美和敬仰，也是他们应得的荣誉，1980年6月国务院发布了《革命烈士褒扬条例》。根据《革命烈士褒扬条例》及有关规定，全国军民凡符合规定条件之一者，可批准为革命烈士。

②编印《革命烈士英名录》。1980年，民政部决定在全国范围内以县(市)为单位，由省级统一编印《革命烈士英名录》，这是广泛宣传革命烈士事迹的重要形式。

③保护好革命烈士墓以及在清明节开展悼念烈士活动。在各个革命时期和建国后的50多年间，各地陆续修建了一批烈士纪念碑、馆和烈士陵园。这些烈士纪念建筑物，在褒扬革命先烈，向人民群众和青少年进行革命传统教育，促进社会主义精神文明建设方面，发挥了重要的作用。为了加强对烈士纪念建筑物的维护管理，政府对烈士纪念建筑物实行分级管理的办法，分别确定为全国重点保护单位，省、自治区、直辖市保护单位和县(市)保护单位。维护好革命烈士墓，是做好革命烈士褒扬工作的起码要求。1983年3月民政部发出了《关于在清明节前后开展纪念革命烈士活动的通知》。通知要求在清明节前后，要组织人民群众祭扫烈士陵墓，瞻仰烈士碑、塔、堂、馆。

(2)开展双拥工作。双拥工作是拥军优属、拥政爱民工作的简称，是在党的领导下，以巩固和加强军政军民团结为主旨，组织发动全国军民为中国革命、建设和改革事业团结奋斗的一项社会活动。它深刻地反映了我国军民血肉相连的本质特征，生动地体现了党的宗旨、国家的性质和人民军队的本色，是我们党、国家和军队的优良传统和特有的政治优势。

拥军优属活动是我国优抚工作中长期坚持的一项优良传统。早在建国初期，内务部就明确要求全社会要开展多种形式的拥军优属活动，提高军人及其家属的社会地位。近年来，由民政部发起，各级地方政府配合的拥军优属活动进一步制度化、经常化。如利用重大节日走访优抚对象，进行安慰、问候；举办多种形式的军民联谊会；召开全国优抚对象积极分子表彰大会，全国“双拥”先进单位和个人表彰大会及创建“双拥模范城”等等。

各种拥军优属活动的开展在密切军政军民关系，提高军人及优抚对象的政治地位，形成拥军优属良好社会风气方面发挥着积极的作用。

2.物质优待

(1)优待金和有关政策优待。义务兵服现役期间，其家庭由当地人民政府发给优待金或者给予其他优待，优待标准不低于当地平均生活水平。

义务兵和初级士官入伍前是国家机关、社会团体、企业事业单位职工(含合同制人员)的，退出现役后，允许复工复职，并享受不低于本单位同岗位(工种)、同工龄职工的各项待遇；服现役期间，其家属继续享受该单位职工家属的有关福利待遇。

义务兵和初级士官入伍前的承包地(山、林)等，应当保留；服现役期间，除依照国家有关规定和承包合同的约定缴纳有关税费外，免除其他负担。

义务兵从部队发出的平信，免费邮递。

(2)医疗优待。国家对一级至六级残疾军人的医疗费用按照规定予以保障，由所在医疗保险统筹地区社会保险经办机构单独列账管理。七级至十级残疾军人旧伤复发的医疗费用，已经参加工伤保险的，由工伤保险基金支付，未参加工伤保险，有工作的由工作单位解决，没有工作的由当地县级以上地方人民政府负责解决；七级至十级残疾军人旧伤复发以外的医疗费用，未参加医疗保险且本人支付有困难的，由当地县级以上地方人民政府酌情给予补助。残疾军人、复员军人、带病回乡退伍军人以及烈士遗属、因公牺牲军人遗属、病故军人遗属享受医疗优惠待遇。在国家机关、社会团体、企业事业单位工作的残疾军人，享受与所在单位工伤人员同等的生活福利和医疗待遇。所在单位不得因其残疾将其辞退、解聘或者解除劳动关系。

(3)邮政、交通、参观优待。现役军人凭有效证件、残疾军人凭《中华人民共和国残疾军人证》优先购票乘坐境内运行的火车、轮船、长途公共汽车以及民航班机；残疾军人享受减收正常票价 50% 的优待。

现役军人凭有效证件乘坐市内公共汽车、电车和轨道交通工具享受优待。残疾军人凭《中华人民共和国残疾军人证》免费乘坐市内公共汽车、电车和轨道交通工具。

现役军人、残疾军人凭有效证件参观游览公园、博物馆、名胜古迹享受优待。

(4)入伍优待。烈士、因公牺牲军人、病故军人的子女、兄弟姐妹，本人自愿应征并且符合征兵条件的，优先批准服现役。

(5)就学优待。义务兵和初级士官退出现役后，报考国家公务员、高等学校和中等职业学校，在与其他考生同等条件下优先录取；残疾军人、烈士子女、因公牺牲军人子女，一级至四级残疾军人的子女，驻边疆国境的县(市)、沙漠区、国家确定的边远地区中的三类地区和军队确定的特、一、二类岛屿部队现役军人的子女报考普通高中、中等职业学校、高等学校，在与其他考生同等条件下优先录取；接受学历教育的，在同等条件下优先享受国家规定的各项助学政策。现役军人子女的入学、入托，在同等条件下优先接收。

(6)住房优待。残疾军人、复员军人、带病回乡退伍军人、烈士遗属、因公牺牲军人遗属、病故军人遗属承租、购买住房依照有关规定享受优先、优惠待遇。居住农村的抚恤优待对象住房困难的，由地方人民政府帮助解决。具体办法由省、自治区、直辖市人民政府规定。

(7)福利优待。国家兴办优抚医院、光荣院，治疗或者集中供养孤老和生活不能自理的抚恤优待对象。

以上这些优待政策的实行，使广大优抚对象实实在在地体会到党和政府的关怀，不仅保障了他们的物质生活，而且也可以激励他们保持和发扬优良传统，为社会做出更大的贡献。

12.2.2 抚恤制度

抚恤制度是指对革命烈士、因公牺牲和病故军人及家属采取物质抚慰的一种社会保障制度。抚恤制度包括死亡抚恤和伤残抚恤两类。

1.死亡抚恤

死亡抚恤是国家对革命烈士、因公牺牲和病故军人家属以发放抚恤金的形式来保障他们的基本生活的社会抚恤制度。

死亡抚恤的范围包括:革命烈士、因公牺牲和病故的现役军人、人民警察、机关工作人员、中国人民解放军(包括武装警察部队)列入编制内无军籍的正式职工(不含企事业职工)、参战伤亡的民兵、民工和参加训练的民兵(不含企事业单位的民兵)。

根据死亡抚恤的内容和性质的不同,死亡抚恤可以分为一次性抚恤和定期抚恤。

(1)一次性抚恤。一次性抚恤是具有褒扬性质和社会补偿性质的社会津贴。一次性抚恤金发放的范围是:一次性抚恤金发给烈士、因公牺牲军人、病故军人的父母(抚养人)、配偶、子女;没有父母(抚养人)、配偶、子女的,发给未满18周岁的兄弟姐妹和已满18周岁但无生活费来源且由该军人生前供养的兄弟姐妹。一次性抚恤金发放的标准是:现役军人死亡,根据其死亡性质和死亡时的月工资标准,由县级人民政府民政部门发给其遗属一次性抚恤金,标准是:烈士,80个月工资;因公牺牲,40个月工资;病故,20个月工资。月工资或者津贴低于排职少尉军官工资标准的,按照排职少尉军官工资标准发给其遗属一次性抚恤金。

获得荣誉称号或者立功的烈士、因公牺牲军人、病故军人,其遗属在应当享受的一次性抚恤金的基础上,由县级人民政府民政部门按照下列比例增发一次性抚恤金:获得中央军事委员会授予荣誉称号的,增发35%;获得军队军区级单位授予荣誉称号的,增发30%;立一等功的,增发25%;立二等功的,增发15%;立三等功的,增发5%。

多次获得荣誉称号或者立功的烈士、因公牺牲军人、病故军人,其遗属由县级人民政府民政部门按照其中最高等级奖励的增发比例,增发一次性抚恤金。

对生前做出特殊贡献的烈士、因公牺牲军人、病故军人,除按照本条例规定发给其遗属一次性抚恤金外,军队可以按照有关规定发给其遗属一次性特别抚恤金。

(2)定期抚恤。定期抚恤是指国家对符合规定条件的烈士遗属、因公牺牲军人遗属、病故军人遗属按一定标准定期发给抚恤金的抚慰制度,其目的不仅在于抚慰死者家属,而且更重要的是帮助其解决长期发生的生活困难,使其生活不低于或略高于当地群众生活水平。

符合以下条件的烈士遗属、因公牺牲军人遗属、病故军人遗属,可享受定期抚恤:父母(抚养人)、配偶无劳动能力、无生活费来源,或者收入水平低于当地居民平均生活水平的;子女未满18周岁或者已满18周岁但因上学或者残疾无生活费来源的;兄弟姐妹未满18周岁或者已满18周岁但因上学无生活费来源且由该军人生前供养的。

对符合享受定期抚恤金条件的遗属，由县级人民政府民政部门发给"定期抚恤金领取证"，定期抚恤金标准应当参照全国城乡居民家庭人均收入水平来确定。

县级以上地方人民政府对依靠定期抚恤金生活仍有困难的烈士遗属、因公牺牲军人遗属、病故军人遗属，可以增发抚恤金或者采取其他方式予以补助，保障其生活不低于当地的平均生活水平。

2. 伤残抚恤

伤残抚恤是对那些为保卫和建设祖国而负伤致残的革命伤残人员，包括革命伤残军人、伤残人民警察、伤残机关工作人员、伤残民兵民工，根据其伤残性质及伤残等级分别给予不同标准的抚恤金待遇的优抚制度。它体现着党和国家对革命伤残人员在生活上的扶持和关怀，是对其合法权益的重视和保护。

伤残抚恤包括以下内容。

(1)伤残等级的评定。伤残的性质可分为因战致残、因公致残或者因病致残三种。革命伤残军人的伤残等级，根据丧失劳动能力及影响生活能力的程度确定。因战、因公致残，残疾等级被评定为一级至十级的，享受抚恤；因病致残，残疾等级被评定为一级至六级的，享受抚恤。

因战、因公、因病致残性质的认定和残疾等级的评定权限是：义务兵和初级士官的残疾，由军队军级以上单位卫生部门认定和评定；现役军官、文职干部和中级以上士官的残疾，由军队军区级以上单位卫生部门认定和评定；退出现役的军人和移交政府安置的军队离休、退休干部需要认定残疾性质和评定残疾等级的，由省级人民政府民政部门认定和评定。

评定残疾等级，应当依据医疗卫生专家小组出具的残疾等级医学鉴定意见。

残疾军人由认定残疾性质和评定残疾等级的机关发给"中华人民共和国残疾军人证"。

(2)伤残抚恤待遇。退出现役的残疾军人，按照残疾等级享受残疾抚恤金。因工作需要继续服现役的残疾军人，经军队军级以上单位批准，由所在部队按照规定发给残疾抚恤金。残疾军人的抚恤金标准应当参照全国职工平均工资水平确定。县级以上地方人民政府对依靠残疾抚恤金生活仍有困难的残疾军人，可以增发残疾抚恤金或者采取其他方式予以补助，保障其生活不低于当地的平均生活水平。退出现役的因战、因公致残的残疾军人因旧伤复发死亡的，由县级人民政府民政部门按照因公牺牲军人的抚恤金标准发给其遗属一次性抚恤金，其遗属享受因公牺牲军人遗属抚恤待遇。退出现役的因战、因公、因病致残的残疾军人因病死亡的，对其遗属增发12个月的残疾抚恤金，作为丧葬补助费；其中，因战、因公致残的一级至四级残疾军人因病死亡的，其遗属享受病故军人遗属抚恤待遇。退出现役的一级至四级残疾军人，由国家供养终身；其中，对需要长年医疗或者独身一人不便分散安置的，经省级人民政府民政部门批准，可以集中供养。

③伤残抚恤金标准。对分散安置的一级至四级残疾军人发给护理费，护理费的

标准为:因战、因公一级和二级残疾的,为当地职工月平均工资的50%;因战、因公三级和四级残疾的,为当地职工月平均工资的40%;因病一级至四级残疾的,为当地职工月平均工资的30%。

退出现役的残疾军人的护理费,由县级以上地方人民政府民政部门发给;未退出现役的残疾军人的护理费,经军队军级以上单位批准,由所在部队发给。

12.2.3 安置制度

社会安置制度是指国家和社会为退伍军人提供资金和服务,以帮助其重新就业的一项优抚制度。安置对象具体包括退役义务兵(也称退伍军人)、退役士官、退役军官、军队离退休干部等。退役安置主要从资金和服务两方面对退役军人提供保障。资金保障方面包括提供安置费、各种临时性生活津贴和生产性贷款;服务保障方面包括就业安置、就学安置、落户安置、职业培训、技术培训等。

1. 退役安置

退役安置是指国家和社会为退出现役的军人提供资金和服务,以帮助其重新就业的一项优抚保障制度。它与我国的兵役制相配套,是关系国防建设、经济建设和国家稳定的一项重要措施。《中华人民共和国兵役法》、《退伍义务兵安置条例》等法律法规,对退役军人的安置做出了规定。我国现行的退伍安置主要有四项:一是农村义务兵的退役安置;二是城镇义务兵的退役安置;三是士官的退役安置;四是军官的退役安置。

(1)农村退役义务兵的安置。农村义务兵退役安置是退役安置的重点。农村退伍义务兵实行"从哪里来、回哪里去","妥善安置、各得其所"的安置原则。农村退役义务兵安置的主要方式有以下几种。

①大力开发使用退伍军地两用人才,支持、扶持他们招干、招工、自主创业。地方政府可根据当地社会经济发展需要,选聘其中的优秀分子担任乡(镇)村基层干部;向乡镇企事业单位推荐担任领导或技术骨干;推荐他们到国有或集体企事业单位做合同工、临时工;鼓励他们进城务工经商,从事第二产业、第三产业;扶持他们成为专业户;以军地两用人才为骨干,兴办经济实体。根据《退伍义务兵安置条例》规定:各用人单位向农村招收工人时,在同等条件下应当优先录用退伍义务兵。对在服役期间荣立三等功、超期服役的退伍义务兵和女性退伍义务兵,应当给予适当照顾。对进集镇办厂开店的退役军人,优先办理营业执照和提供场地,并在政策允许 的范围内,减免税收;优先提供贷款;优先供应生产所需物资;优先提供生产技术和经济信息,积极支持他们自主创业。

②帮助回乡退役军人解决生产、生活、住房等方面的困难,尤其帮助单身、伤残和带病退役军人解决实际困难。国家、集体、个人三方面共同努力,通过技术培训,教会无技术的退役军人一至两门生产技能,并在资金上给予扶持,以帮助他们发展生产;对于生活有较大困难的伤残和带病回乡的退役军人,乡镇、村集体应酌情帮助解决,当地民政部门也应当给予适当补助;对于少数回乡无房居住的退役军人,应通过自力

更生、集体帮助,辅之以国家必要补助的办法加以解决。

(2)城镇退役义务兵的安置。城镇退役义务兵的安置分为三种情况。

①原是城镇户口的退伍义务兵,服役前没有参加工作的,由国家统一分配工作,实行按系统分配任务、包干安置办法,各接收单位必须妥善安排。

②义务兵入伍前原是国家机关、人民团体、企业、事业单位正式职工,退伍后原则上回原单位复工复职。对于因残、因病不能坚持8小时工作的,原工作单位应当按照对具有同样情况的一般工作人员的安排原则予以妥善安置。退伍义务兵原工作单位已撤销或合并的,由上一级机关或合并后的单位负责安置。

③义务兵入伍前原是学校(含中等专业学校和技术学校)未毕业的学生,退伍后要求继续学习而本人又符合学习条件的,在年龄上可适当放宽,原学校应在他们退伍后的下一学期准予复学。如果原学校已经撤销、合并或者由于其他原因在原学校复学确有困难,可以由本人或者原学校申请县、市以上教育部门另行安排他们到相应的学校学习。退伍义务兵报考高等院校和中等专业学校,在与其他考生同等条件下,优先录取。

(3)退役士官的安置。士官在性质上属于志愿兵,从服满义务兵年限的义务兵中选取,或者从专业技术的公民中招收。服役年限第一期、第二期为3年,第三期、第四期为4年。退役士官的安置分为三种情况。

①士官服现役满第一期或第二期年限的,可以复员,按"从哪里来,回哪里去"的原则,由原征集地按退役义务兵的安置政策接收安置;②士官服现役满10年的,可以转业,由原征集地安排工作;③士官服现役满30年或年满55岁的,可以退休,由本人原籍或直系亲属居住地接收安置。

(4)退役军官的安置。长期以来,我国的退役军官主要由各级地方政府接收安置,大多转业到各级党政机关与企事业单位。随着我国经济体制的改革和地方转业环境的变化,我国对退役军官的安置工作进行了一些改革,对退役军官,政府不再分配工作,由本人自行就业,对自谋职业及到边远艰苦地区、经济特区、开发区和重点建设工程新建单位工作的退役军官给予经济补偿。这样拓宽了社会化的安置渠道,保障了退役军官的利益。

2. 军队离退休人员的安置

离退休安置是对军队干部和技术人员实行的优抚保障。离退休安置分为离休和退休。1981年颁布的《关于军队干部退休的暂行规定》和《关于老干部离职休养制度的几项规定》等,明确了军队干部离退休的条件、安置去向与安置方式。

1)离退休条件

离休条件:1937年7月6日以前入伍(含参加革命工作,下同)的干部;1945年9月2日以前入伍的团职或行政十八级以上干部以及与其职、级相当的干部;1949年9月30日以前入伍的师职或行政十四级以上干部以及与其职、级相当的干部,可以离休。具备上述条件的军队干部,离休的年龄为:师职以下干部年满55周岁,军职干部年满60周岁的,兵团职和大军区职干部年满65周岁。身体不能坚持正常工作的,可提前离休。因工作需要,身体又能坚持正常工作的,可推迟离休。已离队的退休干部,符合离休条件的,由地方组织,人事部门负责改办离休。

退休条件:军队的现役干部,男年满55周岁、女年满50岁,或因战、因公致残,积劳成疾,基本丧失工作能力的,可办理退休。

2)离退休安置原则

离休干部的安置,要从实际出发,因地制宜。有的可以就地安置,有的可以回本人或配偶原籍以及配偶居住地区安置,有的也可到子女居住地区安置。自愿回农村安置的给予鼓励。驻边防、海岛、高原等地区的干部,在内地安置时,安置地区应优先接收。

3)离退休待遇

军队离退休干部移交地方后,基本政治待遇不变,生活待遇从优。政治待遇看文件,听报告,参加当地组织生活和必要的政治活动。生活待遇主要包括离退休费的发放、各种生活补贴费、医疗费、护理费、特殊贡献费、住房分配、家属工作安排、子女转学、入学以及其他待遇。

12.3 社会优抚的改革

12.3.1 社会优抚面临的问题

由于社会经济发展水平和优抚对象特殊性的制约,我国的优抚工作也受到相应的影响,社会优抚保障水平相对较低,社会优抚保障事业发展受到一定程度的制约。目前,社会优抚面临的主要问题,一是优待抚恤方面存在的问题,二是社会安置方面存在的问题。

1.优待抚恤方面存在的问题

(1)拥军优属观念日益淡化的问题。战争年代,为了夺取革命胜利,军队的地位和作用是显而易见的。人们能够自觉地拥军优属。随着社会主义市场经济体制的建立,人们的思想意识和价值观念都发生了变化。尤其是社会主义市场经济体制建立的初期,在激烈的市场竞争中,利益至上的观念渗透到社会生活的各个领域,传统的拥军优属观念在人们的心中淡化。

(2)优抚对象权益保障的问题。尽管国家制定了一系列的社会优抚法律法规,但由于一些相应的政策没有跟上,优抚对象的合法权益有待进一步保障。优待抚恤补助经费自然增长机制、重点优抚对象医疗保障、义务兵家庭优待金等一系列政策操作性不强,导致部分优抚政策难以落实,优抚对象的合法权益难以保障。如残疾军人乘车减免车费问题,随着客运经营市场化的不断推进,股份制和私有制的不断介入,部分客运服务并没有执行针对残疾军人和重点优抚对象的乘车优惠政策。农村税费改革后,各种提留被取消,优抚对象的优待金筹资渠道已不存在,由于财力的限制,除基本保障优抚对象本人的生活以外，其他难以保障，沉淀的各类矛盾越来越多。

(3)优抚事业单位发展滞后的问题。优抚医院、光荣院、革命烈士纪念建筑物是承担优抚保障任务的重要阵地，担负着优抚对象的治疗、康复、修养、供养和革命烈士的褒扬的重要任务。但是，这些单位大都已经建成几十年，由于经费投入不足，相当一部分年久失修，设备老化，缺乏维护。同时，由于这些单位的性质比较特殊，他们直接为优抚对象服务，靠国家扶持，因此，大部分单位基础薄弱，缺乏专业人才，管理不善，缺乏竞争力。

(4)优抚对象老龄化和生活困难的问题。随着我国进入老龄化社会，优抚对象的老龄化状况也十分突出。烈属、残疾退役军人、在乡老复员军人等重点保障对象进入老年，生活、住房、医疗难问题日益突出，进入了特殊的困难时期。由于历史、个人以及主客观等多方面的原因，部分优抚对象家庭人口受教育程度相对较低，在社会竞争中处于不利的地位，部分优抚对象家庭自我生存、自我保障、自我发展的能力十分薄弱。同时，由于残疾、文化程度低、家庭负担重等原因，部分优抚对象在社会竞争中处于弱势。虽然国家不断加大抚恤投入，但部分优抚对象家庭生活水平仍然低于社会平均生活水平。

2. 社会安置方面存在的问题

随着改革开放的不断推进，社会安置制度已越来越不能适应现代化建设新形势的需要，主要表现在以下两方面。

(1)退役军人安置制度严重滞后于我国社会经济发展的速度。我国社会主义市场经济体制的逐步建立和完善，促进了劳动力资源的有效配置和合理流动。然而，由于社会安置制度是政府指令性的劳动力资源配置制度，已经不适应当前劳动力合理流动的原则，导致了许多矛盾的产生，所以，退役军人安置制度改革势在必行。

(2)安置对象的知识技能和择业愿望与社会需求不相适应。退役士兵在服役期间学习和实践是以军事职业技能为主，但是，退役到地方后，面对要求掌握以生产岗位职业技能为主的企业和社会来讲，退役士兵在劳动力市场上处于劣势。

此外，由于国家传统的安置模式的影响，许多安置对象对安置岗位的期望值过高，不愿意到条件艰苦的岗位就业，有些士兵因为对岗位不满意而拒绝上岗。这就使安置工作更加难以开展和落实。

12.3.2 社会优抚的改革

1. 优待抚恤方面

(1)加强国情和国防教育。国情和国防教育始终是社会主义精神文明建设的重要内容之一。当前人们拥军优属的观念虽然有所淡化，但这并不说明军人的牺牲和奉献精神已经过时了。相反，在人们的思想观念和价值观受到剧烈冲击的时刻，这种精神和观念才显得越发可贵。因此，国家要继续重视国民，特别是青少年的国情国防教育，培养他们的拥军爱国意识。

(2)加强优抚政策和法规建设。通过进一步完善相关优抚政策和法规，增强优抚法律法规的可操作性,使优抚保障在法律和制度的规范和制约下有序地进行。

(3)深化优抚事业单位改革。优抚医院、光荣院、革命烈士纪念建筑物等优抚事业单位,由于各方面的原因,发展缓慢,已经不适应社会主义市场经济发展的需要。这些优抚事业单位,要转变观念,树立服务意识,改善内部管理,增强竞争力,从而提高优抚事业水平。

(4)改革传统的优抚办法。从我国目前的实际情况看,优待抚恤只能保障优抚对象的一般生活水平。由于抚恤标准低,有些抚恤项目无法落实,使一部分,特别是农村优抚对象的生活发生困难。优抚对象由于自身条件所限,在自我发展、自我保障方面存在不少困难。因此,要改变优抚办法,从“输血”模式转变为“造血”模式。“造血”模式即是帮助优抚对象及其家庭提高社会适应能力,创造发展生产的条件。把优待抚恤和扶持优抚对象发展生产结合起来才是根本的方法。

2. 社会安置方面

做好退役军人安置工作,是一项具有全局和战略意义的重要政治任务。在牢固树立政治意识、大局意识、责任意识的基础上,努力深化退役军人安置制度改革,是开创新形势下军转安置工作新局面的必由之路。军人安置制度改革的重点是以下四方面内容。

(1)安置办法多元化。逐步改变直接安排就业的保障方式,进一步拓宽安置渠道,采用货币化安置,鼓励退役军人自谋职业;设立退役军人创业基金,扶持退役军人创业,退役军人创业基金的来源不一定单由政府来负担,可充分借助社会力量筹资等多种方式;采取政府发放小额贷款的办法扶持退役军人创业。

(2)建立培训机构,提高退伍军人就业竞争能力。安置工作中,一些单位不愿接收退役士兵,而一些有专业知识和技能的人才却非常缺乏。退役士兵与其他就业人员相比,在思想品德、身体素质、纪律观念、吃苦实干等方面具有很大优势,但知识、技能方面较差。因此,应建立培训机构,将退役士兵纳入职业技能培训计划,支持退役士兵参加职业培训。士兵退役之后先上学,学到技能再安置,这既减轻了地方政府安置工作的压力,提高了当地产业工人的素质,还有效地提高了应征青年参军的积极性。

(3)建立退役士兵安置保障基金制度。为推动退役士兵自谋职业,各省应设立退伍军人安置保障基金或通过设立“兵役安置税”或“国防税”,由税务部门统一征收,地方财政部门专户管理使用。主要用于退役士兵待分配期间的管理教育和必要的专业技能知识培训、待分配期间的生活补助、伤残军人的就业补偿、自谋职业退役士兵的安置补偿金发放。同时,制定全省统一的《城镇退役士兵自谋职业办法》、《城镇退役士兵安置任务有偿转移金缴纳管理办法》和《筹集城镇退役士兵安置补助金办法》,规范退役士兵自谋职业。

(4)完善自主择业安置政策。进一步坚持和完善转业军官自主择业安置政策。一是进一步放宽选择自主择业安置方式的条件;二是适度增加退役金;三是自主择业干部统一归口管理，这样有利于提高自主择业干部的政治待遇和社会地位；四是加大对自主择业干部培训和协助就业的力度。

12.4 社会优抚实务

优抚工作实行“国家、社会、群众”三结合的优抚制度，在国家抚恤的基础上，发挥社会和群众力量，依靠全社会共同做好优抚工作，保障优抚对象的抚恤优待与国民经济的发展相适应，使抚恤优待标准与人民的生活水平同步提高。

12.4.1 优抚工作的职责

各级优抚安置部门承担相应的职责包括以下内容。

1. 民政部优抚安置部门的职责

(1)优抚工作的职责是拟定拥军优属、优待抚恤工作的方针、政策、规章，并监督实施。具体包括：组织、指导拥军优属活动，支援军队和国防建设；研究提出各类优抚对象优待、抚恤补助标准和国家机关工作人员伤亡抚恤标准；拟定革命烈士、因公伤残人员褒扬办法，负责全国重点烈士纪念建设物保护单位的审核和报批。

(2)优抚工作的主要工作内容是：开展拥军优属工作；做好烈属、伤残军人、在乡退伍红军老战士、在乡复员军人、带病回乡退伍军人和现役军人家属的抚恤补助优待工作；负责国家机关工作人员、人民警察、参战民兵民工的伤亡抚恤工作；审批和褒扬烈士；举办荣誉军人康复医院、复员军人慢性病疗养院、复退军人精神病院和光荣院；做好烈士纪念建筑物的管理保护和烈士事迹的编纂工作。

2. 各省民政厅优抚安置部门的职责

各省民政厅开展优抚工作的部门有：优抚部门、双拥工作领导小组办公室、退伍军人和军队离退休干部安置办公室。

具体的职责包括：组织、指导拥军优属工作；研究提出省各类优抚对象优待、抚恤、补助标准和国家机关工作人员伤亡抚恤标准并监督实施；负责审核评定、调整国家机关行政编制工作人员的伤残等级；审核报批省级重点烈士纪念建筑物保护单位；承担追认革命烈士的审核报批和革命烈士褒扬工作；指导优抚事业单位的管理工作；研究提出全省“双拥”工作规划和计划；了解和掌握全省“双拥”工作情况，提出工作建议；组织、指导各地开展“双拥”模范城(县)的评比、表彰工作；沟通军政联系，协调处理军地关系中的问题；总结推广“双拥”工作先进经验；负责处理群众来信来访和重要信访案件，指导、督促、检查全省民政系统信访工作；负责军队(含武警部队)退伍义务兵、转业士官和复员干部的接收安置工作；负责移交地方安置的军队离退休干部、军队无军籍退休退职职工的接收安置和管理服务工作；指导军地两用人才培训工作；指导军供站、军人接待转运站和移交地方安置的军队离退休干部休养所的服务管理工作。

3. 各级地市民政局的职责

各级地市开展优抚工作的部门包括:优抚部门、双拥工作领导小组办公室、退伍军人和军队离退休干部安置办公室。

具体的职责包括:组织指导全市拥军优属活动;负责全市各类优抚对象优待、抚恤、补助和国家机关工作人员伤残、死亡、抚恤管理工作;承办革命烈士、因公牺牲人员称号的审核申报;负责革命烈士、因公伤亡人员褒扬工作;负责管理退伍义务兵、转业士官、复员干部、军队离退休干部和无军籍职工的接收安置工作;负责转业、退伍军人、党政机关工作人员和人民警察、参战参训民兵民工评定伤残等级的审核、申报工作;指导优抚事业单位光荣院、烈士纪念建筑物的服务管理工作;指导检查落实军队离退休干部的政治和生活待遇;负责和指导全市军队离退休干部休养所的住房建设和服务管理等工作;负责全市退伍义务兵、转业士官、复员干部和伤残军人的接收安置工作;制定年度全市城镇退伍义务兵、转业士官分配计划;指导全市退役士兵的培训教育、管理和两用人才的开发使用;指导市、县、区军队离退休干部休养所的服务、管理工作。

4. 各县区民政局的职责

各县区民政局的职责是:负责全区拥军优属工作;负责接收安置移交本区的军队(含武警部队)离退休干部、退休志愿兵和退休退职无军籍职工;落实军队(含武警部队)离退休干部、退休志愿兵和退休退职无军籍职工的政治、生活待遇,做好服务管理工作。

12.4.2 优抚工作的程序

优抚工作的程序以北京东城区为例。

1. 追认烈士审核工作流程

(1)受理对象。申请人户口在东城区或死者所在地在东城区。

(2)申请。死者单位或家属向死者所在地或遗属户口所在地的区民政局提出申请报告;死者单位需提供有关死难情节的详细报告及有关证明材料;提供两个或两个以上当事人的证明材料;死者所在单位、组织、人事部门需出具有关证明材料;死者上级主管部门对追认烈士材料审查后,提出意见报区民政局。

(3)受理。符合条件且材料齐全的,当即予以受理;不符合条件的,告知申报单位并说明理由。

(4)审核。申请人提交的申报材料完整、有效、合法;依据《军人抚恤优待条例》和《革命烈士褒扬条例》的有关条款进行审核;报科长复审;呈报主管领导复审无异议后,3 日内报区政府审核;若有异议及时与复审人员沟通,提出意见和建议。

(5)申报。报区人民政府行文,审核无异议后向市人民政府提出报告,申报批准为烈士;若未批准,由受理机关通知申办单位并说明理由。

2. 残疾军人残疾等级评定程序

(1)受理对象。户口在东城区的残疾军人(含离、退休);户口在东城区的国家机关工作人员、授予警衔的行政编制人民警察、伤残民工、民兵参照此办法执行。

(2)申请。申请评残或要求改变原等级的退役军人,须到东城区民政局优抚科递交评定伤残或改变残疾等级的书面申请材料,并带本人负伤时医院病历或者原始医疗证明等档案材料。

退出现役残疾军人的残疾情况发生严重恶化,原定残疾等级与残疾情况明显不符,本人可以申请重新评定残疾等级。

(3)医学鉴定。申请人持东城区民政局优抚科开具的介绍信,到北京市第六医院体检中心进行残情检查;北京市第六医院残疾军人等级医疗卫生专家鉴定办公室依据《标准》,对申请人做出残疾等级医学鉴定,填写详细鉴定意见书报送医疗卫生专家鉴定办公室主任;北京市第六医院不能鉴定的特殊残情(伤情),经请示北京市民政局批准后,到专科医院进行残情(伤情)鉴定,并出具鉴定意见书。医学鉴定费用支付办法:首次要求评残者,由工作单位承担;提高级别的在乡残疾军人,按《东城区优抚对象医疗减免管理暂行办法》执行;在职残疾军人(含离、退休),伤残警察、国家机关工作人员、民工、民兵,由本人工作单位或按本人医疗报销渠道解决。

(4)审核和申报。审核办公室依据《标准》和医疗卫生专家的残疾等级医学鉴定意见,集体进行综合审核,再决定申报。按规定程序报市民政局审批。

3. 烈士、因公牺牲、病故军人一次性抚恤金核准工作流程

(1)受理对象。户口在东城区的烈士遗属、因公牺牲军人遗属、病故军人遗属;移交地方政府安置,户口在东城区的军队离退休干部遗属。

(2)申办。携带"中华人民共和国军人病故证明书"、"中华人民共和国军人因公牺牲证明书"或"中华人民共和国烈士证明书";持证遗属的户口本、身份证,持证遗属若是军人,须持军人证;单位出具的病故或牺牲军人的工资明细表;有立功和获得荣誉称号的,应持上级部门批准的立功和获得荣誉称号的复印件,并加盖单位公章。

(3)受理。核实材料齐全当即受理;若材料不齐全,不符合文件规定,当即告知申办人补齐。

(4)核定。根据死亡性质和死亡时的月工资标准,一次性抚恤金的标准:烈士,80 个月工资;因公牺牲军人,40 个月工资;病故军人,20 个月工资。获荣誉称号或立功的按下列比例增发一次性抚恤金:被中华人民共和国主席或中央军事委员会授予荣誉称号的,增发 35%;被军区(方面军)授予荣誉称号的增发 30%;荣立一等功的增发 25%;荣立二等功的增发 15%;荣立三等功的增发 5%。

(5)发放。申办者凭"中华人民共和国军人病故证明书"、"中华人民共和国军人因公牺牲证明书"或"中华人民共和国烈士证明书"和优抚科的领款凭证到财务科领取一次性抚恤金。

4. 残疾军人换发残疾军人证工作流程

(1)受理对象。户口在东城区的部队转业、复员、退伍军人,军队离退休移交民政部门安置以及外地迁入东城区的残疾军人。

(2)申请。申请人携带换证申请;本人户口本及身份证;原残疾军人证件;医院残情医学鉴定、伤残等级审批表;“伤残人员关系转移证明”及相关残疾档案;近期免冠蓝底2寸照片2张;原单位证明、新接收单位证明。

(3)受理。审核申请人提供的相关材料,若有异议与受理人员沟通。

(4)上报。由区民政局填写“伤残人员换证补证报批表”,连同本人申请、原残疾军人证以及有关残疾证明等材料一并上报市民政局。

5. 复员、转业士官报到须知

(1)复员士官待档案到达复退军人安置办公室后,方能报到,办理入户手续;转业士官必须要持接收单位接收函,方能报到,办理入户手续。

(2)报到时须带手续:士官复员、转业证;组织介绍信(党、团员);行政介绍信;接收安置转业士官通知书;在京直系亲属户口本以及户口本复印件(户口本首页与爱人户口登记各一页);结婚证及结婚证复印件(一份)。

6. 伤残人民警察、伤残国家机关工作人员评定残疾等级审核工作流程

(1)受理对象。包括国家公务员;授予警衔的行政编制的人民警察;参战民兵、民工,参加县级以上人武部门或预备役部队组织的军事训练的民兵。以上人员户口所在地属于东城区。

(2)申请。申请人须递交评残书面申请材料(说明负伤的时间、地点、原因、部位和致残经过及残情和治疗情况);本人负伤档案材料(包括原始证明、病历、X光片、近期合同医院的诊断证明);两个以上的现场证人的证明材料;所在单位对其负伤的详细过程要出具证明材料;本人近期2寸蓝底半身正面免冠照片2张(人民警察需着制式服装);所在单位、组织、人事部门要负责负伤材料的真实性,提出意见报区民政局。

(3)受理。核实材料是否齐全;若材料不齐全当即告知申请人。

(4)审核。区民政局优抚科根据个人申请、旁证和单位意见,审核负伤时的有关证明材料是否完整、有效、合法。

(5)检评。具备评残资格的申请人到指定医院进行残情检评;医院残疾医学鉴定小组做出残情鉴定。

(6)申报。对符合评残条件的申请人,区民政局根据残情鉴定,出具书面报告;填写“残疾人员评残检评登记表”,连同本人申请、单位证明、医院残情鉴定等有关材料,一并报市民政局审批。

7. 优抚对象办理迁入手续流程

(1)受理对象。从外省、市或外区(县)迁入东城区的优抚对象。

(2)申请。申请迁入东城区的优抚对象,须携带以下材料到区民政局优抚科办理迁入手续:优抚对象原省、市或区(县)民政局出具的优抚对象关系迁移介绍信,(享受定期补助的优抚对象,原区(县)需将一年的抚恤补助发至当年12月底。残疾军人,原区(县)需将一年的残疾抚恤金和护理费发至12月底);本人户口本、身份证

和有关档案材料。

(3)办理。区民政局优抚科凭上述材料,填写优抚对象卡片,并出具传递单;申请人持优抚卡片和传递单到户口所在街道办事处民政科办理迁入手续;享受定期抚恤金的优抚对象自接收后,定期抚恤金由街道办事处从次年1月1日起发放。

(4)残疾军人自接收后,残疾抚恤金和护理费由街道从次年1月1日起发放。

8. 优抚对象办理迁出、注销手续流程

(1)受理对象。从东城区迁出到外省、市或外区(县)的优抚对象。

(2)申请。申请迁出东城区的优抚对象,须携带以下材料到区民政局优抚科办理迁出手续:街道办事处民政科出具的迁移介绍信(标明性别、姓名、原住址、迁往新址),有定期抚恤补助和残疾抚恤金及护理费的由街道发完当年抚恤补助;烈士证、残疾军人证等优抚对象相关证件;本人户口本。

(3)办理。区民政局优抚科凭上述材料即时办理迁出手续。

优抚对象病故的,由街道及时给区民政局优抚科报转传递单注销抚恤关系,同时撤卡留存。享受定期抚恤金的优抚对象病故后,发给当月的抚恤金,从其病故的下一个月起停止抚恤,注销其定期抚恤金领取证,增发半年的国家定期抚恤金作为丧葬补助费;残疾军人病故的,由街道对残疾军人证件盖章注销,留给遗属作纪念。对其遗属增发12个月的残疾抚恤金,作为丧葬补助费;烈士遗属病故后,由烈士其他遗属持户口本和烈士证到区民政局优抚科办理持证人变更或注销手续。

本章小结

社会优抚是一种特殊的社会保障措施,对象明确,社会优抚包括优待、抚恤和安置。社会优抚的特点包括:优抚对象具有特定性;优抚保障的标准较高;优抚优待的资金主要由国家财政支出;优抚内容具有综合性。

保障优抚对象的生活是国家和社会的责任。社会优抚制度的建立,有利于国家和社会稳定;有利于增强军队的凝聚力和战斗力;有利于鼓舞士气,焕发民族精神;有利于促进社会主义市场经济发展和社会建设。

目前我国社会优抚的资金主要来源于国家财政拨款。属于国家预算安排的优抚事业费,是国民收入再分配用于消费基金的一部分,是国家实行优抚方针政策的主要财力保证,由政府民政部门负责管理和使用。

优待是指国家、社会和群众依法对优抚对象在政治上、经济上给予优厚待遇的社会保障措施。主要的优待内容和形式:一是精神嘉奖和政治优待;二是物质优待。抚恤制度是指对革命烈士、因公牺牲和病故军人及家属采取物质抚慰的一种社会保障制度。抚恤制度包括死亡抚恤和伤残抚恤。社会安置制度是指国家和社会为退伍军人提供资金和服务，以帮助其重新就业的一项优抚制度。

优抚工作实行“国家、社会、群众”三结合的优抚制度，在国家抚恤的基础上，发挥社会和群众力量，依靠全社会共同做好优抚工作，保障优抚对象的抚恤优待与国民经济的发展相适应，使抚恤优待标准与人民的生活水平同步提高。

各级优抚安置部门承担相应的职责。民政部优抚安置部门的职责是拟定拥军优属、优待抚恤工作的方针、政策、规章，并监督实施；各省民政厅优抚安置部门工作职能通过优抚部门、双拥工作领导小组办公室、退伍军人和军队离退休干部安置办公室发挥作用；各级地市民政局优抚工作的职能通过优抚部门、双拥工作领导小组办公室、退伍军人和军队离退休干部安置办公室发挥作用；各县区民政局负责全区拥军优属工作，负责接收安置工作。

优抚工作具有严格的工作程序和要求。

思考题

1. 社会优抚与安置的特点有哪些？如何理解社会优抚的重要作用？
2. 我国社会优待制度的主要内容和形式有哪些？
3. 优抚对象如何办理迁入手续？
4. 烈士、因公牺牲、病故军人一次性抚恤金核准工作如何办理？

案例　高扬爱国旗帜　培育民族精神
——镇江市烈士陵园烈士褒扬工作的新举措

千百年来，大自然造就了镇江这块山灵水秀的宝地。镇江市烈士陵园就坐落在名扬千古的甘露寺“刘备招亲”的北固山前峰。由于第二次国内革命斗争时期这里是国民党反动派杀害共产党人的刑场，因此素有“小雨花台”之称。如今革命先烈远离我们而去，但他们留下的英勇事迹和革命精神，成为我们的宝贵财富，成为教育后代、高扬爱国旗帜、培育民族精神的“精神食粮”。

环境是陵园爱国主义教育的重要条件，是教育人、感召人、鼓舞人的一种氛围。多年来镇江烈士陵园褒扬烈士工作的着眼点，首先放在高扬烈士精神，不断改革创新环境和设施上。镇江烈士陵园定位于“现代化的、全省领先的烈士纪念馆”，强调“立足镇江，寻求镇江特色”，牢牢把握设计定位的基础上，大胆起用和谐、明朗的色彩，内涵丰富的设计符号，不同特色的环境氛围，风格迥异的艺术作品，有张有弛的空间处理，将之与声、光、电相结合，确保了镇江烈士纪念馆精品工程的实现，成为2000年镇江市精神文明建设的标志性工程。

烈士陵园是一块庄严肃穆的神圣土地，是一个净化人们灵魂的场所。在20世纪世纪90年代初,镇江市烈士陵园通过深入挖掘烈士陵园拥有的历史内涵,确立了"南陵北园"的中、长期发展规划,在这个规划下,除了拥有了八大红色景点,还在陵园内大面积的种植了许多植物,如黄杨、红叶寂木、广玉兰、杜鹃、八角金盘等,使烈士陵园园林化,以衬托烈士精神青春常在;一年四季生机盎然,以吸引更多的人前来凭吊烈士墓,参观烈士事迹展览。

烈士陵园是对未成年人最好的爱国主义教育基地。从1989起,从当初的一所中学到现在已有20余所学校积极参与,即每年清明期间,由各市属中学每天选派学生代表来烈士陵园,站在纪念碑两侧为烈士站岗、守灵,寓意着共产主义事业后继有人、世代相传。这些佩戴红色绶带站在纪念碑前的少先队员成为每年清明期间烈士陵园一道亮丽的风景线。这一活动已坚持了18年之久,既给学生以深刻的教育,又让他们增强了历史责任感。

清明是烈士陵园最忙碌的时候,镇江市烈士陵园抓住这一时机,把握机会,开展了以清明祭扫为主题的"向革命烈士交份满意答卷"、"向烈士说句悄悄话"、"手拉手、继传统,做跨世纪的新主人暨绘画21世纪百米长卷活动"、"新世纪,我向烈士学习什么?"征文活动、"学先烈、争率先、创业绩"、"做爱国主义教育基地红领巾志愿者"活动等等。让褒扬烈士为主题的爱国主义教育充满生机和活力。

总之,发展是硬道理,没有发展就没有进步。烈士褒扬工作就是要在发展中体现它的价值。让爱国主义教育的旗帜永远在烈士陵园高扬,让中华民族精神在后人身上发扬光大!

[资料来源:中华人民共和国民政部网站]

分析

高扬烈士精神,不断改善烈士陵园环境和创新设施建设;通过特色、有效的主题活动,使烈士陵园真正成为未成年人最好的爱国主义教育基地。

相关政策

(1)《军人抚恤优待条例》(2004年):

对抚恤优待对象及其认定做出了明确的规定;对死亡抚恤的对象、死亡对象的认定及死亡抚恤的待遇做出了具体规定;对残疾抚恤对象、残疾性质及等级的认定以及残疾抚恤的待遇做出了具体规定;对优待对象在发给优待金以及在治病、交通、住房、就业、入学、入托、生活困难补助、救济、贷款、邮政、供应、参观游览等方面提供的优惠待遇做出了具体规定。

(2)《退伍义务兵安置条例》(1987年):

明确规定了享受退伍义务兵安置待遇的人员范围和家居农村的退伍义务兵、家居城镇的退伍义务兵、退出现役的伤残退伍义务兵、在服现役期间患有各种疾病的退伍义务兵的四种安置形式。

(3)《中国人民解放军士官退出现役安置暂行办法》(1999年):

士官退出现役时可作不同的安置,其中包括复员安置、专业安置和退休安置。

13 补充保障

学习目标

现代意义上的社会保障制度除了政府主导的基本社会保障制度外，通常还包括多种补充保障形式。通过本章学习，要求学生掌握补充保障的概念、特征、内容、地位与作用以及慈善事业、志愿服务和社区服务的概念，了解国外慈善事业、志愿服务和社区服务的特点和实务。

13.1 补充保障概述

13.1.1 补充保障的概念

补充保障(Supplementary Social Security)是指在国家建立法定意义上的基本社会保障制度之外，对社会成员有补充保障作用的各种社会保障措施的总称。

补充保障具有以下一些基本特征。

(1)处于配角地位。补充保障从属于基本保障，在一般情况下，其保障稳定性不如基本保障。

(2)不具备强制性。补充保障是用人单位或个人的行为，其资金来源主要来自单位和个人，因此，是否实行补充保障，是由单位或个人决定的。国家一般在政策、税收等方面予以鼓励和优惠。

(3)强调效率优先。补充保障对于用人单位来讲，属于激励行为，其举办与否、水平高低，取决于用人单位的经济实力和决策导向，这就决定了补充保障不具备互济功能，不能在用人单位或个人之间调剂。

(4)形式、内容多样。由于国家对补充保障没有统一、强制的法律规定,所以补充保障的保障模式、保障范围、保障方式、保障内容、资金来源等方面的自由度就比较大,形式、内容比较灵活。

13.1.2 补充保障的内容

补充保障主要由补充保险、商业保险、慈善事业、志愿服务、社区服务等组成。

(1)补充保险。补充保险是指在国家主办的基本保险之外,对基本保险具有补充作用的、具备社会保险性质的项目。

(2)商业保险。商业保险是指保险组织根据保险合同约定,向投保人收取保险费,建立保险基金,对于合同约定的发生造成的财产损失承担赔偿责任;或当被保险人死亡、伤残、疾病或者达到合同约定的年龄、期限时承担给付保险金责任的一种合同行为。

(3)慈善事业。慈善事业不等同于慈善行为,是指社会成员在自愿(或良知)的基础上所从事的一种有组织的、无偿的、对不幸无助人群的援助行为。

(4)志愿服务。志愿服务是指任何人自愿贡献个人时间和精力,在不为物质报酬的前提下,为推动人类发展、社会进步和社会福利事业而提供服务的活动。

(5)社区服务。社区服务是通过社区资源的优化配置,为社区居民的物质生产和精神生活提供的各种社会福利与社会服务。

13.1.3 补充保障的地位与作用

自从西方发达国家尤其是福利国家在20世纪70年代经济滞胀时期遭遇"福利病"后,社会保障改革的重要举措之一便是重新强调市场和社会的力量、强调补充保障的作用,补充保障得到各国政府和社会的普遍重视,其地位在社会保障体系中大大提升。补充保障的作用主要体现在以下几方面。

1. 满足多层次保障的需要

不同人群的社会保障需要是多样的。社会保障的实践证明,由政府和社会实施的单一的社会保障只能保障社会成员最基本的生活需要,多层次的社会保障才能改善和提高广大劳动者的生活质量。形成多层次的社会保障体系,已经成为世界大多数国家进行社会保障制度改革的目标。

2. 增强单位竞争力的需要

用人单位的竞争实际上是人才的竞争,建立包括补充养老保险、补充医疗保险在内的补充保障,势必成为用人单位开展人才竞争的重要手段。

3. 推动资本市场发育的需要

资本市场的发育是市场经济体制不可缺少的重要组成部分。补充保障尤其是补充养老保险采取完全积累方式,基金为保值增值、追求投资收益而投资入市,这将会极大地推动金融投资市场的发展。

4. 建立政府有限责任的需要

如果仅仅实施单一的国家强制的基本保障,政府将承担社会保障的无限责任。

为了使劳动者的生活能够得到有效保障,积极鼓励与引导用人单位和个人进行补充保障,能够使国家承担的无限责任逐步向有限责任和社会多元化转移。

13.1.4 补充保障的资金来源及运行

1. 资金来源

补充保障的资金来源主要是由单位和个人自筹,如企业年金主要是企业工资储备基金和个人缴纳。个别政府也为有关部门的工作人员举办补充保障,如公务员医疗补助。

2. 基金管理和运作

国家已经明确规定,补充保障特别是企业年金实行个人账户管理。其他补充保障基金如各种福利组织的基金,也必须专款专用,并接受有关管理部门和捐赠者的监督。

补充保障特别是企业补充养老保险实行的是完全积累的基金模式。

13.2 慈善事业

慈善事业是现代社会的产物。尽管慈善活动和慈善行为古已有之,但是历史上的慈善活动和行为在严格的意义上看尚不能称之为事业,只有在专门的组织运作下,运用民间资源,面向所有需要帮助的社会成员,并拥有经常性、持续性、规范性的特征,才能算是真正意义上的慈善事业。

13.2.1 慈善事业概述

慈善是一种美德,是古今中外人类共同且相通的美德,当这种美德被全社会所接受、弘扬并发展成一项广泛的、有组织性的、持续规范性的社会活动时,它就成了一项事业,即慈善事业。

1. 慈善事业的概念

慈善事业是指社会成员建立在自愿即良知的基础上所从事的一种有组织的、无偿的、对不幸无助人群的援助行为。该定义有如下含义:以社会成员的慈爱之心、社会良知为道德基础;人道主义为思想基础;以社会捐助、物质的转移为经济基础;以民间公益团体为组织基础;援助方式和内容是多样的,既包括物质的如现金、物资的馈赠,也包括提供服务和咨询等。

2. 慈善事业的特征

对于慈善事业,它在实践中表现出以下几项基本特征。

(1)慈爱之心是慈善事业的道德基础。慈善属于道德范畴,慈善事业的非强制性和慈善行为的自愿性,决定了社会成员的慈爱之心对慈善事业的发展起着道德支配作用。

(2)贫富差别是慈善事业的社会基础。贫富差别是一种客观的社会现象,贫富差别的存在,过去和现代社会都是必然的。对慈善事业而言,共同贫穷的社会或时代只会有个别的慈善活动和行为,而不可能有慈善事业,因为社会成员都需要援助,而社会成员又几乎均不具备援助他人的能力;共同富裕的社会也不需要慈善事业,因为人们都具备足够的能力来解决自己的困难;只有在存在贫富差别的条件下,一方是有人具备援助他人的能力且需要有合适的援助途径,另一方是存在需要他人援助的弱者或不幸者,慈善事业才能成为富人和穷人的共同需要。

(3)社会捐赠是慈善事业的经济基础。慈善事业不排斥官方的财政资助,但慈善事业生存与发展的经济基础只能是社会捐赠,没有社会捐赠便不会有社会化的慈善事业。尽管各国慈善事业的发展都离不开政府的支持与财政帮助,香港地区的许多慈善机构甚至主要依靠政府的财政资助,但这丝毫不能改变慈善事业的本源财政基础。

(4)民营机构是慈善事业的组织基础。由于政府干预可能改变慈善事业的性质,并背离捐赠者的意愿,慈善事业在具体运作中又必然排斥政府权力的干预。因此,慈善事业只能由民间公益团体或公益组织承担具体的组织实施工作,这是慈善组织之所以成为一项有益的公益事业而非单个的施舍行为的组织基础,也是其作为社会性保障事业而不被纳入法定的强制性社会保障事业或官办社会救助的重要原因所在。

(5)捐赠者的意愿是慈善事业的实施基础。慈善事业的经济基础是社会捐赠,这种特殊的经济基础决定了慈善组织需要坚持以捐赠者的意愿为实施基础,即慈善事业具有捐赠者意愿至上的特点。捐赠者有权指定慈善组织将所捐赠款物用于指定的慈善项目,即使捐赠者没有指定专门的慈善项目,慈善组织也应当将其捐赠用于直接的慈善项目或与慈善直接相关的项目。

(6)社会成员的普遍参与是慈善事业的发展基础。发达国家或地区的发展实践已经证明,当慈善事业仅仅是少数富人的事情时,决不可能形成发展慈善事业应有的氛围,只有社会成员的普遍参与,才能形成一种有利的、自觉的促进慈善行为与慈善事业发展的社会氛围,而且会使慈善事业具有更加广泛、更加厚实的经济基础,最终使单个的慈善行为集约成为一项宏伟的事业。

3. 慈善事业的功能

(1)文化功能。慈善活动是一件件的事情,然而在这些具体事件的背后渗透着国家和民族悠久的文化传统。慈善事业对文化层面的影响是深远而又深刻的。在西方,宗教文化是慈善之母,慈善事业积淀和传承着宗教文化。在现今美国87%的人信仰基督教,他们把从事公益事业看作是对基督教教义原则的实践,从中能够获得极大的精神满足和快乐。加拿大全国义工调查显示,人们积极做义工及捐款与宗教信仰的程度密切相关。

(2)经济功能。贫富差距是慈善事业发展的社会基础,慈善事业是建立在社会捐赠基础之上的。慈善事业通过在社会成员之间进行财富转移,有效调节贫富之间的关系,因此它的存在和发展实际是一种社会财富的再分配。如果政府对收入再分配领域比较重视,政府办的社会保障健全而完善,那么慈善事业的发展空间会小一些,因此也有一些学者提出慈善事业发展的最高境界是社会不需要办慈善。但是在目前的经济发展水平下,社会对慈善事业的需求仍然是十分强烈的,慈善事业是有效的收入再分配。

(3)政治功能。慈善事业对政治的影响,主要体现在慈善事业可以影响社会政策的制定和实行。政府可以制定政策对民间慈善机构进行准入、规范和监督,慈善机构也可以根据政府直接的资金资助和间接的税收支持执行社会政策,同时还可以在社会上进行舆论宣传或赞成或反对社会政策。在某种程度上,政府对慈善事业有生杀予夺的权力,慈善事业也可以影响政局的变化。

(4)社会功能。慈善事业促进社会的文明进步主要体现在两方面:一是政府的社会保障体制不可能满足全体社会成员的各种社会保障需求,社会上需要救助的社会成员大量存在,从而决定了慈善事业的必要性;二是慈善事业作为一种特殊的社会凝聚力,搭起了富裕阶层回报社会的平台,在关爱社会的弱势群体,体恤贫困人群方面具有独到和特殊的功能。

13.2.2 国外慈善事业的特点

从发达国家慈善事业的实践来看,现代意义上的慈善事业具有以下特点。

1. 组织性

现代慈善事业是一种有组织的社会活动,而不是个别人的自发活动。慈善事业由各种慈善组织承担具体的实施工作。现代慈善组织的主要形式是基金会,这是慈善事业之所以成为一项有益的公益事业而非单个的施舍行为的组织基础,也是与官办社会救助的重要区别所在。

2. 自愿性

现代慈善事业完全以捐赠者的意愿为基础,具有自愿性。首先,慈善事业的经费主要来源于社会成员的自愿捐赠。其次,慈善组织在实施慈善项目时,必须以捐赠者的意愿为实施基础。只要捐赠者的意愿不违背现行的法规及社会公德,捐赠者有权指定慈善组织将资金用于其指定的慈善项目甚至具体的救助对象,按其意愿实施。

3. 民办性

现代慈善事业在本质上属于民间的事业,民办性是其本质属性。虽然社会中存在官办的慈善事业,但是民办性是其本质的要求。如果将其变为官办事业或政府职能部门的附属物,就会损害民间的积极性与主动性,并在无形中加重政府职能部门的工作负担与财政压力。因此,要坚持慈善事业的民办本色,让慈善事业由单纯的富人的慈善行为变为全体社会成员的共同事业。

4. 规范性

民办性并不排斥现代慈善事业的规范运作,在慈善组织的基础上,慈善事业虽然在具体运作中排斥政府权力的干预,但可以接受政府的财政帮助并服从其纪律监督,要按照相应的制度规范来运行。而且,慈善事业的发展在很大程度上取决于其规范性的程度,没有健全的规范,慈善事业就不会有发展。

13.2.3 中国慈善事业实务

1. 中国慈善事业的发展过程

中国慈善事业的发展主要从两个方面说明。

(1)基金会的兴起。1981—1983 年间,三大基金会(宋庆龄基金会、中国残疾人福利基金会、中国少儿基金会)发起成立。截止 1989 年全国性基金会达 36 家,1990 年以后,地方出现了大量冠以"基金会"之名的社团,到 2002 年各级各类基金会达 1 268 家,2007 年 1 144 家,总募款逾 100 亿元人民币。

(2)大型公益项目的开展。

春蕾计划:救助贫困女童重返校园的大型公益项目。始于 1989 年,累计募款 6 亿元人民币,资助 150 万名贫困女童。

希望工程:资助贫困地区失学儿童重返校园的大型公益项目。始于 1989 年,累计募款 20 亿元人民币,资助 230 万名失学儿童,建设 8 000 所学校。

幸福工程:救助贫困母亲的大型公益项目。始于 1995 年,累计募款 4 亿元,资助 17.2 万户贫困家庭。

烛光工程:救助贫困地区农村教师的大型公益项目。始于 1998 年,目前在山东等地方慈善总会还在开展。

母亲水窖工程:资助贫困山区以水窖为主的饮水大型公益项目。始于 2001 年,累计募款 2.7 亿元,修建 10 万眼井,解决了 100 多万人口饮水问题。

2. 中国慈善事业的发展现状

(1)组织规模方面。民间组织数量显著增加,至 2006 年已达到 35.9 万个,其中,社会团体约 19.4 万个,民办非企业单位 16.3 万个,基金会 1 245 个。这些民间组织中有很多是专门从事慈善事业的组织。

(2)制度建设方面。在信息披露方面,从信息公开入手,民政部支持成立了中民慈善捐助信息中心,积极推动建立慈善信息发布制度,促进慈善组织公信力的提高;在激励机制方面,逐步建立政府表彰和民间评价相结合的激励机制。民政部已经从 2005 年开始连续组织了"中华慈善奖"评选表彰工作。

(3)捐助活动方面。组织全国性的社会捐助活动,建立了跨省(区、市)对口支援制度。1996 年至 2006 年,全国民政部门和慈善会共接受社会捐助款物 400 多亿元,其中捐款 327 亿元,各类物资折价 120 多亿元,捐助衣被 14 亿件,近 5 亿人次受益。

(4)政策法规方面。我国先后出台了《公益事业捐赠法》、《社会团体登记管理条例》、《基金会管理条例》和《民办非企业单位登记管理暂行条例》等法律和政策。《企业所得税法》,进一步加大了对企业捐赠慈善事业给予税收优惠的支持力度。民政部还颁布了《中国慈善事业发展指导纲要(2006—2010 年)》,对未来 5 年我国慈善事业发展进行总体规划。

3. 中国慈善事业面临的问题

(1) 观念滞后。从现实情况看，整个社会因处于转型时期存在着道德滑坡的现象，许多人对慈善事业持"左"的看法和各种消极思想，甚至一些慈善组织及从事慈善工作的人员也只是将慈善事业看成是单纯的道德事业，而未能将其作为社会分工的产物以及不断发展的社会事业来对待。

(2) 法规政策滞后。一方面，迄今我国尚没有针对性、特定性的专门规范慈善组织的实体内容的法律与法规条款；另一方面，即使是已经颁布的有关法律、法规政策，亦因缺乏具体的、可供操作的配套政策而难以落实。

(3) 理论研究滞后。当前国际社会非常重视对非营利组织的研究，亚太地区近几年从事非营利部门研究的机构不断涌现。然而，除《中华慈善事业》等个别著作外，在中国理论学术界对慈善事业的研究成果相当罕见。事实上，探索符合中国国情的中国慈善事业发展道路与社会政策迫切需要从理论上深入探讨。

(4) 舆论宣传滞后。当前，由于缺乏稳定规范的认知慈善事业与慈善组织的大众化途径，人们的注意力尤其是那些在改革发展中新富起来的社会成员的注意力很难被吸引到慈善事业的拥护群体中来。

(5) 慈善组织自身的弱点。概括而言，慈善组织面临规范化、专业化、自律化建设的任务。具体说来，部分慈善机构的组织建设不规范，慈善募捐的方式缺乏足够的吸引力，慈善工作人员的专业素质有待提高，慈善组织的运行还缺乏透明度等。

4. 中国慈善事业的推进

分析中国慈善事业面临的问题，按照"人人可慈善"和企业社会责任的理念，今后可以从以下几个方面推进慈善事业的发展。

(1) 弘扬和推动"人人可慈善"理念的深入。使慈善的发展不是寄希望于个别的富人，而是植根于最广大的民众，最大限度地发挥全体民众的慈善意识和慈善精神，营造全社会都来关心、参与慈善事业的社会氛围。

(2) 推动慈善法规政策的完善。一方面制定组织法规来规范约束慈善组织的行为，使慈善机构在运行中有可供操作的法律依据；另一方面对向慈善机构、基金会等非营利机构的公益、救济性捐赠的减免税收政策做出具体的规定，使政策真正落实。

(3) 提高慈善行动的能力。建立明确的捐助目标，提高社会活动的管理和执行能力，建立完善"应急慈善救助"的工作框架。

13.3 志愿服务

志愿服务几乎是每个文明社会不可缺少的一部分，是国家加强对公民的道德教育和维护社会稳定的有效形式，参加志愿服务活动已经成为许多公民的自觉行动。

13.3.1 志愿服务概述

1. 志愿服务的概念

志愿服务是指任何人自愿贡献个人的时间和精力，在不为物质报酬的前提下，为推动人类发展、社会进步和社会福利事业而提供服务的活动。这一概念既包括地方和国家范围内的志愿者行为,也包括跨越国境的双边和国际的志愿者项目。

2. 志愿服务的内容

从服务内容和服务领域讲,志愿服务可分为:专项性的志愿服务工作、专业性的志愿服务工作、公益性的志愿服务工作、社区性的志愿服务工作。

3. 志愿服务的功能

志愿服务为发达国家和发展中国家福利的提高和社会进步做出了重要贡献。它是各国和联合国进行人道主义援助计划、技术合作、改善人权、促进民主与和平的重要组成部分。志愿服务突出地表现在非政府组织、专业协会、工会和其他民间组织的活动中。许多社会运动,比如消除文盲、免疫和环境保护等领域,都主要依靠志愿者的帮助。

13.3.2 国外志愿服务的特点

当前,国外志愿服务活动开展得十分热烈。志愿服务正以其突出的社会效益受到越来越多的国家政府的重视。许多国家的志愿服务活动起步早、规模大,社会效益好,在国内有广泛的群众基础和良好的社会声誉,已逐渐步入组织化、规范化和系统化的轨道,形成了一套比较完整的运作机制和国际惯例。目前国外志愿服务的主要特点包括下面几方面。

(1)与公民的成才和就业挂钩。国际社会已经认识到,公民的成才与就业问题是各国社会问题的集中体现之一。只有将志愿服务活动与公民的成才就业等切身利益挂起钩来,志愿服务活动才能得到社会民众的全面响应,才能确立一个广泛的群众基础。

(2)以满足社会发展需求为志愿服务活动的切入点。相对于过去那种以满足少数受服务者的生活需求为主体的志愿服务模式,现在着眼于国家和社会的发展大局,在经济和文化领域中寻找服务课题的志愿服务模式所占的比重越来越大。

(3)志愿服务的形式丰富多样。国外志愿服务的主要形式有:专项性的志愿服务工作、专业性的志愿服务工作、公益性的志愿服务工作、社区性的志愿服务工作。

(4)志愿服务的趋势多元化。目前志愿服务活动呈现出五种趋势:一是志愿服务活动向法制化方向发展;二是志愿服务活动向政府化方向发展;三是志愿服务活动向机制化方向发展;四是志愿服务活动向全民化方向发展;五是志愿服务活动向社区化方向发展。

13.3.3 中国志愿服务实务

1. 志愿服务的产生

现代意义上的中国志愿精神和志愿活动可以追溯到改革开放以前。从20世纪60年代中期开始,出于社会主义国家对于世界上其他第三世界国家的国际主义义务,中国曾经对亚洲、非洲的许多发展中国家进行大量的国际援助,内容包括军事、经济等。伴随着这些援助活动,中国政府曾经派遣了大量的志愿人员到国外参与相应的项目。

改革开放以后,中国最早的志愿者产生在社区服务的层次上,并逐步建立社区志愿者组织。90年代初期,另外一支志愿者队伍在共青团系统中形成,产生了青年志愿者这一全国性志愿者组织。目前,在中国最为活跃、规模最大、影响最大的是这两支志愿者队伍。它们都有自己的组织体系,都与一定的政府组织联系在一起。

改革开放30年来,我国的志愿服务事业有了巨大的发展,在广泛的领域履行自己的社会责任:首先,人们通过参与保护和帮助弱势群体来加强个人和社区的责任;其次,通过参与环境保护更好地体现当代人对于后代人的责任;第三,通过邻里互助来构筑整个社会赖以生存的基础,体现一个社会成员的基本责任;第四,通过帮助下岗失业人员及其家庭承担更多的公共福利责任;第五,通过参与国际志愿服务、体现一个崛起的大国对这个世界的大国责任;第六,通过弘扬志愿精神展现民族延续的道德责任。

2. 志愿服务组织

(1)社区志愿者组织。社区志愿者组织从属于民政部系统,它的各级组织都与相应的民政部门联系在一起,但是它的最基层是与街道居民委员会联系在一起的,并接受相应组织的领导与指导。街道办事处在行政上属于城市最基层的行政组织,居委会属于城市基层群众性自治组织。

(2)青年志愿者协会。中国青年志愿者协会从属于中国共产主义青年团中央委员会下属的青年志愿者组织。它是中国目前最大的志愿组织,其特点是可以利用共青团中央和各级共青团的地方组织开展活动。它所组织的活动,往往以项目为主,尤其在组织大规模的项目方面,青年志愿者协会有自己的优势。共青团中央还专门设立了领导青年志愿者的志愿者工作指导委员会,中国青年志愿者协会在地方也已经产生了各级组织,甚至在县一级的地方也产生了青年志愿者组织。因此,中国青年志愿者具有非常大的组织力量,可以动员全国的青年参加志愿活动。

(3)其他志愿者组织。中国的其他社会团体也有自己的志愿者和志愿者活动,包括中华全国慈善总会及其地方组织、中国老龄科技工作者协会、中华全国妇女联合会等。

(4)香港地区的志愿者组织。香港地区大约有60多万志愿者,占其人口的20%。为探索香港志愿工作的发展方向,香港社会服务联会于1968年成立服务咨询委员会及属下的志愿者服务部。1970年,在社会福利署的资助下,一个专门负责发展志愿工作的独立性机构——志愿工作协会正式成立。其宗旨是为香港志愿者建立稳固的基础,在推动志愿工作协调发展中发挥主要作用。自此,香港志愿工作开始较有系统地开展起来。1981年7月,“志愿工作协会”正式改名为“志愿工作发展局”,本着以往的工作宗旨,全力发展及推动志愿工作,鼓励各界人士积极参与,为建设社会贡献力量。

3. 志愿服务的内容

(1)扶贫服务,即为偏远山区和贫困地区提供教育、农业科技推广、医疗卫生等方面的服务。

(2)家教服务,即为有困难家庭的子女或辍学学生提供补习功课服务。

(3)社区公益服务,包括助老、助残、美化社区环境、倡导社区文明等服务。

(4)重大活动服务,包括为大型体育比赛和国际会议提供服务,如全运会、亚运会、奥运会、世界妇女大会、昆明世界园艺博览会等。

(5)就业服务,即为下岗或失业人员提供职业技术培训和再就业服务以及为进城农民工提供就业服务。

(6)环保服务,即组织绿色行动营、建设绿色行动基地,在重点区域开展植树造林、沙漠治理、水污染整治、清除白色垃圾等志愿服务活动,如保护母亲河的"中国青年志愿者绿色行动营计划"。

4. 志愿服务存在的主要问题

受联合国开发计划署的委托,2001 年底,我国志愿服务计量课题组对全国六省市——北京、上海、新疆、四川、黑龙江和广东的志愿服务状况进行了调查。这次调查发现,当前我国志愿服务领域存在的问题主要包括:

(1)目前公众对于志愿者的了解还不广泛,也不深刻,因而不能有效地激励全社会的参与;

(2)缺乏健全的法律和法规保障公众参与志愿服务;

(3)资金短缺是国内志愿者活动的主要障碍之一;

(4)由政府和半政府机构创办的志愿者组织和志愿者活动,大多与政府活动和政府政策有着密切的关系,或多或少地受到政府政策的影响。

5. 志愿服务的发展方向

关于今后的发展方向,可以从以下几方面讨论:

(1)以实现可持续发展为目标,不断深化志愿服务机制建设;

(2)以社会需求,特别是困难群众的需求为导向,全面推进志愿服务项目建设;

(3)以实施志愿者注册制度为核心,大力加强志愿服务队伍建设、全面推行志愿者注册制度,努力建设一支相对稳定的志愿者骨干队伍;

(4)以各级志愿者指导中心和服务站建设为重点,着力抓好志愿服务组织建设。

13.4 社区服务

社区是整个社会生活中最基本的单位,社区不仅可以承接政府和单位分化出来的那部分社会管理、社会服务职能,还可以暂时弥补各种非政府社会组织和中介机构发育不全的缺陷,替代这些组织和中介机构承接一部分社会保障的职能。在整个社会保障体系中,社区的地位和角色越来越重要,社区服务备受关注。

13.4.1 社区服务概述

1. 社区服务的概念

社区是进行一定的社会活动，具有某种互动关系和共同文化维系力的人类群体及其活动区域。社区服务是通过社区资源的优化配置，为社区居民的物质生活和精神生活提供的各种社会福利与社会服务的总和。社区服务是社区建设、管理和发展的中心任务。

2. 社区服务的特征

根据社区服务的内涵、服务对象和服务内容诸方面，我们可以总结出它的四大特征。

(1)福利性。社区服务是一种社会福利性事业，它是以社会效益为前提，以孤、老、残、贫、幼等特殊对象为重点，以维持生存的救助性生活服务为基本目标，区别不同对象，实现有偿与无偿服务相结合，经营收入用于服务的再投入，使社区服务获得自我生存、自我发展的内在活力。

(2)地域性。社区服务是一种属地式的服务，它包含了两层含义：一是指就近就地开展社区服务，主要满足本社区居民的物质生活和精神生活的需要；二是指这种社区社会服务会受到本社区地理条件、文化条件和人口状况等要素的影响，在服务的内容、形式等方面可能会刻上这些要素的印迹。社区服务的宗旨在于充分利用社区人力、物力资源，为本社区居民开展就近、就地服务创造良好的生活条件。

(3)社会性。社区服务从本质上说是一种社会化行为。它包含了两层意思：一是指服务对象的普及性，即不仅包括弱势群体、优抚对象，还包括社区中所有需要服务的居民；二是指社区内的居民，既是社区服务的对象和服务的受益者，同时又是社区服务的参与者和重要的社会资源。

(4)互助性。社区与居民之间的互助服务以及居民之间的互助服务，是社区服务最原始的形态，有助于居民间相互了解，既充分利用了社区资源，又增强了社区成员的情感交流，培养了居民的社区意识。可以说，社区的每一个单位和个人既是参与者，又是受益者，社区的每一项工作都体现着主体和客体、权利与义务的统一。

3. 社区服务的内容

社区服务的内容主要包括面向老年人、残疾人、优抚对象等特殊群体提供的社区福利服务和面向社区居民提供的便民利民服务。

(1)社区福利服务。从对象上来说，主要为老年人、残疾人、精神病患者以及优抚对象等特殊群体提供的带有福利性质的服务。为老年人提供的服务包括老年人公寓、老年庇护所、托老所、老年人康复中心、老年人医疗保健站、老年人活动站等，老年人服务项目主要有包户服务、收养和寄托服务。为残疾人、精神病患者提供的服务包括残疾人服务站、残疾人工疗站、残疾人医疗站、精神病人工疗站等。为社区困难群体提供的服务包括为贫困人员提供的扶贫济困服务，为失业人员提供的再就业服务等。为优抚对象提供的服务主要是针对烈军属开展的服务，包括拥军优属服务队、拥军优属中心服务站等,内容有落实国家各项优抚政策,开展拥军优属活动,协助征兵与退伍安置,搞好抚恤补助等各项服务活动。

(2)便民利民服务。便民利民服务的主要宗旨是方便居民生活,转移居民家务负担,缓解居民在衣、食、住、行以至学习娱乐等方面的困难,使他们能够安居乐业。面向全体居民的便民利民服务包括:家务劳动服务,有家庭保姆代买菜、洗衣、打扫卫生、护理病人、接送孩子上学放学等;居民生活服务,有便民小吃、便民理发店、自行车集中看放点、家用电器维修点、家庭服务介绍所、便民供奶站等;文化体育服务,有青少年校外教育、社区文化体育设施等等。随着服务需求的多样化以及社区服务资源的差别化,社区服务的便民内容会越来越丰富。

4. 社区服务的功能

社区服务的基本社会功能是:通过群众性的自我服务实现社区自治;通过综合性的管理与服务实现社会整合;通过化解社会矛盾,消除不安定因素,达到社区及整个社会的协调发展。社区服务的具体功能与作用有以下几方面。

(1)稳定社会秩序。根据社区服务的性质、目的和内容,社区服务的基本职能是互助互济,协调人际关系,转化消极因素,缓解社会矛盾,起到社会稳定的作用,为改革和现代化建设创造良好的社会条件和环境。社区服务解决了社区成员在衣、食、住、行等日常生活中的许多困难和矛盾,创造了一个文明、卫生、舒适、和谐的生活环境,使居民安心生活,集中精力工作,这对社会稳定起到了直接的积极作用。

(2)实现社会福利社会化。社区服务充分体现社会福利社会办的方针,具有投资少、覆盖面大、小型分散、灵活多样的优点,改变了传统的社会保障完全由国家包办的体制。在我国,它是适合国情、具有中国特色的社会保障道路的一个重要方面,是我国在社会主义初级阶段发展社会主义市场经济过程中提高社会保障水平的一个重要手段。随着社会主义市场经济的发展,社区服务可以把那些本应由社会承担的福利与服务再送回到社会中去,把国家、单位或企业的多余负担转移给社会,改变"企业办社会"、"单位办福利"的状况,逐步减轻国家和单位的负担,实现福利社会化。

(3)完善社会保障体系。社区服务不仅是民政福利服务,更多的是在养老保险、失业保险、医疗保险等社会保险项目上逐步建立和完善保证性社会服务体系,使社区服务成为群众广泛参与的社会互助保障的重要形式与载体,使我国社会保障制度从"国家保障"模式向"社会保障"模式转变。所以,发展社区服务是实现我国社会保障制度改革的重要环节,对建立独立于企业之外的社会保障体系有着积极的促进作用。

13.4.2 国外社区服务的特点

发达国家政府普遍为公民提供各种有偿、低偿或无偿的社区服务,社区服务已经成为政府管理的一个基本理念,并呈现以下几个特点。

1. 社会性社区服务供给的增长与社会经济发展阶段相适应

从发达国家经验来看,政府职能从以经济性社区服务为主,逐步发展到以社会性社区服务为主的阶段。对于社会性社区服务的发展,发达国家普遍经历了物质财富普遍匮乏和最低限度的社区服务供给阶段，然后是物质财富快速增长但社区服务供给水平相对提高不快的阶段，二战以后，进入社会经济成熟期的发达国家才逐渐能够把相对丰富的社区服务更均衡地分配到社会各个领域，形成政府财政支出中社会性社区服务占主体的基本格局。

2. 把公共精神作为社区服务伦理

公共性、公共精神是社区服务的本质特征，它体现了公民权利、社会公正、公共利益和社会责任等价值。20 世纪末美国学者提出的新社区服务理论与此前的管理理论相比，更加重视民主服务，重新强调了以社区服务和公共利益的提高作为体现政府行为价值观念的社区服务伦理。政府在获得公民政治和经济支持的同时，必须按契约提供令公民满意的服务。相应地，对社区管理也有制度化的体系实行监督，以使社区服务的管理和决策能够实现民意表达。

3. 政府在提供社区服务中具有首要责任

社区服务是政府应该承担的基本责任，虽然社区服务的概念在 21 世纪的新形势下有了新的内涵与拓展，但仍然是把以“政府责任”名义提供各种涉及人民利益的公共品放在关键地位，明确界定各级政府在社区服务中的责任。发达国家在社区服务领域引入市场机制，并不意味着政府责任的弱化，而是对政府社区服务投入方式的合理定位。在社区服务供给多元化的格局下，政府仍然是最后责任人。社区服务供给的主体不仅包括中央政府，也包括基层政府，而且基层政府更了解本辖区居民的社区服务需求，能够更快地对这种需求变动做出快速反应，在财务成本和时间效率方面表现更优异。在发达国家，社区作为社会自治共同体也承担了相当一部分社区服务。

4. 完善的社区服务体系要求市场、政府和民间组织力量的良好平衡

由政府部门垄断社区服务往往容易出现服务缺乏效率和质量不高的问题。比较之下，部分公共部门通过市场竞争机制进行的市场化改革运动，既可以改善公共部门的服务质量，又可以降低服务成本、提高服务效率。社区服务供给的多元化，社会自治组织和市场主体参与社区服务的供给就是其中重要的改革措施。通过各国社会性社区服务存在的不同模式，可以看出各国的政府作用、市场作用和社会力量之间相对关系的区别。

5. 注重社区服务在不同地区和不同领域的相对均衡

在社会经济发展早期阶段，限于政府财力和经验不足，社区服务供给在不同地区和领域的分配很容易陷入顾此失彼的境地。到财力和经验相对充裕之后，政府则有可能对不同地区和领域的社区服务投入实现相对均衡化。如今，西方各国高度重视国家运用财税政策协调区域经济发展。比如，德国《基本法》明确规定国家财政具有“均衡联邦不同地区经济实力”和“保持生活水平一致”的责任和义务，国家财政应“在力求使各州收入水平和社会福利接近均衡的同时，努力缩小各州之间在社区服务能力和经济发展水平上的差距”。

13.4.3 中国社区服务实务

1. 中国社区服务兴起的背景

中国社区服务是在改革开放不断深入和社会主义市场经济不断发展的背景下兴起的。

(1)经济体制改革和城市综合体制改革深化。我国经济体制改革和城市综合体制改革在不断深化,改革促使政府的职能、城市的功能和居民群众的生活发生了巨大的变化。企业和事业单位成为独立的法人,或者以创造经济效益为主要职能,或者以专业化的工作为专职,因此单位的社会保障及其服务的职能逐渐转移到社会中去;人们在事业上和经济活动中的个人风险不断加大,劳动力流动的规模、频率大大增加,社会成员对社会保障产生了普遍性和多方面的需求,需要建立除国家、单位之外的新的社会保障及社会服务的补充性内容。

(2)家庭小型化和人口老龄化。在家庭小型化和人口老龄化问题日益严峻的形势下,原有的社会保障体制在规模和水平方面都显得很不适应,亟待改革和加强。我国计划生育政策执行了30多年,人口出生率明显下降,家庭规模向小型化、核心化转变,人口流动性增强,传统大家庭失去了普遍存在的根基,小家庭成为主导模式,传统的家庭保障功能不断弱化。而社区服务是现代社会中社会化保障的重要内容和新的增长点,越来越多的家庭问题可以通过社区服务得到解决。

(3)社会发展和转型。在快速的社会发展和转型过程中,工业化发展进程中出现的各种社会问题影响国家和社会的稳定,需要更大限度地发挥社区组织的作用,社区服务已经成为建立和谐社会的需要。

2. 中国社区服务的成绩

我国社区服务不断发展,取得了较大的成绩。

(1)社区服务设施建设步伐加快,设施数量不断增加,覆盖面不断扩大。截至“十五”末期,全国社区服务中心已达到8 479个,一般社区服务设施194 796个,特别是近年来通过实施老年福利设施“星光计划”和国债社区服务体系建设试点项目,全国城镇新增3.2万多个老年活动之家以及约2 000个较完善的综合社区服务设施,促进了全国社区服务体系的建设与发展。

(2)社区服务队伍不断壮大。据不完全统计,截止“十五”末期,全国已有社区服务专职工作人员30多万人,兼职工作人员50多万人,社区服务志愿者1 600多万人,已初步形成由专、兼职工作人员和社区志愿者共同组成的社区服务队伍。

(3)社区服务对象和内容得到拓展。服务对象已从老年人、残疾人、优抚对象等困难群体逐步扩展到全体社区居民;服务内容从社会救助延伸到就业服务、卫生和计划生育、社区治安、文化教育和体育、便民利民等领域。

(4)新型社区服务机制初步建立。基层政府和居委会独自提供社区服务的传统格局有所改变,社会企事业单位、驻区单位、社区民间组织、社区居民共同参与社区服务的局面正在形成。社区服务方式、方法得到改进,方便快捷的生活服务圈开始出现,"阳光超市"、"慈善超市"等新型服务方式的作用日趋显现,"一站式"服务不断推广,信息技术逐步应用于社区服务。

3. 中国社区服务的问题

目前,我国社区服务总体上仍处于初级发展阶段,社区服务体系建设现状与构建社会主义和谐社会的要求还不相适应,与社区居民日益增长的服务需求还有不小的差距。比较突出的问题表现为以下几方面。

(1)社区服务的管理体制不够健全。社区服务是一项社会性、服务性很强的工作,不但要有明确的法律规范、政策指导,还要有专门的管理机构。但是目前,各级政府部门尚未建立起全方位、成形配套的法规体系和管理体制,因而造成各级、各有关管理部门缺乏协调性,工作角色模糊,工作归属关系不明确,缺乏足够的整合效应。

(2)社区服务缺乏稳定的投入机制,投资主体不明确,资金总量不足,部分地方社区基本公共服务的必要支出得不到保障,社区服务基础设施建设资金缺口较大。在发达国家,政府对社区投入一般占50%以上,我国最多占30%左右。因此,社区服务设施一般都比较简陋,不能完全满足社区居民的需要。

(3)社区群众对社区服务缺乏强烈的参与意识。居民参与是社区发展的主要力量,也是社区建设的目标和本质所在。社区居民最了解自己的现实需要,也最关心自己的未来生活条件,因此拥有很高的参与社区发展、社区建设的积极性。从目前社区服务的现状看,社会各界实际参与的程度还很低,而且在这有限的参与中,还有相当一部分是在政府的动员之下。

4. 中国社区服务的发展对策

社区服务应借助政府、市场和社会的力量,通过政府的行政机制、市场的经营机制和社会的互助机制形成无偿、低偿、有偿多种形式的社区服务网络,为社区提供各类产品和服务,满足居民的需求,增加社区福利,提高居民生活水平和生活质量。

发展社区服务可以采取的对策有下面几条。

(1)服务内容多层次化。提供内容丰富、层次多样的社区服务是满足社区成员日益增长的需求的必然趋势。这就要求提供服务的各类主体积极开发社区资源,满足成员的需求。不仅可以继续保留原来的街道敬老院,还可以开办家庭敬老室、日托老年中心等以满足人们对养老照顾的不同层次的需求。

(2)服务主体多元化。强调政府、市场和社会共同参与。政府在社区服务方面的职责主要是加大对社区服务的投资力度,以保证社区服务的福利性特征,另外政府也要加强对社区服务的规划,提供必要的资金支持和扶持政策,对社区服务的运行实行有效监督,为其发展铺平道路,保证社区服务开展的良好环境。在国外,非营利组织承担和实施了大量的社区服务,因此,我们也应该积极发展社会服务组织,使之成为社区服务的重要承担者和实施者。当然,社区内的志愿者服务也要大力提倡,并保证自愿服务的经常化、持久化和制度化。在提供一些便民利民的服务时,也可以适当地引进市场的力量,满足社区内居民的不同层次的需求。

(3)服务队伍专业化。要努力建设一支专业化的社区工作者队伍。如今我国已有许多高校都开办了社会工作专业,这说明我国正在加大社会工作专业化的步伐,但专业化是一个过程。目前我国社区服务人员缺乏专业知识,需要加强培训。不仅要重视社会工作价值观的培养,而且要重视专业理论和工作技巧的培训,只要通过不断地积累,我国社区服务专业化水平就会逐渐提高。

本章小结

补充保障是指在国家建立法定意义上的基本社会保障制度之外,对社会成员有补充保障作用的各种社会保障措施的总称。补充保障主要由补充保险、商业保险、慈善事业、志愿服务、社区服务等组成。补充保障的作用主要体现在:形成多层次保障;增强单位竞争力;推动资本市场发育;减轻政府无限责任。

慈善事业是指社会成员建立在自愿即良知的基础上所从事的一种有组织的、无偿的、对不幸无助人群的援助行为。它在实践中表现出以下几项基本特征:第一,善爱之心是慈善事业的道德基础;第二,贫富差别是慈善事业的社会基础;第三,社会捐赠是慈善事业的经济基础;第四,民营机构是慈善事业的组织基础;第五,捐赠者的意愿是慈善事业的实施基础;第六,社会成员的普遍参与是慈善事业的发展基础。

志愿服务是指任何人自愿贡献个人的时间和精力,在不为物质报酬的前提下,为推动人类发展、社会进步和社会福利事业而提供服务的活动。目前国外志愿服务的主要特点是:与公民的成才和就业全面挂钩;以满足社会发展需求为志愿服务活动的切入点;形式丰富多样;出现多元化趋势。

社区服务是通过社区资源的优化配置,为社区居民的物质生产和精神生活提供的各种社会福利与社会服务。社区服务具有福利性、地域性、社会性和互助性四大特征。社区服务的内容主要包括面向老年人、残疾人、优抚对象等特殊群体提供的社区福利服务和面向社区居民提供的便民利民服务。

思考题

1. 补充保障的含义和功能分别是什么?
2. 发达国家慈善事业的特征有哪些?
3. 中国的志愿服务存在什么问题?
4. 试述中国社区服务的现状和发展对策。

案例　社区服务中的公众参与

“社区”在中国是一个外来语，是借用了对美国社会结构的分析得出的一个概念。因此，我们在实践上使用这个概念就要特别小心。美国是一个年轻的国家，它的历史和社会结构与中国不同。最早的北美移民生活艰辛，遍布各地，政府鞭长莫及，促使人们联合起来自我治理，相互帮助和开展社区活动。这种从经验中生长出的公民参与和个人努力造就了公众参与公共福利和公共服务的传统。由此可以接受为什么许多美国人对于自己所在的社区有一种归属感，愿意积极参与社区生活。

20 世纪 80 年代后期“社区”这个舶来品在我国开始由行政部门推进，社区建设从理论领域进入实践领域。民政部从实际情况出发，提出在城市开展社区服务的设想，探索建设具有中国特色的社会服务体系，并倡导民间互助的精神。中国的社区服务一开始就是在政府扶持和指导下产生和开展工作的，城市社区是政府联系居民的中间环节。由于中国社会有着自己独特的以家庭为中心的历史和人文生态环境，与西方社区发展和社会结构有着明显的区别；同时，建国以来单位成为重要的社会组织，并把人变为“单位人”，社区组织实际上很难充分发展。直到当前，由于传统和体制的原因，社区还没有成为居民理想意义上的组织形式和生活方式。

社区的真正本质是社区精神理念。计划体制以单位所有制为核心的社会结构扼杀了这种精神理念，产生了人们单一的文化心态。而在转型时期的中国，单位意识的淡化会使社区成为人们生活的重要组成部分，成为中国社会结构的重要环节，社区建设和社区服务将是中国社会新的生长点。

［案例来源：中国社会学网］

分析

从案例资料来看，中美两国社区服务中的公众参与差异来自两方面：一是与美国人早先多数由来自欧、亚、非等国家的移民组成有关；二是与中国社区建设中政府的主导干预有关。

而随着社会保障和社会政策在社区的落实与执行，结合社区居民的实际需求，中国社区服务中的公众参与也必将得到促进。

相关政策

(1)《中华人民共和国公益事业捐赠法》(中华人民共和国主席令第十九号)第三条规定：

本法所称公益事业是指非营利的下列事项：(1)救助灾害、救济贫困、扶助残疾人等困难的社会群体和个人的活动；(2)教育、科学、文化、卫生、体育事业；(3)环境保护、社会公共设施建设；(4)促进社会发展和进步的其他社会公共和福利事业。

(2)《国务院关于发展城市社区卫生服务的指导意见》(国发〔2006〕10 号)第十三条规定：

发挥社区卫生服务在医疗保障中的作用。按照“低水平、广覆盖”的原则，不断扩大医疗保险的覆盖范围，完善城镇职工基本医疗保险定点管理办法和医疗费用结算办法，将符合条件的社区卫生服务机构纳入城镇职工基本医疗保险定点医疗机构的范围，将符合规定的医疗服务项目纳入基本医疗保险支付范围，引导参保人员充分利用社区卫生服务。探索建立以社区卫生服务为基础的城市医疗救助制度。

参考文献

[1] 郑功成,等.中国社会保障制度变迁与评估[M].北京:中国人民大学出版社,2002.

[2] 郑功成.社会保障学[M].北京:中国劳动社会保障出版社,2007.

[3] 周绿林,李绍华.医疗保险学[M].北京:科学出版社,2006.

[4] 樊国昌,谭湘渝.社会保障理论及重庆的政策实践[M].北京:经济日报出版社,2004.

[5] 孙光德,董克用.社会保障概论(修订版)[M].北京:中国人民大学出版社,2004.

[6] 王益英.社会保障法[M].北京:中国人民大学出版社,2000.

[7] 林闽钢.社会保障国际比较[M].北京:科学出版社,2007.

[8] 林闽钢.走向全球化的中国社会保障制度改革[M].北京:中国商业出版社,2001.

[9] 童星.社会保障与管理[M].南京:南京大学出版社,2002.

[10] 穆怀中.社会保障国际比较[M].北京:中国劳动社会保障出版社,2002.

[11] 和春雷.社会保障国际比较[M].北京:法律出版社,2001.

[12] 林义.社会保险[M].北京:中国金融出版社,1998.

[13] 孙树菡.社会保险学[M].北京:中国人民大学出版社,2008.

[14] 侯文若.社会保险[M].北京:中国劳动社会保障出版社,2005.

[15] 任正臣.社会保险学[M].北京:社会科学文献出版社,2001.

[16] 郭士征.社会保障学[M].上海:上海财经大学出版社,2004.

[17] 曹信邦.社会保障学[M].北京:科学出版社,2007.

[18] 武新,刘华锋.社会保障概论[M].北京:中国劳动社会保障出版社,2007.

[19] 褚福灵.社会保障职位模拟教程[M].北京:中国人民大学出版社,2003.

[20] 仇雨临,孙树菡.医疗保险[M].北京:中国人民大学出版社,2001.

[21] 丁建定.瑞典社会保障制度[M].北京:中国劳动社会保障出版社,2004.

[22] 丁建定,等.英国社会保障制度[M].北京:中国劳动社会保障出版社,2004.

[23] 丁建定,等.美国社会保障制度[M].北京:中国劳动社会保障出版社,2004.

[24] 丁建定,等.日本社会保障制度[M].北京:中国劳动社会保障出版社,2004.

[25] 陈树文.社会保障学[M].大连:大连理工大学出版社,2002.

[26] 康士勇.社会保障管理实务[M].北京:中国劳动社会保障出版社,2003.

[27] 张京萍.社会保障法[M].北京:中国劳动社会保障出版社,2005.

[28] 吴春华,吴杰.劳动与社会保障[M].天津:天津教育出版社.2005.

[29] 王昌硕.劳动和社会保障法学[M].北京:中国劳动社会保障出版社.2005.

[30] 杨宜勇,吕学静.当代中国社会保障[M].北京:中国劳动社会保障出版社.2005.

[31] 全国社会工作者职业水平考试教材编写组.社会工作实务[M].北京:中国社会出版社,2007.

[32] 姜守明,等.西方社会保障制度概论[M].北京:科学出版社,2002.

[33] 邓大松,林毓铭,谢圣远.社会保障理论与实践发展研究[M].北京:人民出版社,2007.
[34] [美]艾维瓦·罗恩.医疗保障政策创新[M].北京:中国劳动社会保障出版社,2004.
[35] [英]科林·吉列恩.全球养老保障改革与发展[M].北京:中国劳动社会保障出版社,2002.
[36] [英]内维尔·哈里斯.社会保障法[M].北京:北京大学出版社,2006.
[37] [法]卡特琳·米尔丝.社会保障经济学[M].北京:法律出版社,2003.
[38] [美]尼古拉斯·巴尔福利.国家经济学[M].北京:中国劳动社会保障出版社,2003.